"十三五"职业教育规划教材
浙江省重点教材建设项目

全新修订

高职高专汽车专业"互联网+"创新规划教材

汽车机械基础
（第2版）

主　编　张本升
副主编　吴　伟　　陈建良　　鲍婷婷
参　编　毛　文　　罗启文　　张岩枢

北京大学出版社
PEKING UNIVERSITY PRESS

内 容 提 要

本书内容包括汽车机械材料、金属材料热处理方法、机械识图、公差配合、机械常用零部件、常用传动机构和液压传动简介等。

本书适用于高职高专汽车技术与服务营销、汽车检测与维修等专业，也可作为各类成人高校、函授大学、电视大学、中等职业学校和高等技校相关专业的教学用书，并可供工程技术人员参阅。

图书在版编目(CIP)数据

汽车机械基础/张本升主编．—2 版．—北京：北京大学出版社，2016.1
（高职高专汽车专业"互联网+"创新规划教材）
ISBN 978-7-301-26724-0

Ⅰ.①汽… Ⅱ.①张… Ⅲ.①汽车—机械学—高等职业教育—教材 Ⅳ.①U463

中国版本图书馆 CIP 数据核字（2016）第 001037 号

书　　　　名	汽车机械基础（第 2 版） QICHE JIXIE JICHU(DE-ER BAN)
著作责任者	张本升　主编
策 划 编 辑	刘晓东
责 任 编 辑	黄红珍
标 准 书 号	ISBN 978-7-301-26724-0
出 版 发 行	北京大学出版社
地　　　　址	北京市海淀区成府路 205 号　100871
网　　　　址	http://www.pup.cn　　新浪微博：@北京大学出版社
电 子 信 箱	pup_6@163.com
电　　　　话	邮购部 010-62752015　发行部 010-62750672　编辑部 010-62750667
印 刷 者	北京虎彩文化传播有限公司
经 销 者	新华书店
	787 毫米×1092 毫米　16 开本　15.25 印张　363 千字 2011 年 10 月第 1 版 2016 年 1 月第 2 版　2020 年 5 月修订 2020 年 11 月第 5 次印刷
定　　　　价	47.00 元

未经许可，不得以任何方式复制或抄袭本书之部分或全部内容。
版权所有，侵权必究
举报电话：010-62752024　电子信箱：fd@pup.pku.edu.cn
图书如有印装质量问题，请与出版部联系，电话：010-62756370

第 2 版修订前言

汽车机械工业新材料、新工艺、新技术的广泛应用，使得汽车维修与检测、汽车技术服务与营销行业队伍人才的知识需求提高，为了尽快培养一批具有高技能、高素质的应用型高职人才，我们特编写了本书。

本书内容包括汽车常用材料与金属材料热处理、互换性与公差配合、机械识图常用传动机构与零部件、液压传动简介等，整合了传统的知识内容，内容上尽量注重知识的实用性与应用性，按"培养技能、必须够用、强调实用"的原则，在语言叙述方面做到通俗易懂、准确、精练，强化学生的技术应用，适应目前工学结合、校企一体新形势的要求，为进一步学习有关专业课程和从事汽车机械维修设备改进工作奠定一定的基础。书中附有二维码的地方，可以通过手机微信"扫一扫"功能进行扫描识别，查看对应知识点的视频、动画和图片等。

在使用本书时，教师可结合本校教改实际课时情况适当地取舍内容，同时教师也可根据具体情况适当地调整各章的先后顺序。

本书由浙江工贸职业技术学院张本升主编，浙江经贸职业技术学院吴伟，浙江交通职业技术学院陈建良、鲍婷婷担任副主编，参与编写工作的还有浙江工贸职业技术学院毛文，北汽福田汽车股份有限公司罗启文及温州紧固件行业协会张岩枢。

第 1 版由浙江工贸职业技术学院张本升主编，由浙江工贸职业技术学院毛文、吴伟，浙江交通职业技术学院陈建良，北汽福田汽车股份有限公司罗启文及温州紧固件行业协会张岩枢参编。

在编写过程中，众多同行专家对本书提出了许多宝贵的意见，在此我们由衷地表示感谢！

鉴于编者水平有限，书中的不妥之处在所难免，恳请同行和广大读者批评指正。

编　者
2020 年 1 月

目　录

第1章　汽车机械常用材料应用 … 1
1.1　金属材料的分类与组织 … 2
1.2　汽车机械零件材料 … 3
1.3　金属的力学性能 … 9
本章小结 … 17
复习思考题 … 17

第2章　汽车构件常用热处理应用 … 19
2.1　热处理的基本概念 … 20
2.2　汽车零件热处理基本工艺及应用 … 21
2.3　其他热处理方法简介 … 25
本章小结 … 28
复习思考题 … 28

第3章　机械识图常识 … 30
3.1　机械制图国家标准的基本规定 … 31
3.2　三视图的形成与机件的表达 … 37
3.3　剖视图 … 42
3.4　断面图和局部放大图 … 48
本章小结 … 49
复习思考题 … 50

第4章　识读零件图与装配图 … 51
4.1　简化画法简介 … 52
4.2　螺纹、齿轮与滚动轴承的规定画法和标注 … 55
4.3　识读零件图与装配图要领 … 64
本章小结 … 70
复习思考题 … 70

第5章　互换性与公差配合在汽车机械上的应用 … 71
5.1　互换性概念 … 72
5.2　公差配合 … 73

本章小结 ……………………………………………………………………………… 88
　　复习思考题 ……………………………………………………………………………… 89

第6章　螺纹连接与螺旋传动在汽车机械上的应用 ……………………………………… 90

　　6.1　螺纹连接的基本知识 ……………………………………………………………… 91
　　6.2　螺纹连接的防松与结构布置 ……………………………………………………… 97
　　6.3　螺旋传动简介 …………………………………………………………………… 101
　　本章小结 ……………………………………………………………………………… 104
　　复习思考题 …………………………………………………………………………… 104

第7章　带传动与链传动在汽车机械上的应用 …………………………………………… 106

　　7.1　带传动 …………………………………………………………………………… 107
　　7.2　链传动 …………………………………………………………………………… 115
　　本章小结 ……………………………………………………………………………… 120
　　复习思考题 …………………………………………………………………………… 120

第8章　汽车机械常用零部件 ……………………………………………………………… 122

　　8.1　弹簧 ……………………………………………………………………………… 123
　　8.2　轴承 ……………………………………………………………………………… 126
　　8.3　联轴器 …………………………………………………………………………… 138
　　8.4　离合器与制动器 ………………………………………………………………… 144
　　8.5　轴在汽车机械上的应用 ………………………………………………………… 148
　　8.6　键连接在汽车机械上的应用 …………………………………………………… 155
　　本章小结 ……………………………………………………………………………… 157
　　复习思考题 …………………………………………………………………………… 158

第9章　齿轮传动在汽车机械上的应用 …………………………………………………… 160

　　9.1　齿轮传动的类型及特点 ………………………………………………………… 161
　　9.2　标准直齿圆柱齿轮的主要参数计算及正确啮合条件 ………………………… 162
　　9.3　斜齿圆柱齿轮传动 ……………………………………………………………… 165
　　9.4　直齿锥齿轮传动 ………………………………………………………………… 167
　　9.5　齿轮传动的失效形式、常用材料、结构与润滑 ……………………………… 169
　　本章小结 ……………………………………………………………………………… 174
　　复习思考题 …………………………………………………………………………… 175

第10章　蜗杆传动 ………………………………………………………………………… 177

　　10.1　蜗杆传动的特点及类型 ………………………………………………………… 178
　　10.2　蜗杆传动的主要参数和几何尺寸 ……………………………………………… 178
　　10.3　蜗杆蜗轮常用材料和结构 ……………………………………………………… 181
　　本章小结 ……………………………………………………………………………… 182

复习思考题 ··· 183

第 11 章 轮系在汽车机械上的应用 ··· 184

  11.1 轮系的分类 ··· 185
  11.2 定轴轮系的传动比计算 ·· 186
  11.3 周转轮系的传动比 ·· 188
  11.4 轮系的功用 ··· 190
  本章小结 ··· 191
  复习思考题 ··· 192

第 12 章 平面运动机构 ··· 193

  12.1 构件和运动副 ·· 194
  12.2 平面机构运动简图 ·· 196
  12.3 平面机构的自由度 ·· 199
  12.4 铰链四杆机构与曲柄滑块机构 ·· 203
  12.5 常用间歇运动机构 ·· 205
  本章小结 ··· 211
  复习思考题 ··· 211

第 13 章 液压传动在汽车机械上的应用 ·· 213

  13.1 液压传动概述 ·· 214
  13.2 液压泵 ·· 216
  13.3 液压缸 ·· 220
  13.4 液压控制阀 ··· 222
  13.5 液压辅件与基本回路 ··· 226
  本章小结 ··· 233
  复习思考题 ··· 233

参考文献 ·· 234

第 1 章
汽车机械常用材料应用

汽车机械零件种类繁多，所用材料的种类也很多，了解汽车常用材料种类对于合理选择利用材料，降低汽车机械成本具有极其重要的意义。材料选择的主要依据是材料的力学性能，研究材料的力学性能对学习该门课程有很重要的意义。本章简要介绍常用机械零件材料分类和相关力学性能。

1.1 金属材料的分类与组织

1.1.1 金属材料分类

金属材料是指由两种或两种以上的金属元素或金属与非金属组成的材料。金属通常分为钢铁材料和非铁金属两大类,如图 1.1 所示。

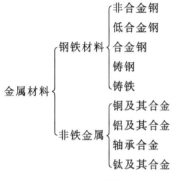

图 1.1 金属材料的分类

1. 钢铁材料

由铁或以铁为主形成的物质,称为钢铁材料,钢铁材料是铁和碳的合金。钢铁材料按碳的质量分数 w_C 进行分类,包括工业纯铁($w_C<0.021\,8\%$)、钢($0.021\,8\%<w_C<2.11\%$)和生铁($2.11\%<w_C<6.69\%$)。

1) 钢

工业生产中,钢的品种很多,市场上供应的钢铁材料主要有以下几大类。

(1) 板材。板材一般分为厚板和薄板。4~60mm 为中、厚板;4mm 以下为薄板,分冷轧钢板和热轧钢板,薄板轧制后可直接交货或经过酸洗,镀锌或镀锡后交货使用。

(2) 管材。管材分为无缝钢管和有缝钢管两种。无缝钢管用于高压;有缝钢管是用带钢卷制后焊成的,焊接的钢管生产率较高、成本低。

(3) 型材。常用的型材有圆钢、扁钢、方钢、角钢、工字钢、槽钢等。

(4) 线材。线材是用圆钢或方钢经过冷拔后形成的。其中的高碳钢丝用于制作弹簧丝或钢丝绳,低碳钢丝用于捆绑等。

(5) 其他材料。其他材料主要是指要求具有特种形状与尺寸的异形钢材,如齿轮轮坯等。

2) 生铁

生铁是由铁矿石经高温冶炼而得的,它是炼钢和铸造的原材料。

2. 非铁金属

除黑色金属以外的其他金属,都称为非铁金属,如铜、铝、镁、锌等。

1.1.2 钢中常存杂质元素的影响

1. 硫

硫(S)是由生铁和燃料带入的杂质,炼钢时难以除尽。当钢在 1 000~1 200℃温度加工时,由于低熔点共晶体熔化,显著减弱了晶粒之间的联系,使钢在温度加工时沿晶界开裂,这种现象称为热脆。在固态下硫不溶于铁,在钢中是有害元素。因此,必须严格控制钢中硫的质量分数。

2. 磷

磷(P)是由生铁和燃料带入的杂质,炼钢时难以除尽。磷能全部熔于铁素体,提高了铁素体的强度、硬度；但在室温下钢的塑性、韧性急剧下降，使其变脆，这种现象称为冷脆。所以，磷是一种有害杂质元素，因此要严格控制钢中磷的质量分数。

1.2 汽车机械零件材料

汽车机械用材料分常用钢铁材料和新型复合材料，常用钢铁材料有普通钢、优质钢、合金钢、铸钢、铸铁等，其中前两种为非合金钢。

1.2.1 非合金钢

1. 按质量分类

1) 普通钢

普通钢是指对生产过程中控制质量无特殊规定的一般用途的非合金钢，应用时不规定热处理。质量等级分 A 级钢和 B 级钢两种，硫、磷含量均≤0.050%。牌号用 Q 字打头，Q 表示屈服极限，如 Q235 表示 σ_s=235MPa，普通钢的化学成分见表 1-1。

表 1-1 普通钢的化学成分(GB/T 700—2006)

牌号	统一数字代号①	等级	厚度(或直径)/mm	脱氧方法	化学成分(质量分数)/(%)，不大于				
					C	Si	Mn	P	S
Q195	U11952	—	—	F、Z	0.12	0.30	0.50	0.035	0.040
Q215	U12152	A		F、Z	0.15	0.35	1.20	0.045	0.050
	U12155	B							0.045
Q235	U12352	A		F、Z	0.22	0.35	1.40	0.045	0.050
	U12355	B			0.20②				0.045
	U12358	C		Z	0.17			0.040	0.040
	U12359	D		TZ				0.035	0.035
Q275	U12752	A		F、Z	0.24	0.35	1.50	0.045	0.050
	U12755	B	≤40	Z	0.21			0.045	0.045
			>40		0.22				
	U12758	C		Z	0.20			0.40	0.040
	U12759	D		TZ				0.035	0.035

① 表中为镇静钢、特殊镇静钢牌号的统一数字，沸腾钢牌号的统一数字代号如下：
Q195F—U11950；
Q215AF—U12150，Q215BF—U12153；
Q235AF—U12350，Q235BF—U12353；
Q275AF—U12750。
② 经需方同意，Q235B 的碳含量可不大于 0.22%。

2) 优质钢

优质钢在生产过程中需要特别控制硫、磷的含量，硫、磷含量均应≤0.040%。牌号用碳的质量分数的万分数表示，如 20 钢中的 20 表示碳的质量分数为 0.2%，优质钢的力学性能与应用见表 1-2。

表 1-2 优质钢的力学性能与应用 (GB/T 699—2015)

钢号	w_C	w_{Si}	w_{Mn}	σ_b/MPa 不小于	σ_s/MPa 不小于	δ_5/(%) 不小于	ψ/(%) 不小于	α_{ku}/(J/cm^2) 不小于	应用举例
08	0.05~0.12	0.17~0.37	0.35~0.65	330	200	33	60	—	塑性好,适合制作要求高韧性的冲击件、焊接件、紧固件,如螺栓、螺母、垫圈等。渗碳淬火后可制造强度不高的耐磨件,如凸轮、滑块、活塞销等
10	0.07~0.14	0.17~0.37	0.35~0.65	340	210	31	55	—	
15	0.12~0.19	0.17~0.37	0.35~0.65	380	230	27	55	—	
20	0.17~0.24	0.17~0.37	0.35~0.65	420	250	25	55	—	
25	0.22~0.30	0.17~0.37	0.50~0.80	460	280	23	50	90	
30	0.27~0.35	0.17~0.37	0.50~0.80	500	300	21	50	80	综合力学性能优良,适合制作负荷较大的零件,如连杆、曲轴、主轴、活塞件(销)、表面淬火齿轮、凸轮等
35	0.32~0.40	0.17~0.37	0.50~0.80	540	320	20	45	70	
40	0.37~0.45	0.17~0.37	0.50~0.80	580	340	19	45	60	
45	0.42~0.50	0.17~0.37	0.50~0.80	610	360	16	40	50	
50	0.47~0.55	0.17~0.37	0.50~0.80	640	380	14	40	40	
55	0.52~0.60	0.17~9.37	0.50~0.80	660	390	13	35	—	
60	0.57~0.65	0.17~0.37	0.50~0.80	690	410	12	35	—	屈服点高,硬度高,适合制作弹性零件(如各种螺旋旋弹簧、板簧等),以及耐磨零件(如轧辊、钢丝绳、偏心轮等)
65	0.62~0.70	0.17~0.37	0.50~0.80	710	420	10	30	—	
70	0.67~0.75	0.17~0.37	0.50~0.80	730	430	9	30	—	
80	0.77~0.85	0.17~0.37	0.50~0.80	1100	950	6	30	—	
85	0.82~0.90	0.17~0.37	0.50~0.80	1150	1000	6	30	—	

2. 按碳的质量分数分类

1) 低碳钢

低碳钢是指碳的质量分数 $w_C<0.25\%$ 的铁碳合金。

2) 中碳钢

中碳钢是指碳的质量分数 $0.25\%\leqslant w_C\leqslant 0.6\%$ 的铁碳合金。

3) 高碳钢

高碳钢是指碳的质量分数 $w_C>0.6\%$ 的铁碳合金。

3. 按用途分类

1) 结构钢

结构钢主要用于制造各种不太重要的齿轮、轴、螺栓、螺母、弹簧等机械零件和工程结构件,其中碳的质量分数为 $w_C<0.7\%$。

2) 工具钢

工具钢中碳的质量分数 $w_C>0.7\%$,这类钢热处理后具有高的硬度和耐磨性,主要用于制造工具,如制作刃具、模具、量具等。若为高级优质钢,可在牌号后附以 A 字,如 T12A 等,常用工具钢化学成分与应用见表 1-3。

表1-3 常用工具钢化学成分与应用

牌号	化学成分/(%)			退火状态 HBW 不大于	试样淬火 HRC 不小于	应用举例
	w_C	w_{Si}	w_{Mn}			
T7 T7A	0.65~0.74	≤0.35	≤0.40	187	800~820℃ 水冷 62	用作能承受冲击、韧性较好、硬度适当的工具,如扁铲、手钳、大锤、旋具、木工工具等
T8 T8A	0.75~0.84	≤0.35	≤0.40	187	800~820℃ 水冷 62	用作能承受冲击、要求具有较高硬度与耐磨性的工具,如冲头、压缩空气锤工具及木工工具等
T10 T10A	9.95~1.04	≤0.35	≤0.40	197	760~780℃ 水冷 62	用作不受剧烈冲击、要求具有高硬度与耐磨性的工具,如车刀、刨刀、冲头、丝锥、钻头、手锯锯条等
T12 T12A	1.15~1.24	≤0.35	≤0.40	207	760~780℃ 水冷 62	用作不受冲击、要求具有高硬度与耐磨性的工具,如锉刀、刮刀、精车刀、丝锥、量具等

1.2.2 合金钢

为了提高钢的性能,在炼钢时有意识地向钢液中加入一些合金元素,这样获得的钢称为合金钢。合金钢的牌号以"两位数字+合金元素符号+数字"表示。合金钢中常加的合金元素有 Mn(锰)、Si(硅)、Cr(铬)、Ni(镍)、Mo(钼)、V(钒)、Ti(钛)、Nb(铌)、Co(钴)、Al(铝)、B(硼)、Re(铼)等。合金钢种类繁多,常用合金渗透钢的化学成分与应用见表1-4。

表1-4 常用合金渗碳钢的化学成分与应用

牌号	渗碳温度/℃	热处理			力学性能					应用举例
		预备处理温度/℃	淬火温度/℃	回火温度/℃	σ_b/MPa	σ_s/MPa	δ_5/(%)	ψ/(%)	α_{kU}/(J/cm²)	
20Cr	910~950	880水或油冷	780~820水或油冷	200	835	540	10	40	47	齿轮、小轴、活塞销
20CrMnTi		880 油冷	870 油冷	200	1 080	850	10	45	55	汽车和拖拉机上各种变速齿轮、传动件
20CrMnMo			850 油冷	200	1 180	885	10	45	55	拖拉机主动齿轮、活塞销、球头销
20MnVB			860 油冷	200	1 080	885	10	45	55	可代替20CrMnTi钢制作齿轮及其他渗碳零件

合金钢经过不同的热处理,能满足各种机器的性能要求,可根据不同需要加入一种或几种元素来改善钢的力学性能要求。合金钢的种类繁多,如不锈钢、耐热钢、耐腐蚀钢、耐磨钢、刃具钢、量具钢、模具钢等,汽车机械常用牌号有 40Cr、35SiMn、60Si2Mn、GCr15 等,常用合金调质钢化学成分与应用见表 1-5。

表 1-5 常用合金调质钢化学成分与应用

钢号	热处理		力学性能					应用举例
	淬火温度/℃	回火温度/℃	σ_b/MPa	σ_s/MPa	δ_5/(%)	ψ/(%)	α_{kU}/(J/cm²)	
40B	840 水冷	550 水冷	780	635	12	45	55	齿轮转向拉杆、凸轮
40Cr	850 油冷	520 水、油冷	980	785	9	45	47	齿轮、套筒、轴、进气阀
40MnB	850 油冷	500 水、油冷	980	785	10	45	47	汽车转向轴、半轴、蜗杆
40CrNi	820 油冷	500 水、油冷	980	785	10	45	55	重型机械齿轮、轴、燃汽轮机叶片、转子和轴
40CrMnMo	850 油冷	600 水、油冷	980	785	10	45	63	重载荷轴、齿轮、连杆

1.2.3 铸钢

铸钢一般应用于结构复杂而且要求有较高强度、塑性、韧性及特殊性能的结构件,如承受冲击载荷的汽车机架、缸体、齿轮、连杆等。

铸钢牌号是"ZG+数字+数字"。第一组数字代表屈服极限 σ_s,第二组数字代表强度极限 σ_b。如 ZG310-570,$\sigma_s=310$MPa,$\sigma_b=570$MPa。常用铸钢的力学性能见表 1-6,此外还有合金铸钢,详细可参阅《机械设计手册》。

表 1-6 常用铸钢的力学性能

牌号	化学成分/(%)					室温力学性能(最小值)				
									根据合同选择	
	$w_C \leq$	$w_{Si} \leq$	$w_{Mn} \leq$	$w_S \leq$	$w_P \leq$	σ_s/MPa	σ_b/MPa	δ_5/(%)	ψ/(%)	α_{kU}/(J/cm²)
ZG200-400	0.2	0.5	0.8			200	400	25	40	30
ZG230-450	0.3	0.5	0.9			230	450	22	32	25
ZG270-500	0.4	0.5	0.9	0.04	0.04	270	500	18	25	22
ZG310-570	0.5	0.6	0.9			310	570	15	21	15
ZG340-640	0.6	0.6	0.9			340	640	10	18	10

1.2.4 铸铁

铸铁是碳质量分数在2.11%～6.69%之间,组织中具有共晶组织的铁碳合金。

工业上使用的铸铁是以Fe、C、Si为主要元素的多元合金。其成分范围大致为:碳含量为2.4%～4.0%,硅含量为0.6%～3.3%、锰含量为0.2%～1.2%、磷含量为0.02%～1.2%、硫含量为0.02%～0.15%,有时还加入合金元素生产成合金铸铁。

1. 普通灰铸铁

普通灰铸铁即碳主要以石墨的形式存在的铸铁,断口呈灰色。牌号是"HT+数字",如HT100、HT150…HT350、HT400等。数字表示最低抗拉强度,如200表示最低抗拉强度为200MPa。

优点:普通灰铸铁的减振性、耐磨性、导热性好,缺口敏感性低。

缺点:普通灰铸铁的力学性能低。虽然基体中溶入了锰、硅强化了基体,但石墨的缩减作用和切割作用,却使普通灰铸铁的力学性能大大降低。

用途:普通灰铸铁用来制作各种承受主要压力,并要求减振性、耐磨性好及缺口敏感性低的机械零件,如机床床身、机架、导轨等。

2. 球墨铸铁

用球化剂对铁液进行处理,使石墨大部分或全部变为呈球状的铁碳合金,称为球墨铸铁。牌号是"QT+数字+数字",第一组数字代表最低抗拉强度,第二组数字代表断后延伸率,如QT500-7、QT900-2等。

性能:球墨铸铁具有接近普通灰铸铁的铸造性能,又具有接近铸钢的力学性能,强度、塑性、韧性大大高于普通灰铸铁,而接近铸钢,具有良好的减振性、耐磨性和低的缺口敏感性。

用途:球墨铸铁用于制作强度、韧性、耐磨性等要求较高的零件,如柴油机、汽车的曲轴、凸轮轴、连杆和中压阀门等。

1.2.5 有色金属及其合金

由化学元素周期表中除铁以外的金属构成的钢铁材料称为非铁合金,其中相对密度小于4.5的非铁合金称为轻金属(如铝、镁、钛等)。

1. 铝及铝合金

1) 工业纯铝

纯铝熔点为660℃,密度为2.7g/cm³,在大气中抗蚀性较高,强度和硬度低、塑性高。

2) 铝合金

通过加入硅、铜、镁、锌、锰等合金元素,使铝得到固溶强化、沉淀强化及组织强化,从而得到高强度的铝合金,主要用于需要减轻质量的零件和结构。

2. 铜及铜合金

1) 纯铜

纯铜又称紫铜,熔点为1 083℃,密度为8.9g/cm³。纯铜具有优良的导电性和导热性,化学稳定性高,在大气中耐腐蚀,抗拉强度不高,塑性很好,冷加工可大大提高铜的强度和硬度。

2) 铜合金

铜合金分为黄铜、白铜和青铜三类。

(1) 黄铜。以锌为主要合金元素的铜基合金称为黄铜。黄铜具有良好的力学性能、加工成型性、导电性和导热性,色泽美丽,价格较低。黄铜按生产工艺特点分为变形黄铜和铸造黄铜。当黄铜中还含有除锌以外的其他合金元素(Pb、Sn、Mn等)时称为特殊黄铜。黄铜是有色金属中应用最为广泛的金属材料。

(2) 白铜。以镍为主要合金元素的铜基合金称为白铜,再加入其他合金元素(如Zn、Mn、Fe等)时称为复杂白铜。

(3) 青铜。除黄铜、白铜以外的铜基合金均称为青铜。青铜分锡青铜、铝青铜、铍青铜等。

① 锡青铜。以锡为主加合金元素,特点是耐蚀、耐磨、强度高、塑性好。

② 铝青铜。以铝为主加合金元素,特点是具有良好的力学性能,耐蚀性和耐磨性好,并能进行热处理强化。

③ 铍青铜。以铍为主加合金元素,能通过热处理强化,有很高的强度、硬度、疲劳极限和弹性极限,而且耐蚀、耐磨、无磁性,导电性和导热性好,受冲击时无火花。

1.2.6 新型材料

新型材料是指最近发展或正在发展的具有比传统材料性能更为优异的一类材料,是高新技术的产物,同时又是高新技术发展的关键之一。

1. 纳米材料

纳米材料是指在三维空间中至少有一维处于纳米尺度范围(1~100nm)或由纳米尺度作为基本单元构成的材料,这相当于10~100个原子紧密排列在一起的尺度。目前,按研究内容的不同,纳米材料又分为纳米金属材料、纳米磁性材料、纳米陶瓷材料和纳米复合材料等。

2. 智能材料

智能材料亦称为灵巧或机敏材料。所谓智能材料就是指能感知外部刺激(传感功能)、然后判断并适当处理(处理功能)且本身可执行(执行功能)的材料。智能材料包括形状记忆合金(SMA)、压电材料、电致伸缩材料、磁致伸缩材料和智能凝胶材料等。

3. 超导材料

超导材料是指在超低温下失去电阻的材料。材料的这种性质称为超导电性。具有超导电性的物质称为超导体。目前已发现常压下具有超导电性的元素有二十几种。超导材料的应用如图1.2、图1.3所示。

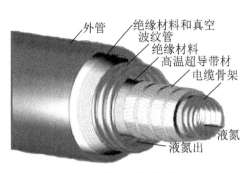

图1.2 高温超导电缆

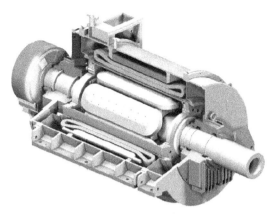

图1.3 超导发动机

1.3 金属的力学性能

金属的力学性能是指金属在力的作用下所显示的表征金属抵抗各种损害作用的能力，是评定金属材料质量的主要依据，也是金属构件设计时选材和进行强度计算的主要依据。金属的力学性能主要有弹性、强度、塑性、刚度、硬度、韧性和疲劳强度等。其中弹性是指物体在外力作用下改变其形状和尺寸，当外力去除后物体又恢复到其原始形状和尺寸的特性。

1.3.1 强度与塑性

强度是指金属在外力作用下抵抗断裂的能力。塑性是指金属在外力作用下抵抗永久变形的能力。永久变形（也称为塑性变形）是指物体在力的作用下产生形状和尺寸的改变，外力去除后，物体不能恢复到原来的形状和尺寸。金属材料的强度和塑性指标可以通过拉伸试验测得。

1. 拉伸试验

拉伸试验是指用静拉伸力对试样进行轴向拉伸，然后测量拉伸力和相应的伸长。拉伸时一般将拉伸试样拉至断裂。

1）拉伸试样

通常采用圆柱形拉伸试样，试样尺寸按国家标准的有关规定进行制作。拉伸试样分为短试样和长试样两种，如图1.4所示。

d_0为标准试样的原始直径，L_0为标准试样的原始标距，长试样$L_0=10d$，短试样$L_0=5d$，图1.4(a)和图1.4(c)为标准试样拉断前的状态；图1.4(b)和图1.4(d)为标准试样拉断后的状态。d_1为试样断口处的直径，L_1为拉断试样对接后测出的标距长度。

2）试验方法

拉伸试验在拉伸试验机上进行，图1.5为拉伸试验机示意图。

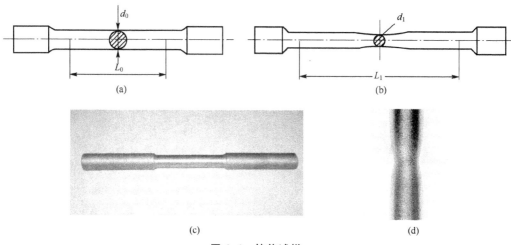

图 1.4 拉伸试样

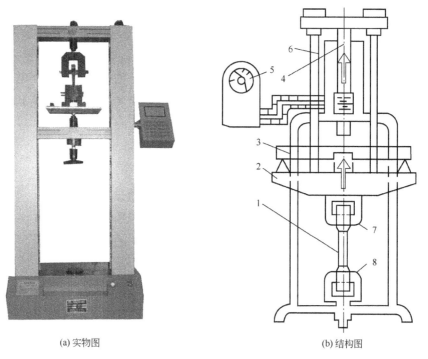

(a) 实物图　　　　　　　　(b) 结构图

图 1.5 拉伸试验机示意图

1—试样；2—工作台；3—立柱；4—油缸；5—示力盘；6—拉杆；7—上夹头；8—下夹头

将试样装在试验机的上、下夹头上，开动机器，在力 F 的作用下，试样受到拉伸作用，示力盘上的指针显示出力 F 的大小。同时，试验机上的画图装置记录下拉伸过程中的力 F 与试件的伸长变形曲线，如图 1.6 所示。

由图 1.6 中可以看出，当曲线在 e 点以下时，当拉伸力增加，试样伸长量 ΔL 也增加。如果在 e 点以下把载荷卸下，试样沿 eo 返回到 O 点，试样伸长变形消失，恢复其原来形状，其变形规律符合胡克定律，表现为弹性变形，图中 e 点的力记为 F_e，是试样保持弹性变形的最大拉伸力值，称为弹性极限值。

当拉伸力不断增加超过 F_e 时，试样将产生塑性变形，去除拉伸力后，变形不能完全恢复，塑性伸长将被保留下来。当拉伸力继续增加到 F_s 时，力-伸长曲线在 s 点后出现一个锯齿形的平台区，即在拉伸力不再增加的情况下，试样也会明显伸长，这种现象称为屈服现象。

当拉伸过屈服阶段后，试样抵抗变形的能力还将会继续增加，此现象称为冷变形强化。此阶段在力-伸长曲线上表现为一段上升曲线，即随着塑性的增大，试样变形抗力也逐渐增大。当拉伸力达到 b 点时，

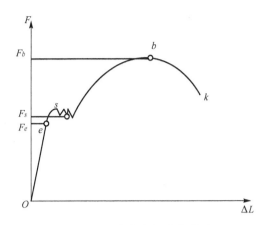

图 1.6　拉伸试验力-伸长曲线

试样的局部截面开始收缩产生缩颈现象。由于缩颈使试样局部截面迅速缩小，最终导致试样被拉断。

缩颈现象在力-伸长曲线上表现为一段下降的曲线。试样拉断前能承受的最大拉伸力用 F_b 表示。

从完整的拉伸试验力-伸长曲线可以看出，试样从开始拉伸到断裂要经过弹性变形、屈服阶段、变形强化阶段、缩颈断裂 4 个阶段。

2. 强度指标

金属材料抵抗拉伸力的强度指标有屈服强度、抗拉强度等。

1）屈服强度

屈服点是指试样在拉伸试验过程中力不增加，但试样仍然能继续伸长时的应力。屈服点的应力用屈服极限 σ_s 表示。屈服极限是工程技术上重要的力学性能指标之一，也是大多数机械零件选材和设计的依据，屈服极限计算式为

$$\sigma_s = \frac{F_s}{A} \qquad (1-1)$$

式中　F_s——试样材料屈服时的拉伸力（N）；

　　　A——试样原始横截面积（mm^2）；

　　　σ_s——屈服极限（MPa）。

工程上使用的部分金属材料，如高碳钢、铸铁等，在进行拉伸试验时，没有明显的屈服现象，也不会产生缩颈现象，这就需要规定一个相当于屈服点的强度指标，即规定残余伸长应力，通常用 $\sigma_{0.2}$ 表示。

2）抗拉强度

抗拉强度是指试样拉断前承受的最大标称拉应力，常用符号 σ_b 表示，强度极限计算式为

$$\sigma_b = \frac{F_b}{A} \qquad (1-2)$$

式中　σ_b——抗拉强度（MPa）；

F_b——试样材料承受的最大载荷(N);

A——试样原始横截面积(mm^2)。

σ_b 是金属材料由均匀塑性变形向局部集中塑性变形过渡的临界值,也是材料在静拉伸条件下的最大承载能力。对于塑性金属材料来说,拉伸试样在承受最大拉应力 σ_b 之前,变形是均匀一致的。但超过 σ_b 后,试件产生显著的应力集中,出现了缩颈现象。

3. 塑性指标

金属材料的塑性可以用拉伸试样断裂时的最大相对变形量来表示,如拉伸后的断后伸长率和断面收缩率是表征材料塑性大小的主要力学性能指标。

1) 断后伸长率

拉伸试样在进行拉伸试验时,在力的作用下产生塑性变形,原始试样中的标距会不断伸长,如图 1.4(b)所示。标距的伸长与原始标距的百分比称为伸长率。试样拉断后的标距伸长与原始标距的百分比称为断后伸长率,用符号 δ 表示,计算表达式为

$$\delta = \frac{L_1 - L_0}{L_0} \times 100\% \tag{1-3}$$

式中 δ——断后伸长率,无量纲,常用百分数表示;

L_1——拉断试样对接后测得的标距长度(mm);

L_0——试样原始标距(mm)。

2) 断面收缩率

断面收缩率是指试样拉断后缩颈处横截面积的最大缩减量与原始横截面积的百分比,用符号 Ψ 表示,计算表达式为

$$\Psi = \frac{A_0 - A_1}{A_0} \times 100\% \tag{1-4}$$

式中 Ψ——断面收缩率,无量纲,常用百分数表示;

A_0——试样原始横截面积(mm^2);

A_1——试样断口处的横截面积(mm^2)。

金属材料塑性的大小,对零件的加工和使用具有重要的实际意义。塑性好的材料不仅能顺利地进行锻压、轧制等成型工艺,而且在使用时,能有效防止意外发生,如发生超载,由于塑性变形,能避免突然断裂。所以,大多数机械零件除要求具有较高的强度外,还必须有一定的塑性。

3) 正应变与正应力

正应变是表示杆受拉(压)时单位长度的变形量,用符号 ε 表示,计算表达式为

$$\varepsilon = \frac{\Delta L}{L} \tag{1-5}$$

式中 ε——正应变(杆受拉时为正号"+";杆受压时为负号"-");

ΔL——杆件的绝对变形(mm);

L——杆件没有受力作用前的长度(mm)。

对于拉(压)杆,当材料在弹性范围内时,正应力 σ 与正应变 ε 的关系服从胡克定律,即

$$\sigma = E\varepsilon \quad \text{或} \quad \varepsilon = \frac{\sigma}{E} \tag{1-6}$$

式中 σ——正应力(MPa)；

E——弹性模量(MPa)，与材料有关(查材料手册)；

ε——正应变，无量纲，常用百分数表示。

从图 1.6 可以看出，弹性模量 E 是拉伸曲线上的斜率，拉伸曲线斜率越大，弹性模量 E 也越大，说明弹性变形越不容易进行，表明零件或构件保持其原有形状和尺寸的能力越大。

1.3.2 硬度

硬度是衡量金属材料软硬程度的一种性能指标，也是指金属材料抵抗局部变形，特别是塑性变形、压痕或划痕的能力。

1. 硬度测定方法分类

硬度测定方法有压入法、划痕法、回弹高度法等。金属材料质量检验主要用压入法进行硬度试验。在压入法中，根据载荷、压头和表示方法的不同，常用的硬度测定方法有布氏硬度(HBW)、洛氏硬度(HRC)和维氏硬度(HV)。

1) 布氏硬度

布氏硬度测定时金属材料表面压痕大，能在较大范围内反映材料的平均硬度，测得的硬度值比较准确，数据重复性强。但是，布氏硬度测定时对金属表面的损伤较大，故不宜测定太小或太薄的试样，主要用来测定有色金属及经退火、正火和调质处理的金属材料。

2) 洛氏硬度

洛氏硬度是生产中广泛应用的一种硬度测定方法。洛氏硬度测定压痕小，对试样表面损伤小，常用来直接检验机械零件成品或半成品的硬度。尤其是经过淬火处理的零件，常采用洛氏硬度进行测试，操作简便，可以直接从硬度机上显示出硬度值，省去了烦琐的测量、计算和查表等工作。但是，洛氏硬度测量时硬度值的准确性不如布氏硬度，数据重复性差。因此，在测试洛氏硬度时，要选取不同位置的 3 个测试点测出硬度值，再计算 3 个测试点硬度的平均值作为被测零件的硬度值。

3) 维氏硬度

维氏硬度适用范围宽，从很软的材料到很硬的材料都可以测量，尤其适用于零件表面层硬度的测量，如化学热处理的渗层硬度测量，其测量结果精确可靠。但是，维氏硬度测试时，对试样表面的质量要求高，测量效率较低，因此，维氏硬度没有洛氏硬度使用方便。

2. 硬度试验的应用

硬度试验和拉伸试验都是在静载荷条件下测定材料力学性能的方法。硬度试验由于基本上不损伤试样，试验简便迅速，不需要制作专门试样，并且可直接在零件上进行测试，因此，在生产中被广泛地应用。而拉伸试验虽能准确地测出材料的强度和塑性，但它属于破坏性试验,因而在生产中不如硬度试验应用广泛。同时,硬度是一项综合力学性能指标,从金属表面的局部压痕也可以反映出材料的强度和塑性。因此,在零件图上常常标注出各种硬度指标,作为技术要求。此外,硬度值的高低,对于机械零件的耐磨性也有直接影响,钢的硬度值越高,其耐磨性也越高。

1.3.3 韧性

强度、塑性、硬度等力学性能指标是在静载荷作用下测定的。但是有些零件在工作过程中受到的是动载荷,如锻锤的锤杆、冲床的冲头等,这些零件除要求具备足够的强度、塑性、硬度外,还应有足够的韧性。韧性是指金属材料在断裂前吸收变形能量的能力。动载荷特别是冲击载荷,比静载荷的破坏性要大得多,因此,需要制定冲击载荷下的性能指标,即冲击吸收功。为了测定金属材料的冲击吸收功,通常采用夏比冲击试验方法。

1. 夏比冲击试验

1) 试验原理

夏比冲击试验是在摆锤式冲击试验机上进行的。试验时,将带有缺口的标准试样安放在试验机的机架上,使试样的缺口位于两支座中间,并背向摆锤的冲击方向,如图 1.7 所示。

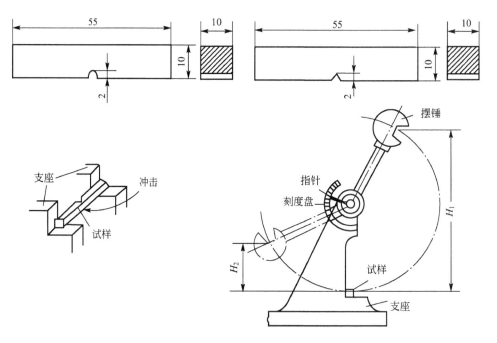

图 1.7 夏比冲击试验原理图

做冲击试验时,将一定质量的摆锤升高到规定高度 H_1,则摆锤具有势能 A_{K1}。当摆锤落下时,将试样冲断后,摆锤失去部分势能,然后摆锤继续向前升高到 H_2,此时摆锤的剩余势能为 A_{K2}。摆锤冲断试样的冲击吸收功为

$$A_K = A_{K1} - A_{K2} \tag{1-7}$$

A_K 就是规定形状和尺寸的试样在冲击试验力一次作用下折断时所吸收的功,A_K 可以从试验机的刻度盘上直接读出。它是表征金属材料冲击韧性的主要依据。同时,冲击吸收功对组织缺陷非常敏感,它可灵敏地反映出材料的质量、宏观缺口和显微组织的差异,能有效地检验金属材料在冶炼、加工、热处理工艺等方面的质量。此外,冲击吸收功对温度也非常敏感。

2) 冲击韧度

冲击韧度用 α_k 表示,单位是 J/cm^2,表示冲击时试样所吸收的功与试样断口处的比值。

$$\alpha_k = \frac{A_K}{A} \qquad (1-8)$$

为了使试验结果不受其他因素影响,冲击试样要根据国家标准制作。带 V 形缺口的试样,用 α_{kV} 表示,带 U 形缺口的试样,用 α_{kU} 表示。

3) 冲击吸收功与温度的关系

冲击吸收功与试验温度有关。有些材料在室温时并不显示脆性,而在较低温度下,则可能发生脆断。在进行不同温度的一系列冲击试验时,冲击吸收功总的变化趋势是随试验温度的降低而降低。当温度降至某一数值时,冲击吸收功急剧下降,钢材由塑性断裂变为脆性断裂,这种现象称为冷脆转变。材料的冷脆转变温度越低,说明材料的低温抗冲击性越好。

2. 多次冲击概念

材料在实际服役过程中,经过一次冲击断裂的情况极少。许多材料或零件的服役条件是可以经受小能量多次冲击。由于在一次冲击条件下测得的冲击吸收功值不能完全反映这个零件或材料的性能指标,因此,提出了小能量多次冲击试验。材料在多次冲击下的破坏过程,由裂纹产生、裂纹扩张和瞬时断裂 3 个阶段组成。其破坏是每次冲击损伤积累发展的结果,不同于一次冲击的破坏过程。多次冲击弯曲试验示意图如图 1.8 所示。

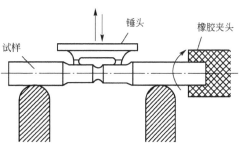

图 1.8 多次冲击弯曲试验示意图

试验时将一组试样中的一个试件放在试验机支座上,使试样受到试验机锤头的小能量多次冲击,测定试样在一定冲击能量下,开始出现裂纹和最后破裂的冲击次数,作为多次冲击抗力指标。

研究结果表明:多次冲击抗力取决于材料的强度和塑性两项指标;随着条件的不同,其强度和塑性的作用和要求是不同的。小能量多次冲击的脆断问题,主要取决于材料的强度;大能量多次冲击的脆断问题,主要取决于材料的塑性。

1.3.4 疲劳

1. 疲劳现象

许多机械零件,如轴、齿轮、弹簧等都是在循环应力作用下工作的。循环应力是指应力的大小、方向都随时间发生周期性变化的一类应力。常见的交变应力是对称循环交变应力,其最大值 σ_{max} 和最小值 σ_{min} 的绝对值相等,即 $\frac{\sigma_{min}}{\sigma_{max}} = -1$,如图 1.9 所示。

在实际生产中许多零件工作时承受的应力值通常低于制作材料的屈服点或规定残余伸长应力,但是零件在循环载荷作用下,经过一定时间的工作后会发生突然断裂,这种现象叫作金属的疲劳破坏。

疲劳破坏断裂与静载荷作用下的断裂不同,在疲劳破坏断裂时即使塑性很好的材料也不产生明显的塑性变形,断裂是突然发生的,因此,疲劳破坏具有很大的危险性。据统计,损坏的机械零件中 80% 以上是由疲劳破坏造成的,故消除或减少疲劳失效,对提高零件使用寿命有着重要的意义,疲劳破坏的零件断口如图 1.10 所示。

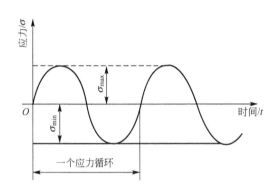

图 1.9 对称循环交变应力

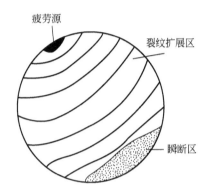

图 1.10 疲劳破坏的零件断口

2. 疲劳强度

金属材料在交变载荷作用下经受无限多次循环应力而不断裂的最大应力值,称为金属材料的疲劳强度。金属材料的疲劳强度通过疲劳强度试验确定,实验时把不同的材料做成国家标准规定的标准试件,通常为一组试件 7~8 个,第一个试件置于试验机上,加载力为拉伸试验时强度极限的 80% 左右,开动试验机直至试件断裂,记录仪记录试件的循环次数,然后放上第二个试件,将加载力降至第一个试件加载力的 90%~95%,直至断裂,记录仪记录第二个试件的循环次数,余下几个试件,依次按上述方法加载,记录下每个试件加载力的大小和循环次数。金属材料试件承受一定的循环应力 σ 和断裂时相对应的循环次数 N 之间的关系可以用曲线来描述,这种曲线称为 σ-N 曲线,如图 1.11 所示。

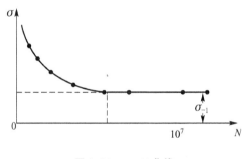

图 1.11 σ-N 曲线

对于黑色金属,试件的循环次数为 $N \geqslant 10^7$;对于有色金属,其循环次数为 $N \geqslant 10^8$。

对于对称循环交变应力,其疲劳强度用 σ_{-1} 表示。

特别提示

影响疲劳强度的因素很多,通过改善零件表面粗糙度、减轻零件应力集中、采用表面处理(高频淬火)、表面形变强化(喷丸、滚压、挤压等)、化学热处理(渗碳、渗氮、碳-氮共渗)及各种表面复合强化工艺等方法,都可改变零件表层的残余应力状态,从而使零件的疲劳强度得到提高。

本 章 小 结

(1) 汽车机械常用材料分为塑性材料和脆性材料两大类。塑性材料包括普通碳素钢、优质碳素钢、合金钢和有色金属等,是汽车机械用得最多的材料。

(2) 材料在外力作用下的性能指标主要有强度、塑性、硬度、冲击韧性和疲劳强度等。

① 屈服极限 σ_s 是工程技术上重要的力学性能指标之一,也是大多数机械零件选材和设计的依据,屈服极限计算式为

$$\sigma_s = \frac{F_s}{A}$$

② 抗拉强度 σ_b 是指试样拉断前承受的最大标称拉应力,强度极限计算式为

$$\sigma_b = \frac{F_b}{A}$$

③ 试样拉断后标距伸长与原始标距的百分比称为断后伸长率 δ,计算表达式为

$$\delta = \frac{L_1 - L_0}{L_0} \times 100\%$$

④ 洛氏硬度(HRC)是生产中广泛应用的一种硬度测定方法,常用来直接检验机械零件的硬度值。

⑤ 布氏硬度(HBW)测定时金属材料表面压痕大,能在较大范围内反映材料的平均硬度,测得的硬度值比较准确,数据重复性强,常用来检验材料和半成品。

复习思考题

1-1 名词解释

1. 强度
2. 塑性
3. 冲击韧度
4. 硬度

1-2 判断题

1. 塑性变形能随载荷的去除而消失。( )

2. 一般来说，材料的硬度越高，耐磨性越好，强度也越高。（   ）

3. 材料的 δ 值越大，其塑性就越好。（   ）

4. 随着钢中碳的质量分数的增加，钢的硬度和强度会增加，塑性和韧性也随着增加。（   ）

1-3　选择题

1. 拉伸试验时，试样拉断前能承受的最大标称应力称为材料的（   ）。

　　A. 屈服点　　　　B. 抗拉强度　　　C. 弹性极限

2. 测定淬火零件的硬度，一般常选用（   ）来测试。

　　A. 布氏硬度　　　B. 洛氏硬度　　　C. 维氏硬度

3. 金属抵抗永久变形的能力，称为（   ）。

　　A. 硬度　　　　　B. 塑性　　　　　C. 强度　　　　　D. 韧性

4. 下列可用来作为金属材料塑性好坏的依据是（   ）。

　　A. σ_b　　　　　　B. δ　　　　　　C. HBW　　　　　D. HRC

1-4　计算题

某低碳钢拉伸试样，直径为 10mm，标长为 50mm，屈服应力为 18 840N，断裂前的最大拉力为 35 320N，拉断后将试样接起来，标距之间的长度为 73mm，断口处截面直径为 6.7mm。问该低碳钢的 σ_s、σ_b、δ 和 Ψ 各是多少？

课后答案

第 2 章 汽车构件常用热处理应用

汽车机械上的零件需要通过热处理工艺来改善其力学性能，发挥材料潜能，延长使用寿命。据初步统计，在整个汽车机械中，30%～40%的零件需要经过热处理，而汽车机械用的工具、量具、轴承等则100%需要进行热处理。总之，凡是重要的零件都必须进行适当的热处理才能满足零件的质量要求，热处理工艺在汽车机械零件与维修生产中具有很重要的意义。

2.1 热处理的基本概念

1. 热处理的作用

汽车机械零件的热处理通常指的是将各种材料制成的零件加热到相变温度以上，使材料组织发生相变，再施以不同的冷却方法使金属的组织发生再相变的工艺过程。通过这个相变与再相变，材料的内部组织发生了变化，因而发生机械性能变化。表2-1为45钢（$d=15$mm）不同热处理后的机械性能。

表2-1　45钢（$d=15$mm）不同热处理后的机械性能

热处理方法	机械性能				
	σ_b/MPa	σ_s/MPa	δ/(%)	ψ/(%)	α_k/(J/cm^2)
退火（随炉冷却）	600～700	300～350	15～20	40～50	32～48
正火（空气中冷却）	700～800	350～450	15～20	45～55	40～64
淬火（水冷＋低温回火）	1 500～1 800	1 350～1 600	2～3	10～12	16～24
淬火（水冷＋高温回火）	850～900	650～750	12～14	60～66	96～112

由表内数据看出，经不同热处理工艺后材料的机械性能差别很大，这是因为经过不同的热处理工艺后，材料内部组织截然不同造成的。这表明，热处理工艺选择要根据材料的成分，材料内部组织的变化，依赖材料热处理及其他热加工工艺而定。材料成分—加工工艺—组织结构—材料性能这四者相辅相成的关系贯穿在材料加工的全过程之中。

2. 热处理的基本要素

热处理工艺有三大基本要素，如图2.1所示。

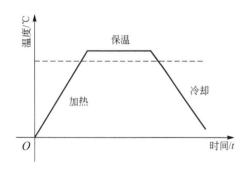

图2.1 热处理工艺三大基本要素

加热、保温、冷却这三大基本要素决定了材料热处理后的内部组织和性能。

加热是热处理的第一道工序。不同的材料，其加热工艺和加热温度都不同。

加热分为两种，一种是在临界点 A_1 以下的加热，如图2.2所示，此时不发生组织变化。另一种是在 A_1 以上的加热，目的是获得均匀的奥氏体组织，这一过程称为奥氏体化。

保温的目的是保证零件烧透，防止脱碳、氧化等。

保温时间和介质的选择与零件的尺寸及材质有直接的关系。一般零件越大，保温时间就越长。

冷却是热处理的最终工序，也是热处理最重要的工序。钢在不同冷却速度下可以转变为不同的组织。

3. 热处理的基本类型

根据加热、冷却方式的不同及内部组织、性能变化特点的不同，热处理可以分为下列几类。

(1) 普通热处理，包括退火、正火、淬火和回火等。

(2) 表面热处理，包括感应加热表面淬火、火焰加热表面淬火、电接触加热表面淬火、渗碳、渗氮和碳氮共渗等。

(3) 其他热处理，包括可控气氛热处理、真空热处理和形变热处理等。

按照零件生产加工过程中的顺序和作用不同，热处理工艺还可分为预备热处理和最终热处理。

预备热处理是零件加工过程中的一道中间工序(也称为中间热处理)。其目的是改善锻造、铸造和焊接等毛坯件的内部组织，消除内应力，为后续的机加工或进一步的热处理做准备。

最终热处理是零件加工的最终工序。其目的是使经过成型工艺，符合形状和尺寸要求的零件，达到所需要的使用性能。

4. 钢的临界温度

图 2.2 表示加热温度及冷却温度与碳的质量分数对钢的临界温度的影响。

共析钢加热到 A_1 以上温度时，全部转变为奥氏体；亚共析钢必须加热到 A_3 以上温度才能转变为奥氏体；过共析钢必须加热到 A_{cm} 以上温度才能获得单相奥氏体。

通常把加热时的实际临界温度用字母"c"表示，如 A_{c1}、A_{c3}、A_{ccm}；而把冷却时的实际临界温度用字母"r"表示，如 A_{r1}、A_{r3}、A_{rcm} 等。

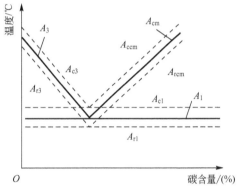

图 2.2　钢的临界温度

2.2　汽车零件热处理基本工艺及应用

2.2.1　退火与正火

1. 退火

退火是将零件加热到相变温度 A_{c1} 以上或以下，较长时间保温并缓慢冷却(一般随炉冷却)的一种热处理工艺。退火的种类很多，常用的主要有以下几种方法。

1) 完全退火

完全退火是将零件加热到 A_{c3} 以上 20~30℃，经完全奥氏体化后进行随炉缓慢冷却，以获得近于平衡组织的热处理工艺。

2) 球化退火

零件随炉升温加热到 A_{c1} 以上 A_{ccm} 以下的双相区,较长时间保温,并缓慢冷却,目的是让其中的碳化物球化和消除网状的二次渗碳体,因此叫作球化退火。

3) 去应力退火

一些铸件、锻件和焊接件会残存很大的内应力,为了消除由于变形及铸造、锻造、焊接过程引起的残余内应力而进行的退火称为去应力退火。

2. 正火

正火是将零件加热到 A_{c3} 或 A_{ccm} 以上温度后进行保温,再在空气中冷却的热处理工艺。

亚共析钢的正火加热温度为 $A_{c3}+30\sim50℃$;而过共析钢的正火加热温度为 $A_{ccm}+30\sim50℃$。

正火与退火的主要区别在于冷却速度不同,正火冷却速度较大,得到的珠光体组织很细,因而强度和硬度也较高。正火主要应用于以下几个方面。

1) 消除网状二次渗碳体

所有的零件通过正火,均可使晶粒细化。而原始组织中存在网状二次渗碳体的过共析钢,经正火处理后可消除对性能不利的网状二次渗碳体,以保证球化退火质量。

2) 作为最终热处理

对于机械性能要求不高的汽车机械结构钢零件,经正火后所获得的性能即可满足使用要求,因此可用正火作为最终热处理。

3) 改善切削加工性能

图 2.3 是汽车零件用钢的热处理工艺与硬度范围的关系。

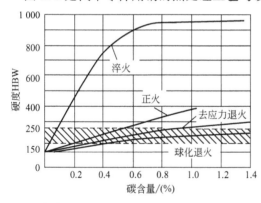

图 2.3 汽车零件用钢的热处理工艺与硬度范围的关系
(阴影部分为合适的切削加工硬度范围)

对于低碳钢或低碳合金钢零件,由于完全退火后硬度太低,一般在 170HBW 以下,切削加工性能不好。而用正火,则可提高其硬度,从而改善切削加工性能。

所以,对于低碳钢或低碳合金钢零件,通常采用正火来代替完全退火,作为预备热处理。

从改善切削加工性能的角度出发,低碳钢零件宜采用正火;中碳钢零件既可采用退火,也可采用正火;碳的质量分数 $w_C \geq 0.6\%$ 的高碳钢零件则必须采用完全退火;过共析钢用正火消除网状二次渗碳体后再进行球化退火。

2.2.2 零件的淬火

将亚共析钢零件加热到 A_{c3} 以上温度,共析钢与过共析钢零件加热到 A_{c1} 以上(低于 A_{ccm})温度,保温后以较快的速度冷却,使奥氏体转变为马氏体的热处理工艺叫淬火。因此淬火的目的就是提高零件的机械性能。淬火是零件的最重要的热处理工艺,也是热处理中应用最广泛的工艺之一。

1. 淬火温度的确定

淬火温度即零件的奥氏体化温度，是淬火的主要工艺参数之一。图 2.4 是碳钢的淬火温度范围。

亚共析钢零件的淬火温度一般为 $A_{c3}+30\sim 50℃$，淬火后获得均匀细小的马氏体组织。如果温度过高，会因为奥氏体晶粒粗大而得到粗大的马氏体组织，使零件的机械性能恶化，特别是使塑性和韧性降低；如果淬火温度低于 A_{c3}，淬火组织中会保留未熔铁素体，使零件的强度、硬度下降。

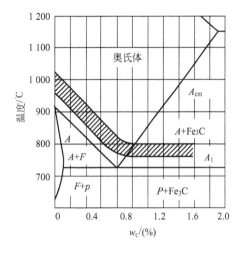

图 2.4　碳钢的淬火温度范围

2. 加热时间的确定

加热时间由升温时间和保温时间组成。从零件入炉温度升至淬火温度所需的时间称为升温时间，并以此作为保温时间的开始。保温时间是指零件烧透及完成奥氏体化过程所需要的时间。加热时间通常根据经验公式估算或通过实验确定，以保证零件质量。

3. 淬火冷却介质的确定

淬火过程的冷却速度非常快。为了得到马氏体组织，淬火冷却速度必须大于临界冷却速度。但是，冷却速度快必然产生很大的淬火内应力，这往往会引起零件变形和开裂。

4. 淬火方法

选择适当的淬火方法同选用淬火冷却介质一样，可以保证在获得所要求的淬火组织和性能条件下，尽量减小淬火应力，减少零件变形和开裂倾向。

1) 单液淬火

单液淬火是将奥氏体状态的零件放入一种淬火介质中一直冷却到室温的淬火方法（图 2.5 中曲线 1）。

单液淬火方法操作简单，容易实现机械化，适用于形状简单的碳钢和合金钢零件。

2) 双液淬火

双液淬火是先将奥氏体状态的零件在冷却能力强的淬火介质中冷却至接近 M_s 点温度，再立即将其转入冷却能力较弱的淬火介质中冷却，直至完成马氏体转变（图 2.5 中曲线 2）。

3) 分级淬火

分级淬火是将奥氏体状态的零件首先淬入略高于零件的 M_s 点温度的盐浴或碱浴炉中保温，当零件内外温度均匀后，再从浴炉中取出空冷至室温，

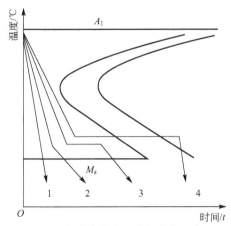

图 2.5　各种淬火方法冷却曲线示意图

直至完成马氏体转变(图 2.5 中曲线 3)。

4) 等温淬火

等温淬火是将奥氏体化后的零件在稍高于 M_s 点温度的盐浴或碱浴炉中保持足够时间,使全部或部分过冷奥氏体转变为下贝氏体组织,随后空气冷却到室温的淬火方法(图 2.5 中曲线 4)。

5. 钢的淬透性

钢的淬透性是零件热处理后获得的重要能力,也是选材和制定热处理工艺的重要依据之一。

1) 淬透性的概念

钢的淬透性是指奥氏体化后的零件在淬火时获得淬硬层(也称为淬透层)深度的能力,其大小用钢在一定条件下淬火获得的淬硬层深度来表示。

2) 影响钢的淬透性的因素

影响钢的淬透性的主要因素是化学成分,除 Co(钴)以外,所有溶于奥氏体中的合金元素都会提高钢的淬透性。另外,奥氏体的均匀性、晶粒大小等因素也都会影响钢的淬透性。

2.2.3 钢的回火

回火是淬火后再将零件加热到 A_{c1} 以下某一温度,保温后再冷却到室温的一种热处理工艺。

淬火后的零件处于高的内应力状态,不能直接使用,必须及时回火。回火目的在于降低或消除内应力,防止零件开裂和变形,稳定零件尺寸,调整零件的内部组织和性能,以满足零件的使用要求。常用的回火分低温回火、中温回火和高温回火 3 种。

1. 低温回火

低温回火的温度范围是 250℃ 以下。低温回火后组织为回火马氏体,既保持了淬火组织的高硬度和耐磨性,又降低了淬火应力,减小了钢的脆性,低温回火后硬度一般为 58~62HRC。

 特别提示

低温回火主要应用于高碳钢、合金工具钢制造的刃具、量具、冷作模具、滚动轴承及渗碳零件、表面淬火零件等。

2. 中温回火

中温回火的温度范围是 250~450℃。淬火钢经中温回火后组织为回火托氏体,降低了淬火应力,使零件获得高的弹性极限和屈服强度,并具有一定的韧性,中温回火后硬度一般为 45~50HRC。

 特别提示

中温回火主要应用于处理弹性组件,如汽车上的各种板弹簧、弹簧钢丝等。有些受小能量多次冲击载荷的结构件,为了提高强度,增加小能量多重抗力,也采用中温回火。

3. 高温回火

高温回火的温度范围是 500～650℃。经高温回火后，淬火应力可完全消除，有良好的综合力学性能。

此外还有调质处理方法，调质处理指的是零件经淬火加高温回火的复合热处理工艺。

经调质处理后的零件硬度不是很高，一般为 220～280HBW。零件便于切削加工，能得到较好的表面质量，调质处理通常作为表面淬火和化学热处理的预备热处理。

特别提示

调质处理多数应用于汽车的各种轴类、发动机连杆、螺栓、齿轮及重要拉杆等，通常重要的机械零件都采用调质处理，而不采用正火处理，调质处理可作为最终热处理。

2.3 其他热处理方法简介

零件的表面热处理有两大类：一类是表面加热淬火热处理，通过对零件表面快速加热及快速冷却使零件表层获得马氏体组织，从而增强零件的表层硬度，提高其抗磨损性能；另一类是化学热处理，通过改变零件表层的化学成分，从而改变表层的组织，使其表层的机械性能发生变化。

2.3.1 表面淬火

仅对零件的表面进行加热、冷却而不改变成分的热处理工艺称为表面淬火。按加热方式不同可分为感应加热表面淬火、火焰加热表面淬火、电接触加热表面淬火和激光热处理等。最常用的是前两种。

1. 感应加热表面淬火

1) 感应加热表面淬火的基本原理

感应线圈通以交流电时，会在它的内部和周围产生与交流电频率相同的感应磁场。若把零件置于感应磁场中，则其整体将产生感应电流并由于电阻的作用有电流的部位会被加热。感应电流在零件表层密度最大，而心部几乎为零，这种现象称为集肤效应。电流透入零件表层的深度主要与电流频率有关。

电流频率越高，感应电流透入深度越浅，加热层也越薄。因此，通过电流频率的选用可以得到不同零件要求的淬硬层深度。感应加热表面淬火示意图如图 2.6 所示。

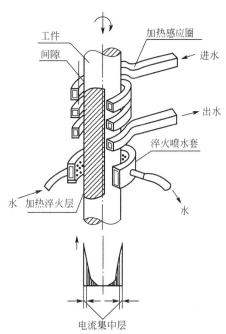

图 2.6 感应加热表面淬火示意图

加热器通入电流,零件表面在几秒钟之内加热到远高于 A_{c3} 以上的温度,接着迅速冷却零件表面,在零件表面获得一定深度的硬化层。

2) 感应加热表面淬火的分类及应用

根据电流频率的不同,可将感应加热表面淬火分为3类。

(1) 高频感应加热淬火:常用电流频率范围为 200～300kHz,一般淬硬层深度为 0.5～2.0mm。其适用于汽车机械中小模数的齿轮及中小尺寸的轴类零件等。

(2) 中频感应加热淬火:常用电流频率范围为 2 500～8 000Hz,一般淬硬层深度为 2～10mm。其适用于汽车机械较大尺寸的轴和大中模数的齿轮等。

(3) 工频感应加热淬火:电流频率为 50Hz,不需要变频设备,淬硬层深度可达 10～15mm。其适用于较大直径零件的穿透加热及大直径零件的表面淬火。

3) 感应加热表面淬火适用的材料

感应加热表面淬火一般适用于中碳钢和中碳低合金钢零件,如 45 钢、40Cr、40MnB 等。这些零件经预先热处理(正火或调质处理)后再表面淬火,心部有较高的综合机械性能,表面也有较高的硬度和耐磨性。

4) 感应加热表面淬火的特点

与普通淬火相比,感应加热表面淬火具有以下主要特点。

(1) 加热温度高,升温快。这是由于感应加热速度很快,因而过热度大。

(2) 零件表层易得到细小马氏体,因而硬度比普通淬火提高 2～3HRC,并且脆性较低。

(3) 零件表层存在残余内应力,因而疲劳强度较高。

(4) 零件表面质量好。这是由于加热速度快,没有保温时间,零件不易氧化和脱碳,而且由于内部未被加热,淬火变形小。

(5) 生产效率高,便于实现机械化、自动化。淬硬层深度也易于控制。

2. 火焰加热表面淬火

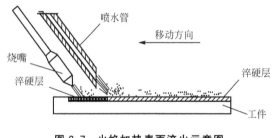

图 2.7 火焰加热表面淬火示意图

火焰加热表面淬火是用乙炔-氧或煤气-氧等火焰直接加热零件表面,然后立即喷水冷却,以获得表面硬化效果的淬火方法,如图2.7所示。

火焰加热温度很高(3 000℃以上),能将零件迅速加热到淬火温度,通过调节烧嘴的位置和移动速度,可以获得不同厚度的淬硬层。

3. 其他类型的表面淬火

1) 电接触加热表面淬火

电接触加热表面淬火是一种处理铸铁表面的新工艺。它利用表面接触电阻所产生的高温来加热待淬火表面,而待淬火零件本身的热传导会使其冷却从而达到淬火的目的。

2）激光热处理

激光热处理是利用激光加热金属材料表面的方法。激光加热具有极高的功率密度，使零件传导散热无法及时将热量传走，因此零件被激光照射区的温度迅速升到奥氏体化温度以实现快速加热。当激光加热结束后，因为快速加热时零件基体大体积中仍保持较低的温度，被加热区域可以通过零件本身的热传导迅速冷却，从而实现淬火等热处理效果。激光热处理可对汽车齿轮、轴颈、气缸内壁、减振器、摩擦轮等零件进行表面强化，适用材料为中、高碳钢。

2.3.2 化学热处理

化学热处理包括分解、吸收、扩散 3 个基本过程。

化学热处理工艺是将零件置于一定温度的活性介质中保温，使一种或几种元素渗入它的表面，改变其化学成分和组织，从而达到改进表面性能，满足技术要求目的的热处理过程。常用的化学热处理有渗碳、渗氮（俗称氮化）、碳氮共渗（俗称氰化）等。另外还有渗硫、渗硼、渗铝、渗钒、渗铬等。

1. 渗碳

渗碳就是将低碳零件放入高碳介质中加热、保温，以获得高碳表层的化学热处理工艺。渗碳的主要目的是提高零件表层的碳的质量分数，以便大大提高表层硬度，增强零件的抗磨损能力，同时保持心部的良好韧性。

与表面淬火相比，渗碳主要用于那些对表面有较高耐磨性要求，并承受较大冲击载荷的零件，如汽车变速器的各齿轮、轴等，采用 20CrMnTi 进行渗碳处理。

1）渗碳方法

根据热处理时渗碳剂的不同状态，渗碳方法可以分为气体渗碳、固体渗碳和液体渗碳 3 种，最常用的是气体渗碳方法。

气体渗碳是将零件置于密封的气体渗碳炉内，温度加热到 900～950℃，使零件奥氏体化，向炉内滴入易分解的有机液体（如煤油、苯、甲醇、醋酸乙酯等），或直接通入渗碳气，通过在零件的表面上发生反应，形成活性碳原子的工艺过程。

2）渗碳工艺及组织

渗碳处理的工艺参数是渗碳温度和渗碳时间。由于奥氏体的溶碳能力较大，因此渗碳温度必须高于 A_{c3} 温度。加热温度越高，渗碳速度越快，渗碳层越厚，生产率也越高。但为了避免奥氏体晶粒过分长大，渗碳温度不能太高。在温度一定的情况下，渗碳时间取决于渗碳层的厚度。

3）渗碳后的热处理

由于渗碳工艺的加热温度高，渗碳时间长，渗碳后还需淬火加低温回火才能达到硬度要求,所以零件渗碳以后必须进行热处理才能达到预期目的。

2. 渗氮

渗氮的主要目的是提高零件表层含氮量以增强表面硬度和耐磨性,同时提高疲劳强度和抗蚀能力。

渗氮后零件表面硬度比渗碳的还高,耐磨损性能更好,同时渗氮层一般有压应力作用。渗氮层深度比渗碳层浅,若要使零件表面的渗氮层达到 0.35~0.7mm,采用气体渗氮一般需 70 h 左右。

零件渗氮是在不太高的温度下进行的,一般温度为 550~620℃,渗氮后零件变形很小,通常不需要再加工,也不必再热处理强化。渗氮常用于要求精度高、冲击载荷小、抗磨损能力强的零件。

3. 碳氮共渗

碳氮共渗是同时向零件渗入 C、N 两种元素的化学热处理工艺,形成碳氮共渗层,以提高零件的硬度、耐磨性和疲劳强度的复合热处理方法。

本 章 小 结

(1) 整体热处理的种类包括退火、正火、淬火和回火等。

(2) 表面热处理包括感应加热表面淬火、火焰加热表面淬火、电接触加热表面淬火、渗碳、渗氮和碳氮共渗等。

(3) 热处理的目的。

预备热处理的目的是改善锻造、铸造和焊接等毛坯件的组织、消除内应力,为后续的机加工或进一步的热处理做准备。

表面淬火或表面渗碳属于最终热处理,目的是经过成型工艺,使达到形状和尺寸要求后的零件机械性能达到所需要的使用性能。

复习思考题

2-1 选择题

1. 形状简单的零件淬火应选用(   )。
   A. 单液淬火　　　B. 双液淬火　　　C. 分级淬火　　　D. 等温淬火
2. 零件的正火工艺是将其加热到一定温度,保温一定时间,然后采用的冷却形式是(   )。
   A. 随炉冷却　　　B. 在油中冷却　　C. 在空气中冷却　D. 在水中冷却

2-2 简答题

1. 有一批 $w_C = 0.45\%$ 的碳钢齿轮,其制造工艺为:圆钢下料→锻造→退火→车削加工→淬火→回火→铣齿→表面淬火。说明各热处理工序的作用。

2. 某柴油机凸轮轴，要求凸轮表面有高的硬度(>50HRC)，而心部具有良好的韧性(a_k>40J/cm^2)，原来用 w_C=0.45% 的碳钢调质，再对凸轮表面进行高频淬火，最后低温回火。现因库存钢材用完，拟用 w_C=0.15% 的碳钢代替。试说明以下内容。

(1) 原 w_C=0.45% 钢的各热处理工序的作用。

(2) 改用 w_C=0.15% 钢后，仍按原热处理工序进行，能否满足性能要求？

课后答案

第 3 章

机械识图常识

机械识图介绍了机械制图的一般规定与标准化知识。通过对投影的基本知识、图样的画法及尺寸标注的学习,培养学生对汽车机件的空间逻辑思维和形象思维能力,学会利用形与图来表达机件的方法,使学生掌握一定的专业技术能力和处理问题的方法能力,提升学生的职业能力和职业素养,为学生就业实操打好基础。

第 3 章 机械识图常识

3.1 机械制图国家标准的基本规定

机械制图必须符合国家标准，例如 GB/T4457.4－2002 中的"GB"是国家标准（简称国标）的代号，4457 是标准编号，4 表示某部分，2002 表示 2002 年发布。

3.1.1 图纸幅面与格式

（1）绘制技术图样时，应该优先采用表 3－1 所规定的基本幅面。

表 3－1 图纸幅面尺寸　　　　　　　　　　单位：mm

幅面代号	B×L	a	c	e
A0	841×1189	25	10	20
A1	594×841	25	10	20
A2	420×594	25	10	10
A3	297×420	25	5	10
A4	210×297	25	5	10

（2）在图纸上必须用粗实线画出图框。图框格式分为留装订边和不留装订边两种，但是，同一产品的图纸只能采用同一格式。

不留装订边的图纸，其图框格式如图 3.1 所示，尺寸按表 3－1 的规定。

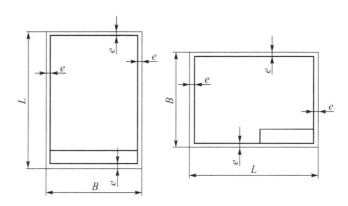

图 3.1　不留装订边的图纸图框格式

（3）标题栏的格式和尺寸按《技术制图 标题栏》（GB/T 10609.1－2008）规定，如图 3.2 所示，标题栏通常位于图纸右下角，每张图纸必须画出标题栏。

3.1.2 比例

比例是指图中图形与实物相应要素的线性尺寸之比，比例可以按表 3－2 所示选用。

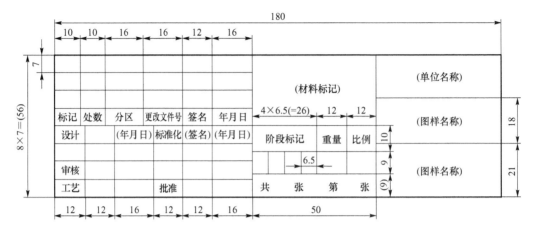

图 3.2 标题栏

表 3-2 比例

种 类	比 例		
原值比例	1∶1		
放大比例	5∶1 5×10^n∶1	2∶1 2×10^n∶1	1×10^n∶1
缩小比例	1∶2 1∶2×10^n	1∶5 1∶5×10^n	1∶10 1∶1×10^n

在同一张图纸上绘制同一机件的各个视图时（局部情况除外）应采用相同的比例，并填写在标题栏中。通常，在图纸允许的情况下，尽量采用1∶1的比例，因为这样可以从图样中得到实物大小的真实概念，也可以采用放大或缩小比例。无论采用什么比例，图纸上标注的尺寸必须按零件的实际（尺寸）大小标注，如图3.3所示是不同比例的图形

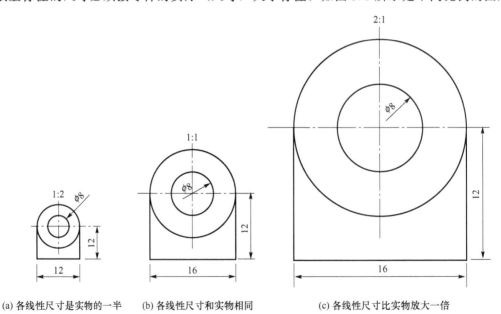

(a) 各线性尺寸是实物的一半　　(b) 各线性尺寸和实物相同　　(c) 各线性尺寸比实物放大一倍

图 3.3　不同比例的图形和尺寸标注

和尺寸标注。

3.1.3 图线

1. 图线宽度

各种图线的名称、形式、宽度及应用见表3-3所示,绘图时应按此选用。

表3-3 图线的名称、形式、宽度及应用

序号	图线名称	图线形式	图线宽度	一般应用
1	粗实线	——————	b (约0.5~2mm)	可见轮廓线 可见过渡线
2	细实线	——————	$b/3 \sim b/2$	尺寸线及尺寸界线 剖面线 重合剖面的轮廓线 螺纹的牙底及齿轮的齿根线、引出线
3	波浪线	～～～～	$b/3 \sim b/2$	断裂处的界限 视图和剖视的分界线
4	双折线	—\/—\/—	$b/3 \sim b/2$	断裂处的边界线
5	虚线	- - - - - -	$b/2$	不可见轮廓线 不可见过渡线
6	细点画线	— · — · —	$b/3 \sim b/2$	轴线 对称中心线 轨迹线 节圆及节线
7	粗点画线	— · — · —	b	有特殊要求的线或表面的表示线
8	双点画线	— ·· — ·· —	$b/3 \sim b/2$	相邻辅助零件的轮廓线 极限位置的轮廓线 坯料的轮廓线 毛坯图中制成品的轮廓线 假想投影轮廓线 中断线

(续)

序号	图线名称	图线形式	图线宽度	一般应用
		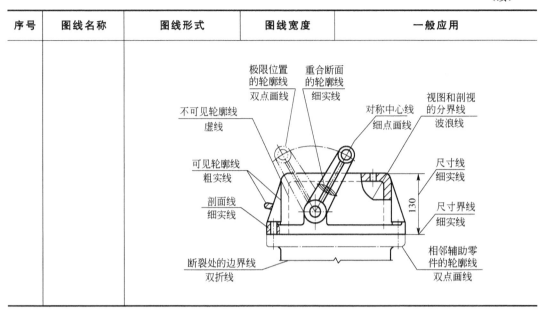		

从上表中可知,图线分粗、细两种,粗线的宽度按图形大小和复杂程度而定,在 0.5~2mm 之间选择,细实线的宽度均为 $b/3\sim b/2$。

2. 图线的画法

(1) 同一图样中,同类图线的宽度应该基本一致。虚线、点画线和双点画线的线段长度和间隔应各自大致相等。

(2) 点画线和双点画线的点不是小圆点,而是长约 1mm 的短画。这些线的首末两端应该是线段而不是短画,在图中应该以长画线段与其他图线相交。绘制图的对称中心线时,圆心应该是两线段的交点,点画线通常超出图形 5mm。图形小时应画成细实线,如图 3.4 所示。

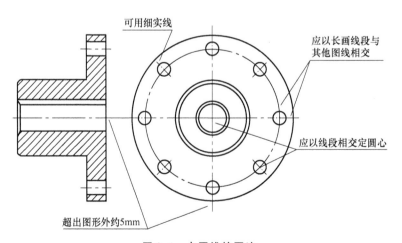

图 3.4 点画线的画法

3. 粗实线、虚线以及点画线重叠时的画法

当粗实线与虚线重叠时,重叠线段应画成粗实线。当虚线与点画线重叠时,重叠线段应画成虚线。虚线与粗实线或虚线相交时不留空隙,如果虚线是粗实线的延长线则应留空隙,如图 3.5 所示。

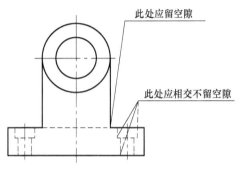

图 3.5　虚线的画法

3.1.4　剖面符号的画法

在剖视图和断面图中应该采用表 3-4 中规定的剖面符号。

表 3-4　剖面符号

材料名称	剖面符号	材料名称	剖面符号	材料名称	剖面符号
金属材料(已有规定剖面符号者除外)		线圈绕组元件		混凝土	
非金属材料(已有规定剖面符号者除外)		转子、电枢、变压器和电抗器的叠钢片		钢筋混凝土	
玻璃及供观察用的其他透明材料		木质胶合板(不分层数)		格网(筛网、过滤网等)	
木材 纵断面		型砂、填砂、砂轮、陶瓷刀片、硬质合金刀片、粉末冶金		砖	
木材 横断面		液体		基础周围的泥土	

3.1.5　尺寸注法

图样上的图形主要表示零件的结构与形状,而零件的大小则以图上标注的尺寸数字

为依据,因此,应该按照国家标准认真标注尺寸。

1. 尺寸标注的基本规则

(1) 机件的真实大小应该以图样上所标注的尺寸数字为依据,与图样的大小以及绘图的准确度无关。

(2) 图样中的尺寸以及技术要求或者有关说明中的尺寸,以毫米为单位时可以不注明计量单位的符号或名称,否则,必须注明计量单位的符号或名称。

(3) 图样中所标注的尺寸,为该图样所示机件的最后完工尺寸,否则,应该另加说明。

(4) 机件的每一尺寸一般只标注一次,应该标注在反映机件结构最清晰的图样上。

2. 尺寸的组成及标注

一个完整的尺寸一般由尺寸数字、尺寸线、尺寸界线和箭头组成,如图 3.6 所示。

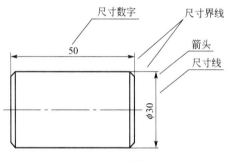

图 3.6 尺寸标注

图样上的尺寸标注方法按《机械制图 尺寸注法》(GB/T 4458.4—2003)执行,图 3.7 所示为图样上各种尺寸的标注样例。

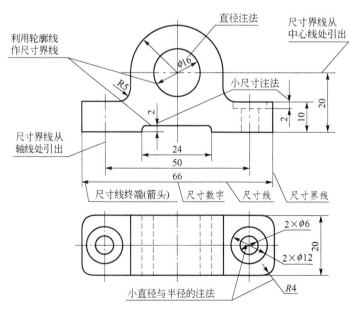

图 3.7 图样上各种尺寸的标注样例

3.2 三视图的形成与机件的表达

3.2.1 三视图的形成

点、线、面、体等几何元素在三投影面（V、H、W）体系中的投影，称为三面投影。将物体向投影面投射所得的图形，称为视图，而将物体向三投影面投影所得的图形，称为三视图，即 V 面投影（主视图）、H 面投影（俯视图）、W 面投影（左视图），如图 3.8 所示。

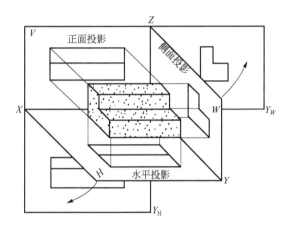

图 3.8 三视图

为了便于画图和看图，通常要将物体正放（即与投影面平行或垂直），尽量使物体的表面、对称平面或回转体轴相对于投影面处于特殊位置（正放），并将 OX、OY 和 OZ 轴的方向分别设为物体的长度方向、宽度方向和高度方向。

1. 三视图反映物体大小的投影规律

物体有长、宽、高三个方向的大小，从图 3.9 可以看到，每个视图只能反映物体两个方向的尺寸。

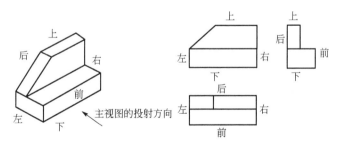

图 3.9 三视图的方向尺寸

主视图反映物体的长度和高度，俯视图反映物体的长度和宽度，左视图反映物体的高度和宽度。三视图反映物体长、宽、高的尺寸，其投影关系可以概括为：主、俯视图长对正，主、左视图高平齐，俯、左视图宽相等。应当指出，在画和看物体的三视图时，物体的整体或局部，都应遵守这个规律。

2. 三视图反映物体方位的投影规律

物体有上、下、左、右、前、后六个方位，左右为长，上下为高，前后为宽，或者说，长分左、右，高分上、下，宽分前、后。从图3.9可以看出，主视图反映物体的上、下和左、右方位；俯视图反映物体的左、右和前、后方位；左视图反映物体的上、下和前、后方位。且俯、左视图的外侧和内侧（对主视图而言的外、内）分别为物体的前、后方位。

3.2.2 机件的表达方法

前面已经介绍了用三视图表示物体的方法，但在工程实际中，机件（包括零件、部件和机器）的结构形状是多种多样的，有的机件的外形和类型都比较复杂，仅用三视图往往是不够的。为此，国家标准《机械制图》规定了机件的其他表达方法。

1. 基本视图

机件向基本投影面投射所得的视图，称为基本视图。

当物体的外部结构形状在各个方位（上、下、左、右、前、后）上的投影都不相同时，三视图往往不能完整地将它表达出来。因此，必须增加投影面以得到更多的视图，标准规定了表示一个物体可有六个基本投射方向（a—由前向后投射、b—由上向下投射、c—由左向右投射、d—由右向左投射、e—由下向上投射、f—由后向前投射），如图3.10（a）所示。

相应的六个基本投影面分别垂直于六个基本投射方向。然后，按规定展开投影面，便得到六个基本视图。各视图名称规定为：主视图（A）、俯视图（B）、左视图（C）、右视图（D）、仰视图（E）、后视图（F）。六个基本投影面的展开方法，如图3.10（b）所示。各视图的配置，如图3.10（c）所示。

六个基本视图若画在同一张纸上，且按图3.10（c）所示的规定位置配置时，一律不标注视图的名称。

六个基本视图之间仍保持长对正、高平齐、宽相等的投影关系，即主、俯、仰视图长对正；主、左、右、后视图高平齐；俯、左、仰、右视图宽相等。其中，俯、左、仰、右视图靠近主视图的里侧均为物体后方，而远离主视图的外侧均为物体前方，后视图的左侧为物体右方，而右侧为物体左方。

2. 向视图

向视图是可以自由配置的视图。根据需要或为了合理利用图纸幅面，也可不按规定位置配置视图，这时，可用向视图表示，按向视图配置，必须标注视图的名称。标注方式为在向视图的上方正中位置标注名称"X"（"X"为大写英文字母），在相应视图附近用箭头指明投射方向，并标注相同的字母"X"，如图3.11所示。

3. 局部视图

将机件的某一部分向基本投影面投射所得的视图，称为局部视图。局部视图是一个

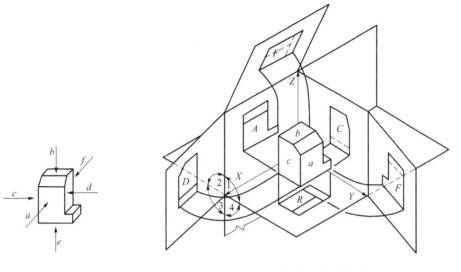

(a) 六个基本投射方向　　　　　　(b) 六个基本视图的形成与展开

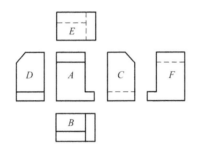

(c) 六个基本视图的配置

图 3.10　六个基本视图的形成与配置

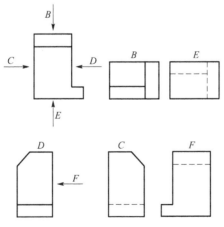

图 3.11　向视图的配置与标注

不完整的基本视图,利用局部视图可以减少基本视图的数量。

当机件某一局部形状没有表达清楚,而又没有必要用一个完整的基本视图表达时,可单独将这一部分向基本投影面投射,从而避免了在别的图上已表示清楚的部分结构再重复表达。如图 3.12 所示的机件,当采用了主视图以后,如果增加了仰、左、右视图,将会对这个机件在别的视图上已表示清楚的结构造成重复表达,故采用了局部视图"A""B""C",取代了仰、左、右基本视图。

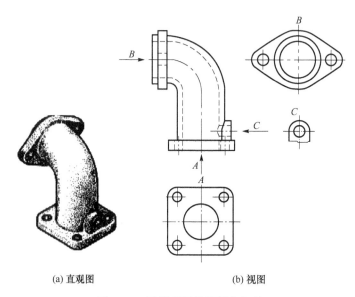

(a) 直观图　　　　　　　　(b) 视图

图 3.12　局部视图的配置与标注

局部视图的断裂边界线用波浪线表示。画波浪线时应注意:①波浪线不应与轮廓线重合或在其延长线上;②不应超出机件轮廓线;③不应穿空而过。当所表达的局部结构是完整的,且其外形轮廓线自成封闭,与其他部分截然分开时,波浪线可省略不画,如图 3.12(b)中的局部视图"A""B"。

为了看图方便,局部视图应尽量配置在箭头所指向的一侧,并与原基本视图保持投影关系,如图 3.12(b)中的局部视图"B"。有时为了合理利用图纸幅面,也可将局部视图按向视图配置在其他适当位置,如图 3.12(b)中的局部视图"A""C"。

画局部视图时,与向视图一样,一般在局部视图的上方正中位置用大写英文字母标出名称"X",在相应视图附近用箭头指明投射方向,并标注上同样的字母"X"。当局部视图按投影关系配置,中间又无其他图形隔开时,允许省略标注,如图 3.12 中的局部俯视图,图 3.12(b)中的局部视图"B"也可以不标注(如不标注"B",另两处标注局部视图的字母,应按自然顺序重新调整)。

在实际画图时,用局部视图表达机件,可使图形突出重点,表达简练、灵活。

4. 斜视图

机件向不平行于任何基本投影面的平面投射所得的视图,称为斜视图。

如图 3.13(a)所示的机件,其倾斜部分在俯、左视图上均得不到真形投影。这时,可用变换投影面法建立一个与倾斜部分平行且又与正立投影面垂直的新投影面 P,将倾斜部分向这个新投影面 P 进行投射,并将投射后的新投影面 P 旋转到与它所垂直的正立投影面重合的位置,即得到斜视图,以反映倾斜部分的真形,如图 3.13(b)所示。

第 3 章 机械识图常识

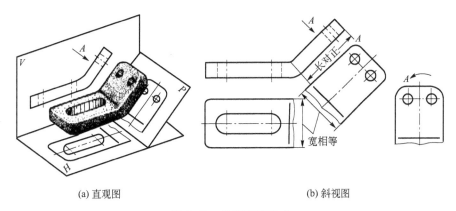

(a) 直观图　　　　　　　　　　　　　(b) 斜视图

图 3.13　斜视图的形成

斜视图通常只画出机件倾斜部分的真形，其余部分不必在斜视图中画出，而用波浪线断开，如图 3.13（b）的斜视图"A"。当所表达的倾斜部分的结构是完整的，且外形轮廓线自成封闭，又与其他部分截然分开时，波浪线可省略不画，如图 3.14 中的斜视图"A"。

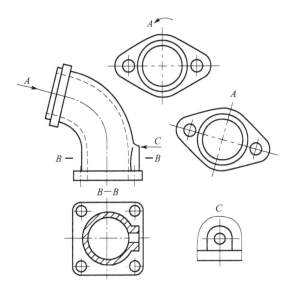

图 3.14　斜视图的配置与标注

斜视图通常按向视图的配置形式配置，并标注视图名称，如图 3.14 所示。

画斜视图时，必须在斜视图的上方正中位置标出名称"X"，并在相应的视图附近用垂直于斜面的箭头指明投射方向，并标注上同样的字母。

5. 旋转视图

当机件某一部分的结构是倾斜的，而该部分又具有与某一投影面垂直的回转轴线时，先假想将机件的倾斜部分旋转到与垂直的基本投影面平行后，再向投影面投射，此时所得的视图，称为旋转视图。

如图 3.15 所示的摆杆，其右边部分对水平面处于倾斜位置，该部分的水平投影不反映真形，为此，先假想将这部分绕中间圆筒垂直于正面投影的回转轴线旋转到与水平投影面平行后,再向投影面投射,然后画出其旋转视图。

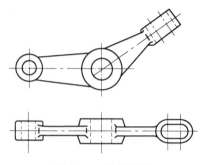

图 3.15 旋转视图

因旋转视图投影关系比较明显,故一般不加任何标注,旋转视图用于表达机件具有垂直于基本投影面的回转轴线的倾斜部分的外形。

3.3 剖 视 图

用视图表达机件时,机件不可见的(内部或背面)形状都用虚线表示,如图 3.16 所示。不可见的结构形状越复杂,视图中虚线就越多,这样,就会使图形不够清晰,既不利于看图,又不便于标注尺寸。为此,机件不可见的内部结构形状常采用剖视图。

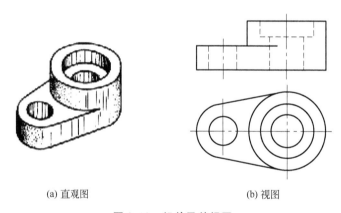

(a) 直观图　　　　　　　　(b) 视图

图 3.16 机件及其视图

3.3.1 剖视图的形成与表示

1. 剖切面

在绘制剖视图时,用于剖切机件的假想的平面,称为剖切面。用剖切面剖开机件,将处在观察者与剖切面之间的部分移去,而将其余部分向投影面投射,所得的图形,称为剖视图。剖视图主要用于表达机件的内部结构形状。如图 3.17(b)所示的机件,其主视图是沿前、后对称平面剖切后画出的剖视图。

第 3 章　机械识图常识

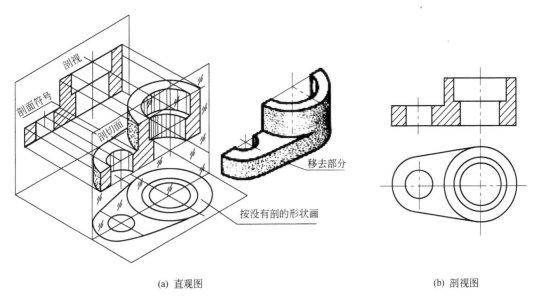

(a) 直观图　　　　　　　　　　　　　　　(b) 剖视图

图 3.17　剖视图的形成

2. 剖面符号

剖切面剖开物体时与物体的接触部分，称为剖面区域。

根据国家标准规定，剖面区域要画出剖面符号（也称剖面线），并且规定不同材料要用不同的剖面符号。金属材料的剖面符号一般为与水平方向成 45°（向左、右倾斜均可）且间隔相等的细实线。同一机件所有剖视图和断面图中的剖面符号的方向应相同，间隔也应相等。当图形的主要轮廓线与水平线成 45°或接近 45°时，则该图形的剖面符号应改画成与水平方向成 30°或 60°的平行线，但倾斜方向和间隔仍应与同一机件其他图形的剖面符号一致，如图 3.18 所示。

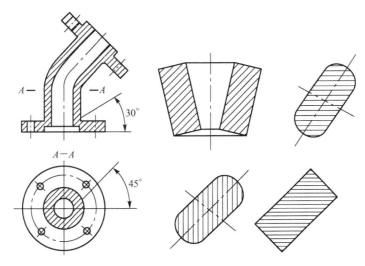

图 3.18　金属材料剖面标识

3.3.2 剖视图的种类

按机件内部结构的表达需要及剖切范围,剖视图可分为全剖视图、半剖视图和局部剖视图。

1. 全剖视图

用剖切面完全地剖开机件所得的剖视图,称为全剖视图。

当不对称机件的外形比较简单,或外形已在其他视图上表达清楚,而内部结构比较复杂时,常采用全剖视图表达机件的内部结构形状,如图3.19所示。

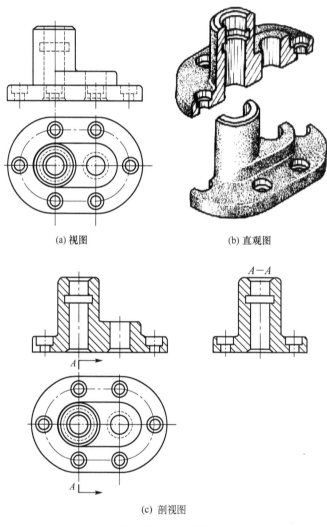

图 3.19 全剖视图

当全剖视图的剖切面通过机件的对称平面且按投影关系配置,中间又无其他图形隔开时,视图可省略标注,如图3.19(c)所示。而左视图上的全剖视图不具备省略标注的条件,则必须按规定方法标注。

2. 半剖视图

当机件具有对称平面时，向垂直于机件对称平面的投影面投射，将得到的图形以对称线（细点画线）为界，一半画成剖视图，另一半画成视图，这样组合的图形，称为半剖视图。如图 3.20 所示机件的主、俯、左视图都是画成半剖视图。

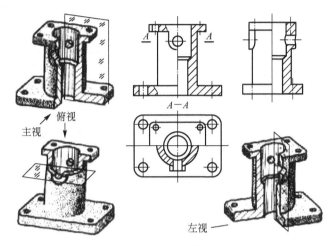

图 3.20　机件的半剖视图

3. 局部剖视图

用剖切面局部地剖开机件，所得的剖视图，称为局部剖视图，如图 3.21 所示。

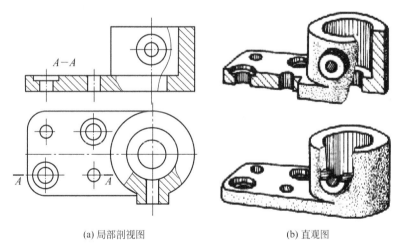

(a) 局部剖视图　　　　　　　　(b) 直观图

图 3.21　机件的局部剖视图

局部剖视图主要是当不对称机件的内、外形均需要在同一视图上兼顾表达时使用，如图 3.21（a）所示。局部剖视图中，剖视图部分与视图部分之间应以波浪线为界，此时的波浪线也可当作机件断裂处的分界线。波浪线的画法应注意以下几点。

① 波浪线不能与图形中其他图线重合，也不要画在其他图线的延长线上。
② 波浪线不能超出图形轮廓线。

③ 波浪线不能穿空而过，如遇到孔、槽等结构时，波浪线必须断开。

图 3.22（a）中波浪线的画法是错误的。

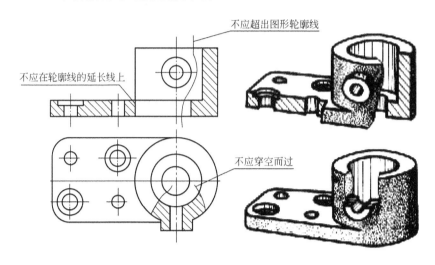

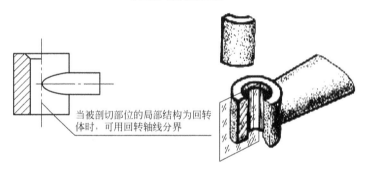

图 3.22　局部剖视图中分界线的画法

当被剖切部位的局部结构为回转体时，允许将该结构的回转轴线作为局部剖视图与视图的分界线，如图 3.22（b）所示。

局部剖视图的剖切范围可大可小，非常灵活，如运用恰当可使重点突出表达，简明清晰。但同一机件的同一视图上局部剖视图的数量不宜过多，否则，会使表达过于凌乱，并且会割断它们之间内部结构的联系。

4．剖切面分类

用一个剖切面（平面或柱面）剖开机件的方法，称为单一剖切，此时剖切面称为单一剖切面，一般用平行（或垂直）于基本投影面的单一剖切面剖切。前面介绍的全剖视图、半剖视图和局部剖视图都是用平行于基本投影面的单一剖切面剖切机件得到的剖视图。

1）几个平行的剖切面

用几个平行的剖切面剖开机件的方法，称为阶梯剖。如图 3.23 所示的机件，其主视图是用了两个相互平行的剖切面沿平行于基本投影面（正立投影面）的位置对机件进行阶梯状的剖切。

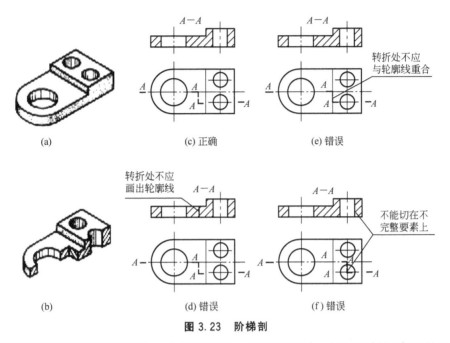

图 3.23 阶梯剖

阶梯剖适用于表达外形简单，内形较复杂，且难以用单一剖切面剖切表达的机件。

2）几个相交的剖切面

用两个相交的剖切面（交线垂直于某一基本投影面）剖开机件的方法，称为旋转剖，如图 3.24 所示。

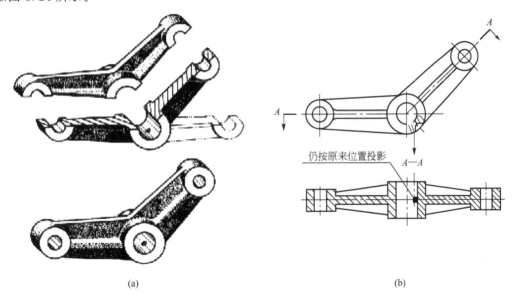

图 3.24 旋转剖

当机件内部结构形状用单一剖切面剖切不能完全表达，而这个机件在整体上又具有垂直于某一基本投影面的回转轴线时，可用旋转剖表达。

3.4 断面图和局部放大图

3.4.1 断面图

假想用剖切面将机件的某处切断，仅画出该剖切面与机件接触部分的图形，称为断面图（简称断面），如图3.25所示。

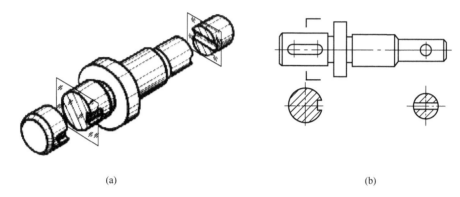

图3.25 断面图

断面图与剖视图主要区别在于，断面图仅画出机件与剖切面接触部分的图形，而剖视图除需要画出剖切面与机件接触部分的图形外，还要画出其后的所有可见部分的图形。

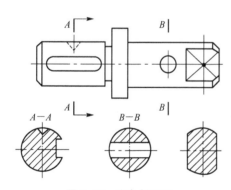

图3.26 移出断面图

断面图主要用于表达机件某一部位的断面的形状，如机件上的肋板、轮辐、键槽及型材的断面等。

断面根据画在图上的位置不同，可分为移出断面图和重合断面图两种。

1. 移出断面图

画在视图之外的断面，称为移出断面图，如图3.26所示。移出断面图由于画在视图之外，因此不影响图形清晰。

2. 重合断面图

画在视图之内的断面图，称为重合断面图，如图3.27所示。重合断面图一般用在断面形状简单，不影响图形清晰的情况下。

3.4.2 局部放大图

将机件的部分结构用大于原图形所采用的比例画出的图形，称为局部放大图，如图3.28所示。

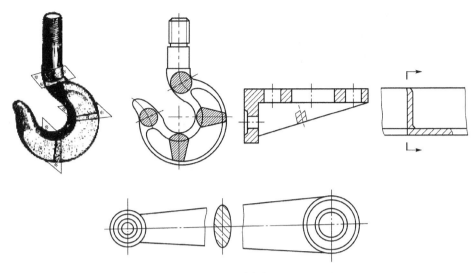

图 3.27　重合断面图

当机件的某些结构较小，若按原图所用的比例画出，图形过小而表达不清楚，或标注尺寸困难时，可采用局部放大图。

画局部放大图时，应用细实线圆（或长圆形）圈出被放大的部分。当机件上同时有几个被放大部位时，必须用罗马数字和指引线（用细实线表示）依次标明被放大部位的顺序，并在局部放大图上方正中位置标注出相应的罗马数字和采用的放大比例（罗马数字和放大比例之间的横线用细实线画出，前者写在横线之上，后者写在横线之下）。

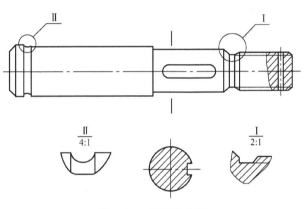

图 3.28　局部放大图

局部放大图的注意事项如下。

① 局部放大图可以画成视图、剖视图和断面图，它与被放大部位的表达方法无关。

② 局部放大图应尽量配置在被放大部位的附近，局部放大图的投射方向应与被放大部位的投射方向一致，与整体联系的部分用波浪线画出，画成剖视图和断面图时，其剖面符号的方向和间隔应与原图中有关剖面符号的方向和间隔相同。

本 章 小 结

（1）同一产品的图纸采用的格式、比例、剖面符号、图线的画法应一致。

（2）机件的真实大小以图样上标注的尺寸数字为依据，与图样大小及绘图准确度无关。

（3）点、线、面、体等几何元素在三面的投影面（V、H、W）体系中的投影，称为三面投影。

（4）三视图反映物体的长、宽、高，三个大小与其投影的关系，可以概括为：主、俯视图长对正，主、左视图高平齐，俯、左视图宽相等。

（5）机件的表达方法有基本视图、向视图、局部视图、斜视图、旋转视图等。

（6）按机件内部结构的表达需要及其剖切范围，剖视图可分为全剖视图、半剖视图和局部剖视图。

（7）断面图主要用于表达机件某一部位的断面的形状，可分为移出断面图和重合断面图两种。

（8）将机件的部分结构用大于原图形所采用的比例画出的图形，称为局部放大图。

复习思考题

3-1 判断题

1. 将机件的某一部分向基本投影面投射所得的视图，称为局部视图。（　　）
2. 向视图是可以自由配置的视图。（　　）
3. 用视图表达机件时，机件不可见的部分（内部或背面）形状都用虚线表示。（　　）
4. 剖视图主要用于表达机件的内部结构形状。（　　）
5. 用剖切面完全地剖开机件所得的剖视图，称为全剖视图。（　　）
6. 用几个平行的剖切面剖开机件的方法，称为阶梯剖。（　　）
7. 假想用剖切面将机件的某处切断，仅画出该剖切面与机件接触部分的图形，称为断面图。（　　）

3-2 填空题

1. 主视图反映物体的上、下和_____方位。
2. 俯视图反映物体的左、右和_____方位。
3. 左视图反映物体的_____和前、后方位。
4. 六个基本视图名称规定为：主视图、俯视图、左视图、右视图、_____、后视图。
5. 可见轮廓线用_____表示、剖面线用_____表示、轴线用_____表示。
6. 剖视图可分为全剖视图、_____和局部剖视图。
7. 断面图分为移出断面图和_____断面图。
8. 零件向六个基本投影面投射，得到六个视图称为_____视图。
9. 标注平面体尺寸时，应注出长、_____、高三个方向的尺寸。
10. 基本视图的投影关系要满足长对正、_____、宽相等的原则。

课后答案

第4章 识读零件图与装配图

识读汽车机械的零件图与装配图，除了前面介绍的基本视图、剖视图与断面图而外，还要了解有些零部件的简化画法与规定画法。

4.1 简化画法简介

4.1.1 剖视图的简化画法

对于机件上的肋板、轮辐及薄壁等结构,当用剖切面沿纵向剖切机件时,这些结构上都不画剖面符号,而用粗实线将它与其邻接部分分开(该粗实线并非外表面的交线或外转向轮廓线的投影,而是理论轮廓线);当用剖切面沿横向剖切机件时,这些结构则需画上剖面符号,如图 4.1 所示。

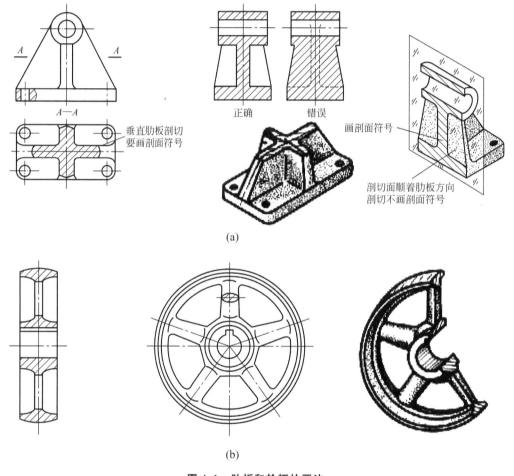

图 4.1 肋板和轮辐的画法

当需要表达的形状为回转体的机件,且其上均匀分布的肋板、轮辐、孔等结构不处于剖切面上时,可将这些结构假想旋转到剖切面上画出,且不需加任何标注,如图 4.2 所示。

第 4 章 识读零件图与装配图

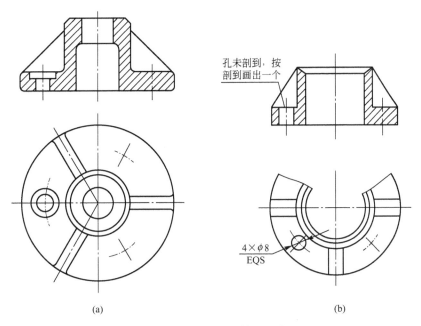

图 4.2 肋板和孔的轴线画法

4.1.2 其他零件的简化画法

（1）当机件上若干个结构（如齿、槽等）的形状相同并按一定规律分布时，只需画出几个完整的结构，其余用细实线连接即可，但在图上必须注明该结构的总数，如图 4.3 所示。

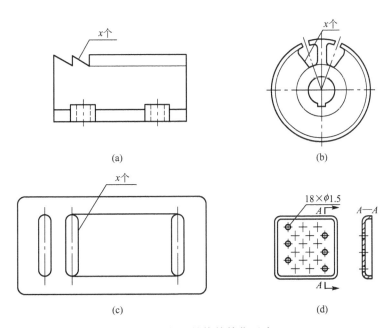

图 4.3 相同结构的简化画法

（2）对于对称机件，在不致引起误解时，机件的视图可只画一半或四分之一，并在图形对称中心线的两端分别画两条与其垂直的平行细实线（细短画），如图 4.4（a）所示。也可画出略大于一半的图形，并在简化处画出波浪线，如图 4.4（d）所示。

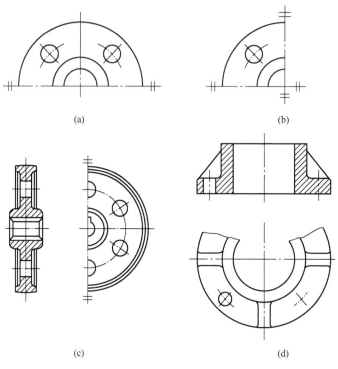

图 4.4　对称图形的简化画法

（3）当图形不能充分表达机件平面时，可用平面符号（相交细实线）表示，如图 4.5 所示。

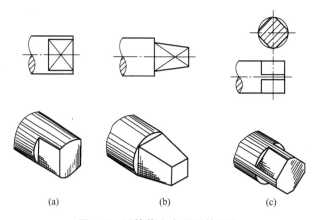

图 4.5　回转体上小平面的画法

机件上的较小结构，如在一个视图中已表达清楚时，其他视图可简化或省略平面符号，如图 4.5（c）所示。

（4）对于沿长度方向形状一致或按一定规律变化的长机件（如轴、杆、型材、连杆等），可断开后缩短画出，但要按实际长度标注尺寸，如图 4.6 所示。

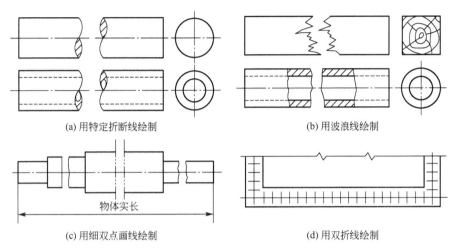

图 4.6　长机件的简化画法

断裂处的边界线可用波浪线或细双点画线绘制，如图 4.6（b）或 4.6（c）所示，对于实心圆柱和空心圆柱可按图 4.6（a）或 4.6（c）绘制。对于较大的机件可用双折线绘制，如图 4.6（d）所示。

4.2　螺纹、齿轮与滚动轴承的规定画法和标注

4.2.1　螺纹的规定画法和标注

1. 螺纹的规定画法

1）外螺纹的画法

外螺纹的大径用粗实线表示，小径用细实线表示。螺纹小径按大径的 0.85 倍绘制。在不反映圆的视图中，小径的细实线应画入倒角内，螺纹终止线用粗实线表示，如图 4.7（a）所示。当需要表示螺纹收尾时，螺纹尾部的小径用与轴线成 30°的细实线绘制，如图 4.7（b）所示。在反映圆的视图中，表示小径的细实线圆只画约 3/4 圈，螺杆端面上的倒角圆省略不画。剖视图中的螺纹终止线和剖面线画法如图 4.7（c）所示。

2）内螺纹的画法

内螺纹通常采用剖视图，在不反映圆的视图中，大径用细实线表示，小径和螺纹终止线用粗实线表示，且大径取小径的 0.85 倍，注意剖面线应画到粗实线；若是盲孔，终止线到孔末端的距离可按 0.5 倍大径绘制；在反映圆的视图中，大径用约 3/4 圈的细实线圆弧绘制，孔口倒角圆不画，如图 4.8 所示。

3）内、外螺纹旋合的画法

用剖视图表示螺纹连接时，旋合部分按外螺纹的画法绘制，未旋合部分按各自原有的画法绘制，如图 4.9 所示。

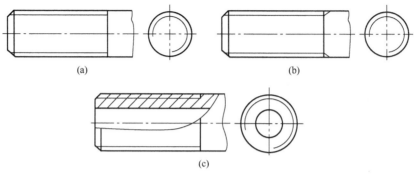

图 4.7　外螺纹画法

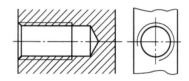

图 4.8　内螺纹画法

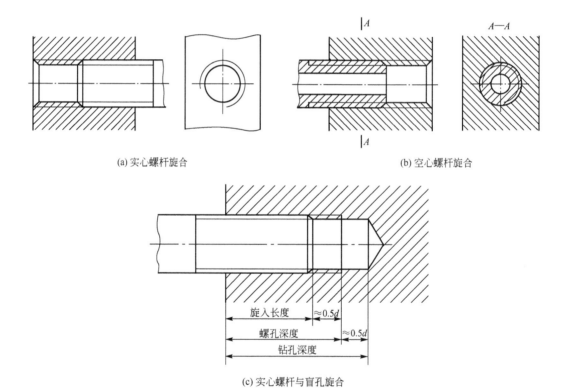

(a) 实心螺杆旋合　　(b) 空心螺杆旋合

(c) 实心螺杆与盲孔旋合

图 4.9　内、外螺纹旋合画法

画图时必须注意：表示内、外螺纹大径的细实线和粗实线，以及表示内、外螺纹小径的粗实线和细实线应分别对齐；当剖切面通过螺纹轴线的剖视图时，实心螺杆按不剖绘制。

2. 螺纹牙型的表示法

螺纹的牙型一般不需要在视图中画出，当需要表示时，可按图 4.10 的形式绘制，既可在剖视图中表示几个牙型，也可用局部放大图表示。

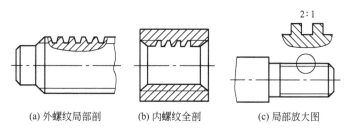

(a) 外螺纹局部剖　　(b) 内螺纹全剖　　(c) 局部放大图

图 4.10　螺纹牙型的表示法

3. 螺纹的标注方法

由于螺纹的规定画法不能表示出螺纹的种类和螺纹的要素，因此在图中对标准螺纹需要进行正确的标注。普通螺纹用尺寸标注形式标注在内、外螺纹的大径上，其标注的具体项目和格式如下：

螺纹代号 公称直径 × 螺距 旋向 — 中径公差带代号 顶径公差带代号 — 旋合长度代号

（1）螺纹代号。普通螺纹的螺纹代号用字母"M"表示。普通粗牙螺纹的螺纹代号用标准号、牙型符号 M 和公称直径（大径）表示（不标注螺距），例如：GB/T 5782—2016 M16。普通细牙螺纹必须标注螺距，例如：GB/T 5782—2016 M16×1.5。公称直径、导程和螺距数值的单位为 mm。

右旋螺纹不必标注旋向，左旋螺纹应标注字母"LH"。

（2）螺纹公差带代号。螺纹公差带代号包括中径公差带代号和顶径公差带代号，由表示公差等级的数字和表示其位置的基本偏差的字母组成。大写字母代表内螺纹，小写字母代表外螺纹。

顶径是指外螺纹的大径和内螺纹的小径，若两组公差带相同，可只写一组，例如：M10×1—6H。表示内、外螺纹旋合时，内螺纹公差带在前，外螺纹公差带在后，例如：M10—5g6g，中间也可用"/"分开。

在特定情况下，中等公差精度螺纹不标注公差带代号（内螺纹：5H，公称直径不大于 1.4mm 时；6H，公称直径不小于 1.6mm 时。外螺纹：5h，公称直径不大于 1.4mm 时；6h，公称直径不小于 1.6mm 时）。

（3）旋合长度代号。国家标准对普通螺纹的旋合长度，规定分为短、中、长三组，其代号分别是 S、N、L。若是中等旋合长度，其旋合代号 N 可省略。

螺纹的精度分为精密、中等和粗糙三级。螺纹的旋合长度和精度等级不同，对应的公差带代号也不一样。

在一般情况下不标注螺纹的旋合长度，其公差带按中等旋合长度（N）确定。必要时在螺纹公差带代号之后加注旋合长度代号 S 或 L，如 M10—5g6g—S。特殊要求时，可注明旋合长度的数值，如 M20×2LH—7g6g—40，如图 4.11 所示为普通螺纹标注示例。

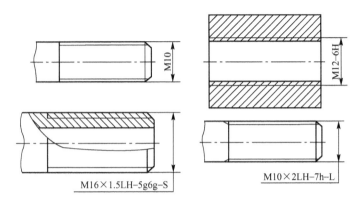

图 4.11 普通螺纹标注示例

4. 螺纹连接件的比例画法

(1) 螺栓、螺母、垫圈的比例画法如图 4.12 所示，d 为螺栓的公称直径。

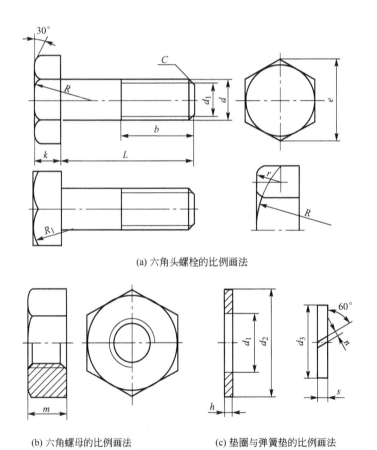

(a) 六角头螺栓的比例画法

(b) 六角螺母的比例画法　　(c) 垫圈与弹簧垫的比例画法

图 4.12 螺栓、螺母、垫圈的比例画法

(2) 螺栓连接的画法。用比例画法画螺栓连接的装配图时，应注意以下几点。

a. 两零件的接触表面只画一条线，并不得加粗。凡不接触的表面，不论间隙大小，都应画出间隙（如螺栓和孔之间应画出间隙）。

b. 剖切面通过螺栓轴线时，螺栓、螺母、垫圈可按不剖绘制，仍画外形。必要时，可采用局部剖视。

c. 两零件相连接时，不同零件的剖面线方向应相反，或者方向一致而间隔不等。

d. 螺栓长度 $L \geqslant t_1 + t_2 +$ 垫圈厚度 + 螺母厚度 + $(0.2 \sim 0.3)d$，根据上式计算出估算值，然后选取与估算值相近的标准长度值作为 L 值。

e. 被连接件上加工的螺栓孔直径稍大于螺栓直径，取 $1.1d$。

螺栓连接的比例画法如图 4.13 所示。

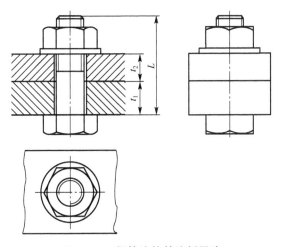

图 4.13　螺栓连接的比例画法

4.2.2　直齿圆柱齿轮的规定画法

1. 单个直齿圆柱齿轮的画法

单个直齿圆柱齿轮一般用两个视图表示。国家标准规定齿顶圆和齿顶线用粗实线绘制，分度圆和分度线用细点画线表示，齿根圆和齿根线用细实线绘制（也可以省略不画）。但在剖视图中，齿根线不能省略。当剖切面通过齿轮轴线时，轮齿一律按不剖绘制。单个直齿圆柱齿轮的画法如图 4.14 所示。

2. 一对直齿圆柱齿轮啮合的画法

一对直齿圆柱齿轮啮合的画法如图 4.15 所示，一般可以采用两个视图表达，在垂直于圆柱齿轮轴线投影面的视图中（反映为圆的视图），啮合区内的齿顶圆均用粗实线绘制，分度圆相切，如图 4.15（b）所示。也可用省略画法如图 4.15（d）所示。在反映不为圆的视图中，啮合区的齿顶线不需画出，分度线用粗实线绘制，如图 4.15（c）所示。

采用剖视图表达时，在啮合区内将一个齿轮的齿顶线用粗实线绘制，另一个齿轮的轮齿被遮挡，其齿顶线用虚线绘制，如图 4.16 所示。

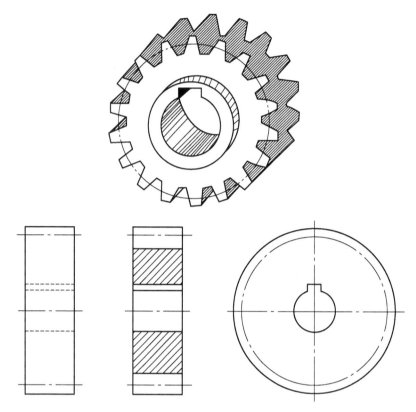

图 4.14 单个直齿圆柱齿轮的画法

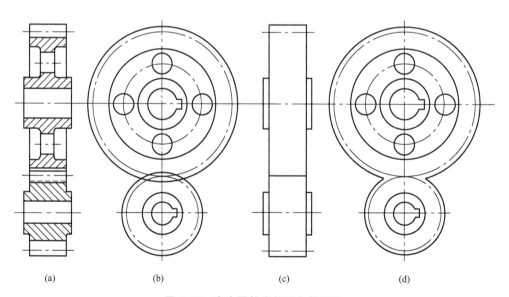

图 4.15 直齿圆柱齿轮啮合的画法

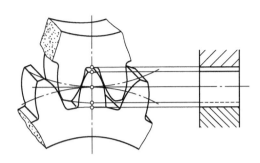

图 4.16 轮齿啮合区在剖视图中的画法

4.2.3 键和销连接

1. 键连接

如图 4.17 所示,在被连接的轴上和轮毂孔中制出键槽,先将键嵌入轴上的键槽内,再对准轮毂孔中的键槽,将它们装配在一起,便可起到连接的目的。

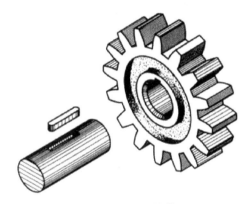

图 4.17 键与键槽

1) 平键

键的种类很多,常用的有普通平键。根据其头部结构的不同可分为圆头普通平键(A型)、平头普通平键(B型)和单圆头普通平键(C型)三种,如图 4.18 所示。

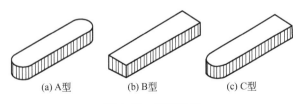

(a) A型　　(b) B型　　(c) C型

图 4.18 普通平键

2) 标识

平键的标记格式和内容为

| 键 | 型式代号 | 宽度 | × | 长度 | 标准代号 |

其中 A 型可省略型式代号。

例如：宽度 $b=18$mm，高度 $h=11$mm，长度 $L=100$mm 的圆头普通平键（A 型），其标记是：键 18×100 GB/T 1095—2003。宽度 $b=18$mm，高度 $h=11$mm，长度 $L=100$mm 的平头普通平键（B 型），其标记是：键 B 18×100 GB/T 1095—2003。宽度 $b=18$mm，高度 $h=11$mm，长度 $L=100$mm 的单圆头普通平键（C 型），其标记是：键 C 18×100 GB/T 1095—2003。

3）连接画法

采用平键连接时，键的宽度 b 和高度 h 要根据轴的直径 d 从标准中选取。

轴和轮毂上的键槽的表达方法及尺寸如图 4.19（a）所示，平键的连接画法如图 4.19（b）所示。

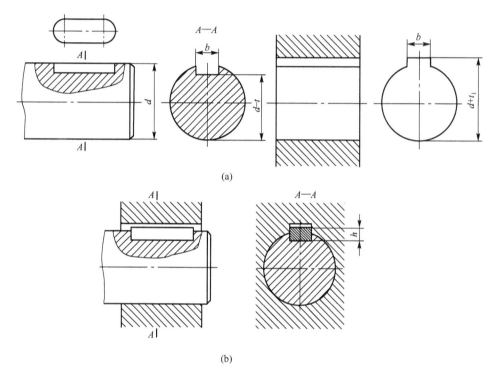

图 4.19　轴和轮毂上的键槽

2. 销连接

销主要用来固定零件之间的相对位置，起定位作用，也可用于轴与轮毂的连接，传递较小载荷，还可作为安全装置中的过载剪断元件。销的常用材料为 20、35、45 钢。

销有圆柱销和圆锥销两种基本类型，这两种销均已标准化。圆柱销利用微量过盈固定在销孔中，经过多次装拆后，紧固性及定位精度降低，故只宜用于不常拆卸处。圆锥销有 1∶50 的锥度，装拆比圆柱销方便，多次装拆对紧固性及定位精度影响较小，因此应用广泛。

销连接的画法如图 4.20 所示。

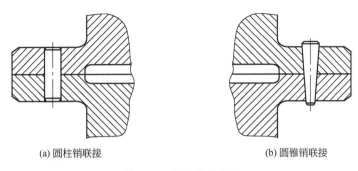

(a) 圆柱销联接　　　　　　　　　(b) 圆锥销联接

图 4.20　销连接的画法

4.2.4　轴承

轴承的作用是支撑轴和轴上零件的转动，使其具有足够的旋转精度。滚动轴承的结构由滚动体、外圈、内圈和保持架四部分组成，如图 4.21（a）所示。绘制滚动轴承的剖视图时，其尺寸比例如图 4.21（b）所示。

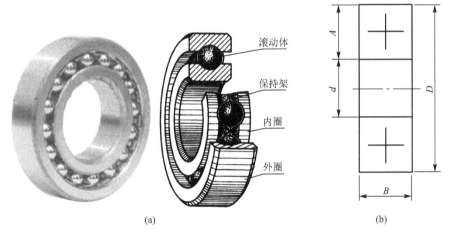

图 4.21　滚动轴承的结构与简化画法

4.2.5　弹簧

弹簧是机械、电器设备中一种常用的零件，主要用于减震、夹紧、储存能量和测力等。

1. 弹簧的种类

弹簧的种类很多，使用较多的是圆柱螺旋弹簧，如图 4.22 所示。

2. 弹簧的简化画法

圆柱螺旋压缩弹簧的简化画法有剖视、视图和示意图画法，如图 4.23 所示。

汽车机械基础(第 2 版)

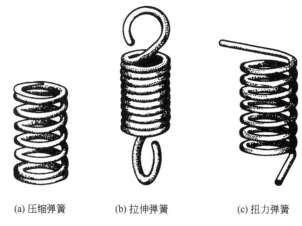

(a) 压缩弹簧　　　(b) 拉伸弹簧　　　(c) 扭力弹簧

图 4.22　圆柱螺旋弹簧

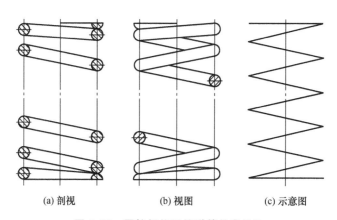

(a) 剖视　　　　　(b) 视图　　　　　(c) 示意图

图 4.23　圆柱螺旋压缩弹簧的表示法

4.3　识读零件图与装配图要领

在汽车产品设计、制造、维修过程中,识读零件图与装配图是一项非常重要的工作,从事产品设计、生产工艺管理或加工组装操作、质量检验等工作的技术人员,必须具备熟练识读零件图与装配图的能力。

4.3.1　识读零件图的目的要求

(1) 了解零件的名称、材料、用途、数量、作图比例等。
(2) 了解零件各部分结构的形状、特点、功用,以及它们之间的相对位置。
(3) 了解零件各部位的尺寸大小,分析主要尺寸基准。
(4) 了解技术要求,如表面粗糙度、尺寸公差、形位公差、热处理及表面处理等,以便确定正确的加工方法。

4.3.2 识读零件图的步骤

1. 看标题栏

首先从标题栏入手,标题栏内列出了零件的名称、材料、比例等信息,它可以帮助我们对零件起到概括性的了解,如图 4.24 所示齿轮轴零件图中的标题栏。

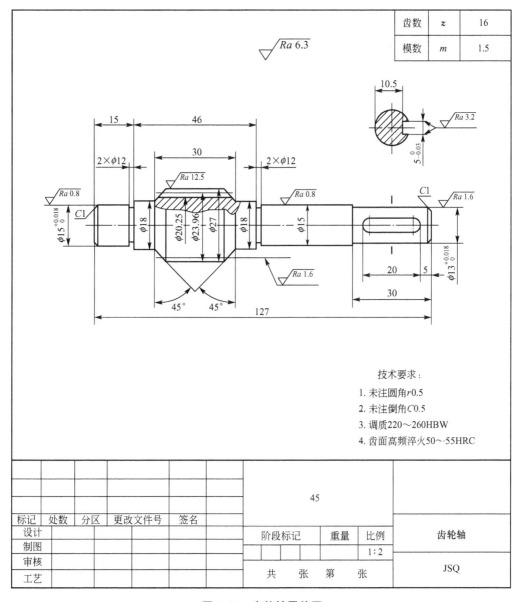

图 4.24 齿轮轴零件图

从标题栏的名称"齿轮轴",就能联想到它是一个起传递动力的零件。从材料栏的"45",可以知道零件的材料是优质碳素钢。从技术要求可知该零件需要进行调质处理,齿面需要进行高频淬火处理。

2. 分析零件形体

齿轮轴是齿轮与轴为一体的零件，零件图上的尺寸是制造、检验零件的重要依据。看尺寸时要分清各组成部分的定形尺寸、定位尺寸和零件的整体尺寸。

4.3.3 读零件图的质量要求

1. 表面粗糙度

表面粗糙度的符号、意义及说明如表 4-1 所示。

表 4-1 表面粗糙度的符号、意义及说明

符号	意义及说明
✓	基本符号，表示表面可用任何方法获得。当不加注粗糙度参数值或有关说明（如表面处理、局部热处理方法等）时，仅用于简化代号标注
✓	基本符号加一短画，表示表面是用去除材料的方法获得。如钻、磨、剪切、抛光、腐蚀、电火花加工、气割等
✓	基本符号加一小圆，表示表面是用不去除材料的方法获得。如铸、锻、冲压变形、热轧、冷轧、粉末冶金等
✓ ✓ ✓	在上述三个符号的长边上均可加一横线，用于标注有关参数和说明
✓ ✓ ✓	在上述三个符号上均可加一小圆，表示所有表面具有相同的表面粗糙度要求

2. 公差与配合的标注

公差与配合的标注如图 4.25 所示，其中图 4.25（a）只标注公差代号；图 4.25（b）

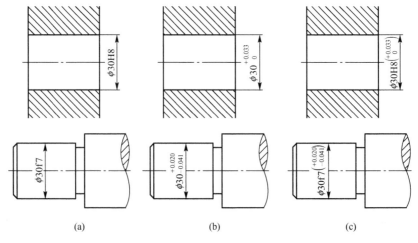

图 4.25 公差与配合的标注

第4章 识读零件图与装配图

只标注上、下偏差,这种标注方法在零件图中应用较多,如图 4.24 所示齿轮轴零件图中的轴颈 $\phi 15^{+0.018}_{0}$ 与轴头 $\phi 13^{+0.018}_{0}$;图 4.25(c)既标注公差代号,又标注上、下偏差,但偏差值用括号括起来使用。

3. 形状和位置公差

形状和位置公差简称形位公差,形位公差的分类、项目和符号见表 4-2 所示。

表 4-2 形位公差的分类、项目和符号

分类	项目	符号	分类		项目	符号
形状公差	直线度	—	位置公差	定向	平行度	//
	平面度	▱			垂直度	⊥
	圆度	○			倾斜度	∠
	圆柱度	⌭		定位	同轴度	◎
	线轮廓度	⌒			对称度	=
	面轮廓度	⌓			位置度	⊕
				跳动	圆跳动	↗
					全跳动	↗↗

4.3.4 识读装配图

装配图是表达机器、部件或组件的图样。识读装配图的目的,是为了了解装配体的性能、工作原理、结构形式、主要尺寸、技术要求和装拆方法等。

装配图包括一组视图、明细栏和标题栏等。由一组视图的若干视图可了解装配体各零件之间的装配关系;由明细栏了解装配体各零件的名称、数量、材料和标准件的规格;由标题栏了解装配体的比例大小、名称和设计单位。如图 4.26 所示为折角阀装配图。

1. 装配体的规定画法

1) 相邻两轮廓线的画法

相邻两个零件的接触面和配合面,规定只画一条轮廓线。凡是非接触、非配合的两表面,即使间隙很小,也必须画出两条线,甚至可以把小间隙夸大画出,如图 4.27 所示的通盖孔与轴连接处。

2) 剖面符号的画法

两个以上的零件相互接触时,剖面符号的倾斜方向通常应相反或方向一致但间隔不等。同一零件在同一图样上的剖面符号方向、间隔必须一致。零件厚度小于或等于 2mm 时,允许以涂黑来代替剖面符号,如图 4.27 所示的通盖与箱体之间的垫片。

对于一些实心件(如轴、连杆、球等)和一些标准件(如螺母、螺栓、键、销等),若剖切面通过其轴线或对称平面时,这些零件按不剖绘制。如果实心件上有些结构的装配关系需要表达时,可采用局部剖视图,如图 4.27 所示的键与轴接合处的局部剖视图。

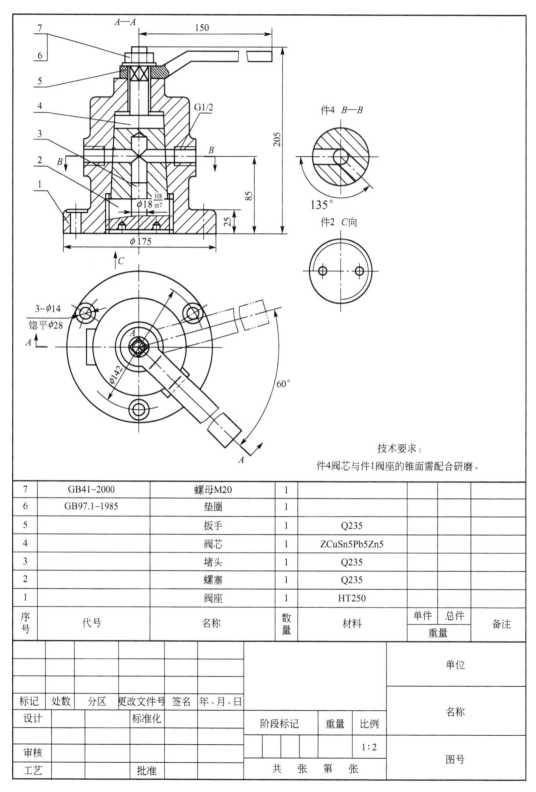

图 4.26 折角阀装配图

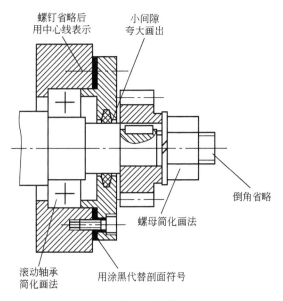

图 4.27 装配图的简化方法

2. 装配体的特殊画法

1) 单独表示某个零件

在装配图中，若需要单独反映某一个零件的视图，必须用箭头指明投射方向，用字母注出视图的名称。

2) 简化画法

在装配图中，如螺栓、螺钉连接等可只详细画出一个，其余则用点画线表示其中心位置。螺栓、螺钉的头部及螺母也可采用简化画法，如图 4.27 所示。滚动轴承可按图 4.27 所示简化画法绘制。

在装配图中，弹簧可见部分应画至弹簧的外轮廓或弹簧的中径处，如图 4.28（a）、

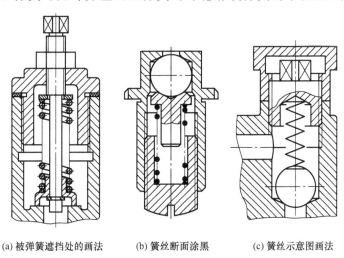

(a) 被弹簧遮挡处的画法　　(b) 簧丝断面涂黑　　(c) 簧丝示意图画法

图 4.28 装配图中弹簧的画法

(b)所示。当簧丝直径在图形上小于或等于 2mm 并被剖切时，其剖面符号可用涂黑表示，如图 4.28（b）所示；也可采用示意图画法，如图 4.28（c）所示。

本 章 小 结

（1）外螺纹、内螺纹的画法，及内、外螺纹旋合的画法。

（2）螺纹尺寸标注项目包括螺纹代号、螺纹公差带代号、旋合长度代号等。

（3）螺栓、螺母、垫圈、直齿圆柱齿轮的画法。

（4）销主要用来固定零件之间的相对位置，起定位作用，有圆柱销和圆锥销两种基本类型。

（5）轴承的作用是支撑轴和轴上零件的转动，使其具有足够的旋转精度。

（6）识读零件图与装配图的步骤。

复 习 思 考 题

4-1　判断题

1. 外螺纹的大径用粗实线表示。（　　）

2. 外螺纹的小径用细实线表示。（　　）

3. 内螺纹大径用粗实线表示。（　　）

4. 内螺纹终止线用粗实线表示。（　　）

5. 普通螺纹的螺纹代号用字母"M"表示。（　　）

6. 左旋螺纹应标注字母"LH"。（　　）

4-2　填空题

1. 国家标准规定齿顶圆和齿顶线用粗实线绘制，_____ 和分度线用细点画线表示。

2. 弹簧的简化表示方法有剖视、_____ 和示意图画法。

3. 识读零件图的目的是为了了解技术要求，如表面粗糙度、_____、形位公差、热处理及表面处理等。

4. 零件图的标题栏内列出了零件的名称、_____、比例等信息。

5. 识读装配图的目的是为了了解装配体的性能、工作原理、结构形式、_____、技术要求和装拆方法。

6. 通过装配图的明细栏了解组成装配体各零件的名称、_____、材料和标准件的规格等。

课后答案

第 5 章

互换性与公差配合在汽车机械上的应用

汽车机械都是由大量的通用标准零部件和专用零部件组成的。通用标准零部件如螺栓组件、销、键、弹簧、齿轮、轴承和联轴器等,这些通用标准零部件由专业化生产厂家来进行大批量制造,以达到减少生产费用并缩短生产周期的需要。本章介绍互换性、公差与配合、配合种类的选择原则。

5.1 互换性概念

汽车机械产品是按专业化、协作化组织生产的，这就提出了一个如何保证汽车零件互换性的问题。汽车机械上掉了一个螺钉，按相同的规格换一个就行了，某个零件磨损了，也可以换上一个新的，便能满足使用要求，方便快捷，能这样做是因为这些产品都是按互换性原则组织生产的，大多数汽车机械的零件都具有互换性。

1. 互换性的定义

所谓互换性是指零件中同一规格的一批零件或部件，任取其中一件，不需进行任何挑选、调整或辅助加工（如钳工修配），就能进行装配，并能保证满足机械质量和使用性能要求的一种特性。

2. 互换性的种类

互换性可分为完全互换（绝对互换）与不完全互换（有限互换）两种。

1) 完全互换

若零件在装配或更换时，不需选择、调整或辅助加工（修配），则其互换性为完全互换。当装配精度要求较高时，若采用完全互换将使零件制造公差变得很小，造成加工困难，成本很高，甚至无法加工。

特别提示

对于汽车维修行业，基本上所有配件均采用完全互换。

2) 不完全互换

将零件的制造公差进行适当放大，使之便于加工，而在零件完工后，再用测量器具将零件按实际尺寸的大小分为若干组，使每组零件间实际尺寸的差别减小，装配时按相应组进行（例如，大孔组零件与大轴组零件装配，小孔组零件与小轴组零件装配）。这样，既可保证装配精度和使用要求，又能解决加工困难，降低成本。此种仅组内零件可以互换，组与组之间不能互换的特性，称为不完全互换。

一般地说，不完全互换只适用于制造厂内部的装配，至于厂外协作，即使产量不大，往往也要求完全互换。

3. 互换性的作用

从使用上看，由于零件具有互换性，零件坏了，可以以新换旧，方便维修，从而提高机器的利用率，延长机器的使用寿命。

从制造上看，互换性是组织专业化协作生产的重要基础。专业化协作生产可以采用高科技和高生产率的先进工艺和装备，从而提高生产率，提高产品质量，降低生产成本。

从设计上看，零件的互换性可以简化制图、计算工作，缩短设计周期，这对发展系列产品十分重要。互换性生产原则和方式是随着大批量生产而发展和完善起来的，它不仅在单一品种的大批量生产中广为采用,而且已用于多品种、小批量生产。科学技术越发展,对互换性的要求也就越高、越严格。因此,互换性原则已经成为组织现代化生产极为重要的技术经济原则。

4. 互换性生产的实现

任何机械都是由若干最基本的零件构成的。这些具有一定尺寸、形状和位置等几何参数的零件,可以通过各种不同的连接形式而装配成为一个整体。

由于任何零件都要经过加工的过程,无论设备的精度和操作工人的技术水平多么高,要使零件的尺寸、形状和位置做得绝对准确,不但不可能,而且没有必要。生产中只要将零件加工后各几何参数(尺寸、形状和位置)所产生的误差控制在一定的范围内,就可以保证零件的使用功能,同时还能实现互换性。

1) 公差

通常把零件几何参数允许的变动量称为公差。它包括尺寸公差、形状公差、位置公差等。建立各种几何参数的公差标准是实现对零件误差进行控制和保证互换性的基础。

2) 检测

加工后的零件是否满足要求,要通过检测加以判定。检测不仅用来评定产品质量,而且用于分析零件产生不合格品的原因,以便监督工艺过程,及时调整生产,预防废品产生。

综上所述,合理确定公差与正确进行检测,是保证产品质量、实现互换性生产的两个必不可少的条件和手段。

5. 极限与配合

为使零件具有互换性,必须保证零件的尺寸、形状、位置以及表面特征技术要求的一致性。就尺寸而言,互换性要求的一致性,并不是要求零件都准确地制成一个指定的尺寸,而是要求尺寸在某一合理的范围内;对于相互结合的零件,这个范围既要保证相互结合的尺寸之间形成一定的关系,以满足不同的使用要求,又要在制造上是经济合理的,这样就形成了"极限与配合"的概念。

5.2 公差配合

5.2.1 尺寸术语定义

1. 尺寸

尺寸是以特定单位表示线性尺寸值的数值。尺寸表示长度的大小,包括直径、宽度、高度、厚度及中心距、圆角半径等。它由数字和长度单位(mm)组成。

2. 公称尺寸

公称尺寸是从零件的功能出发,通过强度、刚度等方面的计算或结构需要,并考虑工艺方面的其他要求后确定的,它一般应按《产品几何技术规范(GPS) 极限与配合 第1部分:公差、偏差和配合的基础》(GB/T 1800.1—2009)中标准尺寸选取,并在图样上标注。

3. 实际尺寸

实际尺寸是指通过测量获得的尺寸。由于存在测量误差，所以实际尺寸并非尺寸的真值。又由于存在形状误差，因此零件上各处的实际尺寸往往是不同的。

4. 极限尺寸

一个孔或轴允许的尺寸有两个极限。孔或轴允许的最大尺寸称为上极限尺寸，分别以 D_{max} 和 d_{max} 表示。孔或轴允许的最小尺寸称为下极限尺寸，分别以 D_{min} 和 d_{min} 表示。

5.2.2 公差与偏差的术语定义

1. 尺寸偏差（简称偏差）

某一尺寸减其公称尺寸所得的代数差称为偏差。实际尺寸减其公称尺寸所得的代数差称为实际偏差；上极限尺寸减其公称尺寸所得的代数差称为上极限偏差；下极限尺寸减其公称尺寸所得的代数差称为下极限偏差。上极限偏差与下极限偏差统称为极限偏差。偏差可以为正、负或零值。国家标准规定，大写字母表示孔的有关代号，小写字母表示轴的有关代号，如图 5.1 所示为极限尺寸与偏差示意图。

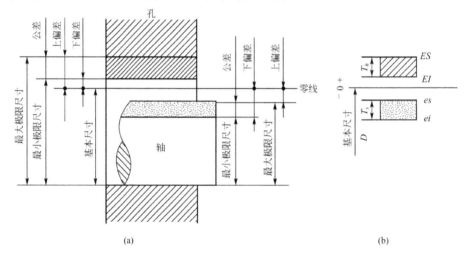

图 5.1 极限尺寸与偏差示意图

偏差计算式如下。

孔的上偏差为 $ES = D_{max} - D$

孔的下偏差为 $EI = D_{min} - D$

轴的上偏差为 $es = d_{max} - d$

轴的下偏差为 $ei = d_{min} - d$

2. 尺寸公差（简称公差）

公差等于上极限尺寸与下极限尺寸的代数差，也等于上、下极限偏差之代数差的绝对值。国家标准将公差分为 20 个精度等级，分别为 IT01、IT0、IT1、IT2…IT17、IT18。IT01 精度等级最高，IT18 精度等级最低，标准公差数值见表 5-1。

第5章 互换性与公差配合在汽车机械上的应用

与偏差不同的是公差取绝对值，不存在负值，也不允许为零。公差计算式如下。

孔的公差为 $T_h = D_{max} - D_{min} = ES - EI$

轴的公差为 $T_s = d_{max} - d_{min} = es - ei$

表 5-1 标准公差数值(GB/T 1800.1—2009)

公称尺寸/mm		标准公差等级																	
		IT1	IT2	IT3	IT4	IT5	IT6	IT7	IT8	IT9	IT10	IT11	IT12	IT13	IT14	IT15	IT16	IT17	IT18
大于	至	μm											mm						
—	3	0.8	1.2	2	3	4	6	10	14	25	40	60	0.1	0.14	0.25	0.4	0.6	1	1.4
3	6	1	1.5	2.5	4	5	8	12	18	30	48	75	0.12	0.18	0.3	0.48	0.75	1.2	1.8
6	10	1	1.5	2.5	4	6	9	15	22	36	58	90	0.15	0.22	0.36	0.58	0.9	1.5	2.2
10	18	1.2	2	3	5	8	11	18	27	43	70	110	0.18	0.27	0.43	0.7	1.1	1.8	2.7
18	30	1.5	2.5	4	6	9	13	21	33	52	84	130	0.21	0.33	0.52	0.84	1.3	2.1	3.3
30	50	1.5	2.5	4	7	11	16	25	39	62	100	160	0.25	0.39	0.62	1	1.6	2.5	3.9
50	80	2	3	5	8	13	19	30	46	74	120	190	0.3	0.46	0.74	1.2	1.9	3	4.6
80	120	2.5	4	6	10	15	22	35	54	87	140	220	0.35	0.54	0.87	1.4	2.2	3.5	5.4
120	180	3.5	5	8	12	18	25	40	63	100	160	250	0.4	0.63	1	1.6	2.5	4	6.3
180	250	4.5	7	10	14	20	29	46	72	115	185	290	0.46	0.72	1.15	1.85	2.9	4.6	7.2
250	315	6	8	12	16	23	32	52	81	130	210	320	0.52	0.81	1.3	2.1	3.2	5.2	8.1
315	400	7	9	13	18	25	36	57	89	140	230	360	0.57	0.89	1.4	2.3	3.6	5.7	8.9
400	500	8	10	15	20	27	40	63	97	155	250	400	0.63	0.97	1.55	2.5	4	6.3	9.7
500	630	9	11	16	22	32	44	70	110	175	280	440	0.7	1.1	1.75	2.8	4.4	7	11
630	800	10	13	18	25	36	50	80	125	200	320	500	0.8	1.25	2	3.2	5	8	12.5
800	1 000	11	15	21	28	40	56	90	140	230	360	560	0.9	1.4	2.3	3.6	5.6	9	14
1 000	1 250	13	18	24	33	47	66	105	165	260	420	660	1.05	1.65	2.6	4.2	6.6	10.5	16.5
1 250	1 600	15	21	29	39	55	78	125	195	310	500	780	1.25	1.95	3.1	5	7.8	12.5	19.5
1 600	2 000	18	25	35	46	65	92	150	230	370	600	920	1.5	2.3	3.7	6	9.2	15	23
2 000	2 500	22	30	41	55	78	110	175	280	440	700	1 100	1.75	2.8	4.4	7	11	17.5	28
2 500	3 150	26	36	50	68	96	135	210	330	540	860	1 350	2.1	3.3	5.4	8.6	13.5	21	33

注：1. 公称尺寸大于 500mm 的 IT1～IT5 的标准公差数值为试行的。
    2. 公称尺寸小于或等于 1mm 时，无 IT14～IT18。

通过它应用上、下极限偏差可算出极限尺寸，如图 5.1(a)所示。

3. 基准制

公差配合分为基孔制和基轴制两种配合制。

1) 基孔制

基本偏差为一定的孔的公差带与不同基本偏差轴的公差带形成各种配合的一种制度称为基孔制，基孔制中的孔为基准孔，其下偏差为零。

2) 基轴制

基本偏差为一定的轴的公差带与不同基本偏差孔的公差带形成各种配合的一种制度称为基轴制，基轴制中的轴为基准轴，其上偏差为零。

轴和孔的基本偏差数值分别见表 5-2、表 5-3。

表 5-2 轴的基本偏差数值（GB/T 1800.1—2009） （单位：μm）

基本尺寸/mm		基本偏差数值（上极限偏差 es）										
		所有标准公差等级										
大于	至	a	b	c	cd	d	e	ef	f	fg	g	h	js
—	3	−270	−140	−60	−34	−20	−14	−10	−6	−4	−2	0	偏差=$\pm\frac{ITn}{2}$ 式中 ITn 是 IT 值数
3	6	−270	−140	−70	−46	−30	−20	−14	−10	−6	−4	0	
6	10	−280	−150	−80	−56	−40	−25	−18	−13	−8	−5	0	
10	14	−290	−150	−95		−50	−32		−16		−6	0	
14	18	−290	−150	−95		−50	−32		−16		−6	0	
18	24	−300	−160	−110		−65	−40		−20		−7	0	
24	30	−300	−160	−110		−65	−40		−20		−7	0	
30	40	−310	−170	−120		−80	−50		−25		−9	0	
40	50	−320	−180	−130		−80	−50		−25		−9	0	
50	65	−340	−190	−140		−100	−60		−30		−10	0	
65	80	−360	−200	−150		−100	−60		−30		−10	0	
80	100	−380	−220	−170		−120	−72		−36		−12	0	
100	120	−410	−240	−180		−120	−72		−36		−12	0	
120	140	−460	−260	−200		−145	−85		−43		−14	0	
140	160	−520	−280	−210		−145	−85		−43		−14	0	
160	180	−580	−310	−230		−145	−85		−43		−14	0	
180	200	−660	−340	−240		−170	−100		−50		−15	0	
200	225	−740	−380	−260		−170	−100		−50		−15	0	
225	250	−820	−420	−280		−170	−100		−50		−15	0	
250	280	−920	−480	−300		−190	−110		−56		−17	0	
280	315	−1050	−540	−330		−190	−110		−56		−17	0	

(续)

基本尺寸/mm		基本偏差数值（上极限偏差 es）									
		所有标准公差等级									
大于	至	a	b	c	cd	d	e	ef	f	fg	g	h	js
315	355	−1 200	−600	−360		−210	−125		−62		−18	0	偏差 $=\pm\dfrac{ITn}{2}$ 式中 ITn 是 IT 值数
355	400	−1 350	−680	−400		−230	−135		−68		−20	0	
400	450	−1 500	−760	−440		−260	−145		−76		−22	0	
450	500	−1 650	−840	−480		−290	−160		−80		−24	0	
500	560					−320	−170		−86		−26	0	
560	630											0	
630	710					−350	−195		−98		−28	0	
710	800											0	
800	900					−390	−220		−110		−30	0	
900	1000											0	
1000	1120					−430	−240		−120		−32	0	
1120	1250											0	
1250	1400					−480	−260		−130		−34	0	
1400	1600											0	
1600	1800					−520	−290		−145		−38	0	
1800	2000											0	
2000	2240											0	
2240	2500											0	
2500	2800											0	
2800	3150											0	

(续)

基本尺寸/mm		基本偏差数值（下极限偏差 ei）																		
		所有标准公差等级																		
大于	至	IT5和IT6	IT7	IT8	IT4~IT7	≤IT3 >IT7	m	n	p	r	s	t	u	v	x	y	z	za	zb	zc
			j		k	k														
—	3	−2	−4	−6	0	0	+2	+4	+6	+10	+14		+18		+20		+26	+32	+40	+60
3	6	−2	−4		+1	0	+4	+8	+12	+15	+19		+23		+28		+35	+42	+50	+80
6	10	−2	−5		+1	0	+6	+10	+15	+19	+23		+28		+34		+42	+52	+67	+97
10	14	−3	−6		+1	0	+7	+12	+18	+23	+28		+33		+40		+50	+64	+90	+130
14	18													+39	+45		+60	+77	+108	+150
18	24	−4	−8		+2	0	+8	+15	+22	+28	+35		+41	+47	+54	+63	+73	+98	+136	+188
24	30											+41	+48	+55	+64	+75	+88	+118	+160	+218
30	40	−5	−10		+2	0	+9	+17	+26	+34	+43	+48	+60	+68	+80	+94	+112	+148	+200	+274
40	50											+54	+70	+81	+97	+114	+136	+180	+242	+325
50	65	−7	−12		+2	0	+11	+20	+32	+41	+53	+66	+87	+102	+122	+144	+172	+226	+300	+405
65	80									+43	+59	+75	+102	+120	+146	+174	+210	+274	+360	+480
80	100	−9	−15		+3	0	+13	+23	+37	+51	+71	+91	+124	+146	+178	+214	+258	+335	+445	+585
100	120									+54	+79	+104	+144	+172	+210	+254	+310	+400	+525	+690
120	140	−11	−18		+3	0	+15	+27	+43	+63	+92	+122	+170	+202	+248	+300	+365	+470	+620	+800
140	160									+65	+100	+134	+190	+228	+280	+340	+415	+535	+700	+900
160	180									+68	+108	+146	+210	+252	+310	+380	+465	+600	+780	+1 000
180	200	−13	−21		+4	0	+17	+31	+50	+77	+122	+166	+236	+284	+350	+425	+520	+670	+880	+1 150
200	225									+80	+130	+180	+258	+310	+385	+470	+575	+740	+960	+1 250
225	250									+84	+140	+196	+284	+340	+425	+520	+640	+820	+1 050	+1 350
250	280	−16	−26		+4	0	+20	+34	+56	+94	+158	+218	+315	+385	+475	+580	+710	+920	+1 200	+1 550
280	315									+98	+170	+240	+350	+425	+525	+650	+790	+1 000	+1 300	+1 700

第5章 互换性与公差配合在汽车机械上的应用

(续)

基本偏差数值（下级限偏差 ei）

基本尺寸/mm 大于	至	IT5和IT6	IT7	IT8	IT4~IT7	≤IT3 >IT7	所有标准公差等级												
		j	j	j	k	k	m	n	p	r	s	t	u	v	x	y	z	za	zb	zc
315	355	−18	−28		+4	0	+21	+37	+62	+108	+190	+268	+390	+475	+590	+730	+900	+1 150	+1 500	+1 900
355	400									+114	+208	+294	+435	+530	+660	+820	+1 000	+1 300	+1 650	+2 100
400	450	−20	−32		+5	0	+23	+40	+68	+126	+232	+330	+490	+595	+740	+920	+1 100	+1 450	+1 850	+2 400
450	500									+132	+252	+360	+540	+660	+820	+1 000	+1 250	+1 600	+2 100	+2 600
500	560					0	+26	+44	+78	+150	+280	+400	+600							
560	630					0				+155	+310	+450	+660							
630	710					0	+30	+50	+88	+175	+340	+500	+740							
710	800					0				+185	+380	+560	+840							
800	900					0	+34	+56	+100	+210	+430	+620	+940							
900	1000					0				+220	+470	+680	+1 050							
1 000	1 120					0	+40	+66	+120	+250	+520	+780	+1 150							
1 120	1 250					0				+260	+580	+840	+1 300							
1 250	1 400					0	+48	+78	+140	+300	+640	+960	+1 450							
1 400	1 600					0				+330	+720	+1 050	+1 600							
1 600	1 800					0	+58	+92	+170	+370	+820	+1 200	+1 850							
1 800	2 000					0				+400	+920	+1 350	+2 000							
2 000	2 240					0	+68	+110	+195	+440	+1 000	+1 500	+2 300							
2 240	2 500					0				+460	+1 100	+1 650	+2 500							
2 500	2 800					0	+76	+135	+240	+550	+1 250	+1 900	+2 900							
2 800	3 150					0				+580	+1 400	+2 100	+3 200							

注：基本尺寸小于或等于1mm时，基本偏差a和b均不采用。公差带js7~js11，若IT_n值数是奇数，则取偏差$=\pm\dfrac{IT_n-1}{2}$。

表 5-3 孔的基本偏差数值 (单位：μm)

公称尺寸/mm 大于	至	基本偏差数值																		
		下极限偏差 EI											上极限偏差 ES								
		所有标准公差等级											IT6	IT7	IT8	≤IT8	>IT8	≤IT8	>IT8	≤IT8	>IT8	≤IT7
		A	B	C	CD	D	E	EF	F	FG	G	H	JS	J	J	J	K	K	M	M	N	N	P至ZC
—	3	+270	+140	+60	+34	+20	+14	+10	+6	+4	+2	0	偏差=±ITn/2, 式中ITn是IT值数	+2	+4	+6	0	0	−2	−2	−4	−4	在大于IT7的相应数值上增加一个Δ值
3	6	+270	+140	+70	+46	+30	+20	+14	+10	+6	+4	0		+5	+6	+10	−1+Δ		−4+Δ	−4	−8+Δ	0	
6	10	+280	+150	+80	+56	+40	+25	+18	+13	+8	+5	0		+5	+8	+12	−1+Δ		−6+Δ	−6	−10+Δ	0	
10	14	+290	+150	+95		+50	+32		+16		+6	0		+6	+10	+15	−1+Δ		−7+Δ	−7	−12+Δ	0	
14	18																						
18	24	+300	+160	+110		+65	+40		+20		+7	0		+8	+12	+20	−2+Δ		−8+Δ	−8	−15+Δ	0	
24	30																						
30	40	+310	+170	+120		+80	+50		+25		+9	0		+10	+14	+24	−2+Δ		−9+Δ	−9	−17+Δ	0	
40	50	+320	+180	+130																			
50	65	+340	+190	+140		+100	+60		+30		+10	0		+13	+18	+28	−2+Δ		−11+Δ	−11	−20+Δ	0	
65	80	+360	+200	+150																			
80	100	+380	+220	+170		+120	+72		+36		+12	0		+16	+22	+34	−3+Δ		−13+Δ	−13	−23+Δ	0	
100	120	+410	+240	+180																			
120	140	+460	+260	+200		+145	+85		+43		+14	0		+18	+26	+41	−3+Δ		−15+Δ	−15	−27+Δ	0	
140	160	+520	+280	+210																			
160	180	+580	+310	+230																			
180	200	+660	+340	+240		+170	+100		+50		+15	0		+22	+30	+47	−4+Δ		−17+Δ	−17	−31+Δ	0	
200	225	+740	+380	+260																			
225	250	+820	+420	+280																			
250	280	+920	+480	+300		+190	+110		+56		+17	0		+25	+36	+55	−4+Δ		−20+Δ	−20	−34+Δ	0	
280	315	+1 050	+540	+330																			

第5章 互换性与公差配合在汽车机械上的应用

(续)

公称尺寸/mm		A	B	C	CD	D	E	EF	F	FG	G	H	JS	J			K		M			N		P 至 ZC
						下极限偏差 EI											基本偏差数值		上极限偏差 ES					
						所有标准公差等级								IT6	IT7	IT8	≤IT8	>IT8	≤IT8	>IT8	≤IT7	≤IT8	>IT8	≤IT7
大于	至																							
315	355	+1200	+600	+360		+210	+125		+62		+18	0	偏差=±$\frac{ITn}{2}$，式中 ITn 是 IT 值数	+29	+39	+60	−4+Δ		−21+Δ		−37+Δ	−37+Δ	0	在大于 IT7 的相应值上增加一个 Δ 值
355	400	+1350	+680	+400		+230	+135		+68		+20	0		+33	+43	+66	−5+Δ		−23+Δ		−40+Δ	−40+Δ	0	
400	450	+1500	+760	+440		+260	+145		+76		+22	0					0		−26		−44			
450	500	+1650	+840	+480		+290	+160		+80		+24	0					0		−30		−50			
500	560					+320	+170		+86		+26	0					0		−34		−56			
560	630					+350	+195		+98		+28	0					0		−40		−66			
630	710					+390	+220		+110		+30	0					0		−48		−78			
710	800					+430	+240		+120		+32	0					0		−58		−92			
800	900					+480	+260		+130		+34	0					0		−68		−110			
900	1000					+520	+290		+145		+38	0					0		−76		−135			
1000	1120																							
1120	1250																							
1250	1400																							
1400	1600																							
1600	1800																							
1800	2000																							
2000	2240																							
2240	2500																							
2500	2800																							
2800	3150																							

(续)

公称尺寸/mm		基本偏差数值														Δ值					
		上极限偏差 ES														标准公差等级					
		标准公差等级大于 IT7																			
大于	至	P	R	S	T	U	V	X	Y	Z	ZA	ZB	ZC			IT3	IT4	IT5	IT6	IT7	IT8
—	3	−6	−10	−14		−18		−20		−26	−32	−40	−60			0	0	0	0	0	0
3	6	−12	−15	−19		−23		−28		−35	−42	−50	−80			1	1.5	1	3	4	6
6	10	−15	−19	−23		−28		−34		−42	−52	−67	−97			1	1.5	2	3	6	7
10	14	−18	−23	−28		−33		−40		−50	−64	−90	−130			1	2	3	3	7	9
14	18	−18	−23	−28		−33	−39	−45		−60	−77	−108	−150			1	2	3	3	7	9
18	24	−22	−28	−35		−41	−47	−54	−63	−73	−98	−136	−188			1.5	2	3	4	8	12
24	30	−22	−28	−35	−41	−48	−55	−64	−75	−88	−118	−160	−218			1.5	2	3	4	8	12
30	40	−26	−34	−43	−48	−60	−68	−80	−94	−112	−148	−200	−274			1.5	3	4	5	9	14
40	50	−26	−34	−43	−54	−70	−81	−97	−114	−136	−180	−242	−325			1.5	3	4	5	9	14
50	65	−32	−41	−53	−66	−87	−102	−122	−144	−172	−226	−300	−405			2	3	5	6	11	16
65	80	−32	−43	−59	−75	−102	−120	−146	−174	−210	−274	−360	−480			2	3	5	6	11	16
80	100	−37	−51	−71	−91	−124	−146	−178	−214	−258	−335	−445	−585			2	4	5	7	13	19
100	120	−37	−54	−79	−104	−144	−172	−210	−254	−310	−400	−525	−690			2	4	5	7	13	19
120	140	−43	−63	−92	−122	−170	−202	−248	−300	−365	−470	−620	−800			3	4	6	7	15	23
140	160	−43	−65	−100	−134	−190	−228	−280	−340	−415	−535	−700	−900			3	4	6	7	15	23
160	180	−43	−68	−108	−146	−210	−252	−310	−380	−465	−600	−780	−1 000			3	4	6	7	15	23
180	200	−50	−77	−122	−166	−236	−284	−350	−425	−520	−670	−880	−1 150			3	4	6	9	17	26
200	225	−50	−80	−130	−180	−258	−310	−385	−470	−575	−740	−960	−1 250			3	4	6	9	17	26
225	250	−50	−84	−140	−196	−284	−340	−425	−520	−640	−820	−1 050	−1 350			3	4	6	9	17	26
250	280	−56	−94	−158	−218	−315	−385	−475	−580	−710	−920	−1 200	−1 550			4	4	7	9	20	29
280	315	−56	−98	−170	−240	−350	−425	−525	−650	−790	−1 000	−1 300	−1 700			4	4	7	9	20	29

(续)

公称尺寸/mm		基本偏差数值												Δ值					
		下极限偏差 ES												标准公差等级					
		标准公差等级大于 IT7																	
大于	至	P	R	S	T	U	V	X	Y	Z	ZA	ZB	ZC	IT3	IT4	IT5	IT6	IT7	IT8
315	355	−62	−108	−190	−268	−390	−475	−590	−730	−900	−1 150	−1 500	−1 900	4	5	7	11	21	32
355	400	−62	−114	−208	−294	−435	−530	−660	−820	−1 000	−1 300	−1 650	−2 100	4	5	7	11	21	32
400	450	−68	−126	−232	−330	−490	−595	−740	−920	−1 100	−1 450	−1 850	−2 400	5	5	7	13	23	34
450	500	−68	−132	−252	−360	−540	−660	−820	−1 000	−1 250	−1 600	−2 100	−2 600	5	5	7	13	23	34
500	560	−78	−150	−280	−400	−600													
560	630	−78	−155	−310	−450	−660													
630	710	−88	−175	−340	−500	−740													
710	800	−88	−185	−380	−560	−840													
800	900	−100	−210	−430	−620	−940													
900	1 000	−100	−220	−470	−680	−1 050													
1 000	1 120	−120	−250	−520	−780	−1 150													
1 120	1 250	−120	−260	−580	−840	−1 300													
1 250	1 400	−140	−300	−640	−960	−1 450													
1 400	1 600	−140	−330	−720	−1 050	−1 600													
1 600	1 800	−170	−370	−820	−1 200	−1 850													
1 800	2 000	−170	−400	−920	−1 350	−2 000													
2 000	2 240	−195	−440	−1 000	−1 500	−2 300													
2 240	2 500	−195	−460	−1 100	−1 650	−2 500													
2 500	2 800	−240	−550	−1 250	−1 900	−2 900													
2 800	3 150	−240	−580	−1 400	−2 100	−3 200													

注：1. 公称尺寸小于或等于 1mm 时，基本偏差 A 和 B 及大于 IT8 的 N 均不采用。公差带 JS7～JS11，若 ITn 值数是奇数，则取偏差 $=\pm\dfrac{ITn-1}{2}$。

2. 对小于或等于 IT8 的 K、M、N 和小于或等于 IT7 的 P～ZC，所需 Δ 值从表内右侧选取。例如，18～30mm 段的 K7，Δ=8μm，所以 ES=−2+8=+6μm；18～30mm 段的 S6，Δ=4μm，所以 ES=−35+4=−31μm。特殊情况：250～315mm 段的 M6，ES=−9μm（代替−11μm）。

4. 公差带图

公差带图由零线和公差带组成。由于公差或偏差的数值比公称尺寸的数值小得多，在图中不便用同一比例表示，因此为了简化，在图中可以不画出孔、轴的结构，只画出放大的孔、轴公差区域和位置。采用这种表达方法的图形，称为公差带图，图5.2为基本偏差系列示意图。

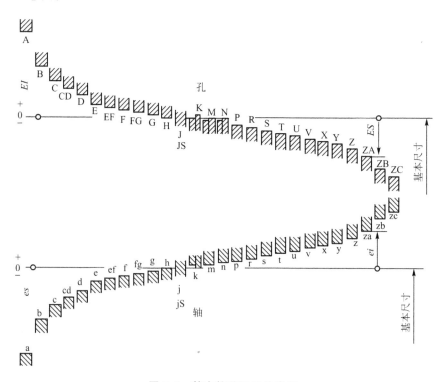

图 5.2 基本偏差系列示意图

零线——在公差带图中，确定偏差位置的一条基准直线。通常零线位置表示公称尺寸，正偏差位于零线的上方，负偏差位于零线的下方。

公差带——在公差带图中，由代表上、下极限偏差的两平行直线所限定的区域。

在国家标准中，公差带图包括了"公差带大小"与"公差带位置"两个参数，前者由标准公差确定，后者由基本偏差确定。

5. 基本偏差

极限与配合制标准中，所规定的确定公差带相对于零线位置的那个极限偏差称为基本偏差。它可以是上极限偏差或下极限偏差，一般为靠近零线的那个极限偏差。

5.2.3 配合术语定义

1. 孔和轴

在极限与配合制标准中，孔和轴这两个基本术语，有其特定的含义，它涉及极限与配合国家标准的应用范围。

孔——通常指零件的圆柱形内表面，也包括非圆柱形内表面（由两平行平面或切面形成的包容面）。如图 5.3 所示零件的各内表面上，D_1、D_2、D_3、D_4 各尺寸都称为孔。

轴——通常指零件的圆柱形外表面，也包括非圆柱形外表面（由两平行平面或切面形成的被包容面）。如图 5.3 所示零件的各外表面上，d_1、d_2、d_3 各尺寸都称为轴。

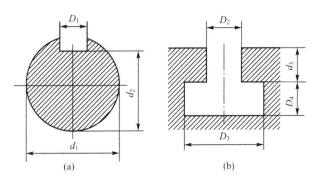

图 5.3　孔与轴符号的标注

2. 配合

公称尺寸相同，相互结合的孔和轴公差带之间的关系称为配合。根据孔和轴公差带之间的关系不同，配合分为间隙配合、过盈配合和过渡配合 3 类，共 28 种。

1) 间隙配合

间隙配合即具有间隙（包括最小间隙为零）的配合。此时，孔的公差带在轴的公差带之上，如图 5.4(a)所示。间隙配合有 11 种。

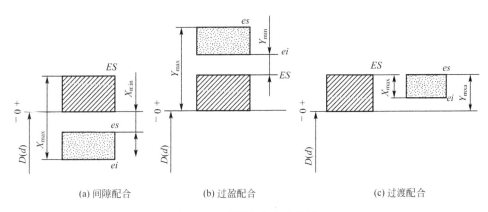

(a) 间隙配合　　(b) 过盈配合　　(c) 过渡配合

图 5.4　3 类配合的公差带图

由于孔、轴的实际尺寸允许在各自公差带内变动，所以孔、轴配合的间隙也是变动的。当孔为 D_{max}，而与相配合的轴为 d_{min} 时，装配后形成最大间隙 X_{max}；当孔为 D_{min}，而与相配合的轴为 d_{max} 时，装配后形成最小间隙 X_{min}。用公式表示如下。

最大间隙计算式　　　　$X_{max} = D_{max} - d_{min} = ES - ei$

最小间隙计算式　　　　$X_{min} = D_{min} - d_{max} = EI - es$

X_{max} 和 X_{min} 统称为极限间隙。实际生产中，成批生产的零件其实际尺寸大部分为极限尺寸的平均值，所以形成的间隙大多数在平均尺寸形成的平均间隙附近，平均间隙以 X_{aV}

表示，其计算公式如下。

平均间隙计算式
$$X_{aV} = \frac{X_{\max} + X_{\min}}{2}$$

2）过盈配合

过盈配合即具有过盈（包括最小过盈为零）的配合。此时，孔的公差带在轴的公差带的下方，如图5.4(b)所示。过盈配合有12种。当孔为$D_{\min}$而相配合的轴为$d_{\max}$时，装配后形成最大过盈$Y_{\max}$；当孔为$D_{\max}$而相配合的轴为$d_{\min}$时，装配后形成最小过盈$Y_{\min}$。用公式表示如下。

最大过盈计算式　　　　　$Y_{\max} = D_{\min} - d_{\max} = EI - es$

最小过盈计算式　　　　　$Y_{\min} = D_{\max} - d_{\min} = ES - ei$

$Y_{\max}$和$Y_{\min}$统称为极限过盈。实际生产中，成批生产的零件，最可能得到的是平均过盈附近的过盈值，平均过盈用Y_{aV}表示，其计算公式如下。

平均过盈计算式
$$Y_{aV} = \frac{Y_{\max} + Y_{\min}}{2}$$

3）过渡配合

过渡配合即可能具有间隙或过盈的配合。此时，孔的公差带与轴的公差带相互交叠，如图5.4(c)所示。过渡配合有5种。当孔为$D_{\max}$而与相配合的轴为$d_{\min}$时，装配后形成最大间隙$X_{\max}$；当孔为$D_{\min}$而与相配合的轴为$d_{\max}$时，装配后形成最大过盈$Y_{\max}$。用公式表示如下。

最大间隙计算式　　　　　$X_{\max} = D_{\max} - d_{\min} = ES - ei$

最大过盈计算式　　　　　$Y_{\max} = D_{\min} - d_{\max} = EI - es$

5.2.4 配合种类的选用

当配合制和公差等级确定后，配合的选择就是根据所选部位松紧程度的要求，确定非基准件的基本偏差代号。使用中应根据使用要求，尽可能地选用优先配合，其次考虑常用配合，然后是一般配合等。

1. 了解各类配合的特点与应用情况，正确选择配合类别

a～h(或A～H)11种基本偏差与基准孔（或基准轴）形成间隙配合，主要用于结合件有相对运动或需方便装拆的配合。

j～n(或J～N)5种基本偏差与基准孔（或基准轴）形成过渡配合，主要用于结合件需精确定位和便于装拆的相对静止的配合。

p～zc(或P～ZC)12种基本偏差与基准孔（或基准轴）形成过盈配合，主要用于孔、轴间没有相对运动，需传递一定的扭矩的配合。过盈不大时主要借助键连接等传递扭矩，可拆卸；过盈大时，主要靠两构件结合时的相互压紧力传递扭矩，不便拆卸。

2. 分析零件的工作条件及使用要求，合理调整配合的间隙与过盈

零件的工作条件是选择配合的重要依据。因此必须充分分析零件的具体工作条件和使用要求，考虑工作时结合件的相对位置状态（如运动速度、运动方向、停歇时间、运动精度要求等)、承受负荷情况、润滑条件、温度变化、配合的重要性、装卸条件及材料的物理机械性能等。

5.2.5 基准制的选用

1. 一般优先采用基孔制

(1) 基准的选择。选取较难加工的那个零件作为先加工零件(多数情况下是孔),给它一个容易达到的精度等级。

(2) 再根据所选的配合公差确定配制件(多数情况下是轴)的精度等级。

2. 下列情况用基轴制

(1) 同一公称尺寸的轴与多孔相配合且配合性质要求不同时采用基轴制,如图 5.5 所示的活塞部件。

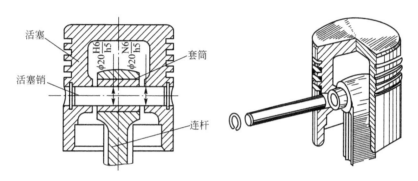

图 5.5 活塞部件

活塞连接部件中,根据功能要求,活塞销和活塞的配合应为过渡配合,而活塞销与连杆、套筒的配合应为间隙配合。

(2) 使用标准件时采用基轴制。如滚动轴承,外圈与箱体孔的配合应是基轴制。

(3) 冷拉圆型材制作轴时采用基轴制。冷拉后的轴尺寸公差可达 IT7~IT9,能够满足通用机械的精度要求,在这种情况下采用基轴制,可免去轴的加工,只需按照不同的配合性能要求加工孔,就能得到不同性质的配合。

3. 非配合制配合

在实际生产中,由于结构或某些特殊的需要,允许采用非配合制配合,即非基准孔和非基准轴配合。如当机构中出现一个非基准孔(轴)和两个以上的轴(孔)配合时,其中肯定会有一个非配合制配合。

如图 5.6 所示为箱体孔与滚动轴承和轴承端盖的非配合制配合,由于滚动轴承是标准件,因此它与箱体孔的配合选用基轴制配合,箱体孔的公差带代号为 J7,箱体孔与轴承端盖的配合可选低精度的间隙配合 J7/f9,既便于拆卸又能保证轴承的轴向定位,还有利于降低成本。

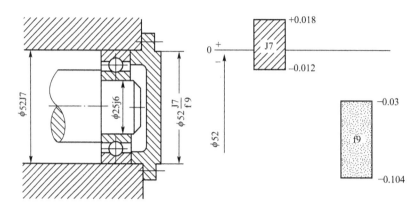

图 5.6　箱体孔与滚动轴承和轴承端盖的非配合制配合

5.2.6　公差等级的选用

公差等级选择的基本原则是在满足使用性能的前提下，尽量选择较低的精度等级。
公差等级选择一般采用类比法。采用类比法选择公差等级时应注意以下两大方面。

1. 遵循工艺等价的原则

工艺等价原则认为相互结合的零件，其加工的难易程度应基本相当。

（1）根据这一原则，对于公称尺寸≤500mm 的零件，当公差等级在 IT8 以上时，标准推荐孔的精度比轴的精度低一级，如 H8/m7、K7/h6。

（2）当公差等级在 IT8 以下等级时，标准推荐孔的精度与轴的精度同级，如 H9/h9、D9/h9。

（3）IT8 属于临界值，IT8 级的孔可与同级的轴配合，也可以与高一级的轴配合，如 H8/f8、H8/k7。对于公称尺寸＞500mm 的零件，一般采用孔、轴同级配合。

2. 过盈、过渡和较紧的间隙配合，精度等级不能太低

一般孔的公差等级应不低于 IT8 级，轴的公差等级不低于 IT7 级。这是因为公差等级过低，使过盈配合的最大过盈过大，材料容易受到损坏；使过渡配合不能保证相配合的孔和轴之间装卸方便和实现定心的要求；使间隙配合产生较大的间隙，不能满足运动平稳的要求。

在非配合制的配合中，当配合精度要求不高时，为降低成本，允许相配合零件的公差等级相差 2～3 级。

本 章 小 结

（1）互换性分为完全互换和不完全互换与分组互换等，汽车维修时常采用完全互换。

（2）配合制分为基孔制和基轴制两大类，基孔制配合下偏差为零；基轴制配合上偏差为零。

（3）配合松紧可通过选择间隙配合、过渡配合与过盈配合确定。

复习思考题

5-1 判断题

1. 为使零件的几何参数具有互换性，必须把零件的加工误差控制在给定范围内。（ ）
2. 只要零件不经挑选或修配，便能装配到机器上去，则该零件就具有互换性。（ ）
3. 现代科学技术虽然很发达，但要把两个尺寸做得完全相同是不可能的。（ ）
4. 公差可以说是允许零件尺寸的最大偏差。（ ）
5. 偏差可为正、负或零值，而公差为正值。（ ）
6. 数值为正的偏差称为上极限偏差。（ ）
7. 实际尺寸等于基本尺寸的零件必定合格。（ ）
8. 优先选用基孔制是因为孔难加工。（ ）

5-2 填空题

1. 完全互换法一般适用于_____，分组互换法一般适用于_____。
2. 公差包括尺寸公差、_____、位置公差等。
3. 标准对尺寸公差规定了_____级，最高级为_____最低级为_____。

5-3 简答题

1. 基准制分为哪几种？
2. 配合类型分为哪几类？
3. 间隙配合分为多少种？
4. 过渡配合分为多少种？
5. 分别说明 H8/m7、K7/h6 各符号代表的意义。

课后答案

第6章

螺纹连接与螺旋传动在汽车机械上的应用

螺纹连接是汽车机械上广泛使用的可拆卸的连接方法,螺纹连接具有结构简单、连接可靠、装拆方便等特征。此外螺旋传动在汽车维修机械中也用得非常普遍,螺旋传动具有传力大、能实现自锁等优点。本章主要介绍螺纹连接的类型、螺纹的主要参数、螺纹连接的防松、结构布置、滑动螺旋传动与滚动螺旋传动等内容。

第6章 螺纹连接与螺旋传动在汽车机械上的应用

6.1 螺纹连接的基本知识

6.1.1 螺纹的类型

1. 外螺纹与内螺纹

按螺纹形成的表面不同，螺纹有外螺纹和内螺纹之分。外螺纹是把螺纹制作在圆柱体的外侧表面上；内螺纹是把螺纹制作在孔的内壁上。外螺纹、内螺纹共同组成螺纹副用于连接或传动。

2. 螺纹单位制

螺纹有米制（毫米单位制）和寸制（英寸单位制）两种。寸制螺纹与米制螺纹的换算式为 1 英寸=25.4mm。

我国除管螺纹外大都采用米制螺纹。

3. 螺纹的旋向

根据螺纹螺旋线旋绕方向的不同，螺纹可分为右旋螺纹和左旋螺纹。

旋向判定方法：当螺纹的轴线垂直于水平面放置时，螺纹向右上方倾斜上升，为右旋螺纹；反之，则为左旋螺纹。一般机械中大多采用右旋螺纹，如图6.1所示。

4. 螺纹的头数（线数）

如图6.2所示，根据螺旋线数目的不同，螺纹又可分为单头（单线）、双头和三头等几种。

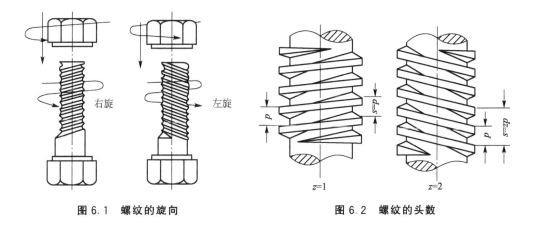

图6.1 螺纹的旋向　　　　　图6.2 螺纹的头数

螺纹的头数越多，传动效率越高，加工难度也增大。常用的连接螺纹均采用单头螺纹。

6.1.2 螺纹的主要参数

通常以广泛使用的圆柱普通螺纹为例来说明螺纹的主要几何参数，如图6.3所示。

1. 螺纹大径 $d(D)$

与外螺纹牙顶或内螺纹牙底相重合的假想圆柱体的直径称为螺纹大径，是螺纹的最

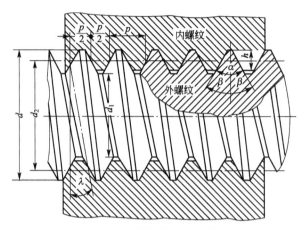

图 6.3 螺纹的几何参数

大直径。在国家标准中规定它为螺纹的公称直径。

2. 螺纹小径 $d_1(D_1)$

与外螺纹牙底或内螺纹牙顶相重合的假想圆柱体的直径称为螺纹小径，是螺纹的最小直径，常用此直径计算螺纹断面强度。

3. 螺纹中径 $d_2(D_2)$

在螺纹的轴向剖面内，牙形上的沟槽宽度和凸起宽度相等处的假想圆柱体的直径称为螺纹中径，中径近似等于螺纹的平均直径，即 $d_2 \approx (d_1+d)/2$，中径是确定螺纹几何参数和配合性质的直径。

4. 螺距 p

螺纹相邻两牙在中径线上对应两点的轴向距离称为螺距。

5. 导程 s

同一条螺纹螺旋线上相邻两牙在中径线上对应两点间的轴向距离称为导程。

设螺旋螺纹线数为 z，则对于单线螺纹有 $s=p$，对于多线螺纹则有 $s=zp$。

6. 升角 λ

在中径圆柱面上螺旋线的切线与垂直于螺纹轴线的平面间的夹角称为升角。其值为

$$\lambda = \arctan \frac{s}{\pi d_2} = \arctan \frac{zp}{\pi d_2} \tag{6-1}$$

通常螺纹的升角 λ 比螺杆和螺母配合材料的当量摩擦角小，当螺杆（或螺母）受到轴向力作用时，螺母（或螺杆）不会自行松退，这称为螺纹的自锁作用。由于螺旋机构具有自锁性质，故在停止转动的情况下，能够实现精确可靠的轴向定位。

7. 牙形角 α

在螺纹的轴向剖面内，螺纹牙形相邻两侧边的夹角称为牙形角 α。

8. 牙形斜角 β

牙形侧边与螺纹轴线垂线间的夹角称为牙形斜角 β，对称牙形的牙形斜角 $\beta = \dfrac{\alpha}{2}$。

普通螺纹的直径与螺距见表 6-1。

表 6-1 普通螺纹的直径与螺距（GB/T 9145—2003）

标记示例：

M10 [粗牙普通外（或内）螺纹、公称直径 d（或 D）=10mm、右旋、中径及顶径公差带代号均为 6g（或 6H）、中等旋合长度]

M10×1LH [细牙普通内（或外）螺纹、公称直径 D（或 d）=10mm、螺距 p=1mm、左旋、中径及顶径公差带代号均为 6H（或 6g），中等旋合长度]

（单位：mm）

公称直径 D、d		螺距 p		粗牙中径 D_2、d_2	粗牙小径 D_1、d_1
1 系列	2 系列	粗牙	细牙		
3		0.5	0.35	2.675	2.459
	3.5	(0.6)		3.110	2.850
4		0.7	0.50	3.545	3.242
	4.5	(0.75)		4.013	3.688
5		0.8		4.480	4.134
6		1	0.75	5.350	4.917
8		1.25	1, 0.75	7.188	6.647
10		1.5	1.25, 1, 0.75	9.026	8.376
12		1.75	1.5, 1.25, 1	10.863	10.106
	14	2	1.5, (1.25), 1	12.701	11.835
16		2	1.5, 1	14.701	13.835
	18	2.5		16.376	15.294
20		2.5	2, 1.5, 1	18.376	17.294
	22	2.5		20.376	19.294
24		3		22.051	20.752
	27	3		25.051	23.752
30		3.5	(3), 2, 1.5, 1	27.727	26.211
	33	3.5	(3), 2, 1.5	30.727	29.211
36		4	3, 2, 1.5	33.402	31.670
	39	4		36.402	34.670
42		4.5		39.007	37.129
	45	4.5		42.007	40.129
48		5	4, 3, 2, 1.5	44.752	42.587
	52	5		48.752	46.587
56		5.5		52.428	50.046
	60	5.5		56.428	54.046
64		6		60.103	57.505
	68	6		64.103	61.505

注：（ ）内为第二系列，尽可能不选用。

6.1.3 常用螺纹的牙形、特点及应用

1. 螺纹牙形

根据螺纹牙形轴向剖面的形状不同,可将螺纹分为矩形、梯形、锯齿形和三角形等几种螺纹,如图6.4所示。

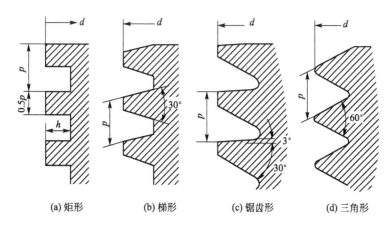

图 6.4 螺纹的牙形

2. 牙形特点及应用

1) 三角形螺纹

螺纹的牙形角 $α=60°$ 的牙形,为通常所说的普通螺纹,普通螺纹的当量摩擦系数大,自锁性能好,主要用于连接各零件。同一公称直径的螺纹,按螺距大小不同,把螺纹牙形分为粗牙螺纹和细牙螺纹,一般连接多用粗牙螺纹。

细牙螺纹的螺距小、升角小、自锁性能更好,但螺牙的强度低、耐磨性较差、易滑脱。常用于细小零件、薄壁零件或受冲击、振动及变载荷的连接中,还可用于微调机构的调整。

管螺纹是寸制螺纹,牙形角 $α=55°$,牙顶有较大圆角,内外螺纹旋合后无径向间隙,密封性好。管螺纹分为圆柱管螺纹和圆锥管螺纹。圆柱管螺纹用于低压场合,圆锥管螺纹用于高温、高压或密封性要求高的管连接。

2) 矩形螺纹

牙形为正方形,牙形角 $α=0°$。该螺纹的传动效率高,适用于传动。常用于传力或传导,如千斤顶、小型压力机、车床丝杠等。但螺纹牙根强度弱,螺旋副磨损后的间隙难以修复和补偿,使传动精度降低,且精确制造困难,对中精度低。

3) 梯形螺纹

牙形为等腰梯形,牙形角 $α=30°$。该螺纹制作工艺性好,牙根强度高,螺旋副对中性好,螺纹磨损后可以调整间隙,但是传动效率稍低于矩形螺纹。

该螺纹广泛应用于传力或传导,梯形螺纹已标准化。

4) 锯齿形螺纹

锯齿形螺纹工作边的牙形斜角 $β=3°$,传动效率高,并且便于加工;非工作边的牙形

斜角 $\beta=30°$，外螺纹牙根处有较大的圆角，减轻了应力集中，增加了根部强度，综合了矩形螺纹传动效率高和梯形螺纹牙根强度高的特点。

锯齿形螺纹仅用于单向受力的传力螺旋，如起重螺旋、螺旋压力机、大型螺栓连接等。

6.1.4 螺纹连接的基本类型

螺纹连接的结构形式很多，但可归纳为以下几种基本类型。

1. 螺栓连接

螺栓连接是将螺栓穿过被连接件上的光孔并用螺母锁紧，其结构形式如图 6.5 所示。

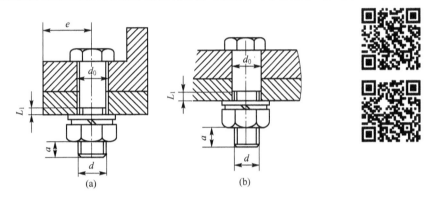

图 6.5 螺栓连接

这种连接结构简单、装拆方便、损坏后容易更换，故应用广泛。使用时被连接件的两端都需要有足够的扳手空间。

螺栓连接按其受力情况不同，可分为普通螺栓连接和铰制孔螺栓连接两种形式，其结构有所不同。普通螺栓连接，螺栓与被连接件孔壁之间有间隙，如图 6.5(a)所示，孔的加工精度要求低，加工和装拆方便，零件孔的直径一般是螺栓直径的 1.1 倍。铰制孔螺栓连接，如图 6.5(b)所示，采用基孔制过渡配合（H7/m6、H7/n6）连接，螺栓承受横向载荷，同时还兼起定位作用。

2. 双头螺柱连接

螺柱的一端旋紧在一被连接件的螺纹孔中，另一端则穿过另一被连接件的孔。这种连接用于被连接件之一较厚，且不宜制成通孔，并需经常拆卸的场合。图 6.6 所示为双头螺柱连接。

拆卸时，只需拧下螺母而不必从螺纹孔中拧出螺柱，即可将两被连接件分开。

3. 螺钉连接

螺钉连接不需要用螺母，适用于一个被连接件较厚，材料较软，强度不高，受力不大，又不便制

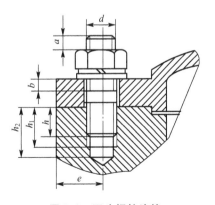

图 6.6 双头螺柱连接

成通孔,不需要经常拆卸的场合。图 6.7 所示为螺钉连接。

4. 紧定螺钉连接

紧定螺钉连接是将螺钉旋入被连接零件的螺纹孔中,其末端顶住另一被连接零件的表面或顶入该零件的凹坑中,这种连接通常不受轴向外载荷,只能传递很小的力或转矩,用来固定两个零件的相对位置。图 6.8 所示为紧定螺钉连接。

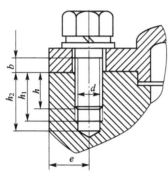

图 6.7　螺钉连接　　　图 6.8　紧定螺钉连接

紧定螺钉的连接头部有平端、锥端和圆柱端等多种形状。

螺纹连接的种类很多,这些零件的结构大多都已标准化,常用的标准螺纹件可查《机械设计手册》选用。表 6-2 列出了标准螺纹连接件的图例、结构特点及应用。

表 6-2　标准螺纹连接件

名称	图例	结构特点及应用
螺栓	六角头 小六角头	螺栓由螺栓头和螺杆构成。螺栓头一般为六角形,其杆部可制成全螺纹或部分螺纹。六角头又分标准头、小头两种。小六角头螺栓尺寸小,质量轻,但不宜用于拆装频繁、被连接件抗压强度较低或易锈蚀的场合
双头螺柱	A型 B型	两端均有螺纹,两端螺纹可相同或不同,螺柱可带退刀槽或制成全螺纹,螺柱的一端常用于旋入铸铁或有色金属的螺孔中,旋入后即不拆卸;另一端则用于安装螺母以固定其他零件

第 6 章 螺纹连接与螺旋传动在汽车机械上的应用

(续)

名称	图例	结构特点及应用
螺钉	十字槽盘头　六角头 内六角圆柱头　一字开槽沉头　一字开槽盘头	螺钉头部形状有圆头、扁圆头、内六角头、圆柱头和沉头等。起子槽有一字槽、十字槽、内六角孔等。十字槽强度高，便于用机动工具，内六角孔用于要求结构紧凑的地方
紧定螺钉		紧定螺钉末端形状有锥端、平端和圆柱端。锥端用于被紧定硬度低，不常拆卸的场合。平端常用于紧定硬度较高的平面或用于经常拆卸的场合。圆柱端压入轴上的凹坑中，适用于紧定空心轴上的零件
六角螺母		按厚度分为标准型、薄型两种。螺母的制造精度与螺栓相同，分为A、B、C三级，分别与相同级别的螺栓配用
垫圈		垫圈放在螺母与被连接件之间，用以保护支承面，分为平垫圈和斜垫圈。平垫圈按加工精度分为A、C两级。用于同一螺纹直径的垫圈又分为特大、大、普通、小4种规格，斜垫圈只用于倾斜的支承面上

6.2 螺纹连接的防松与结构布置

6.2.1 螺纹连接的预紧

螺纹连接件在承受工作载荷之前就预加上的作用力称为预紧力。实际使用中绝大多数的螺纹连接都必须在进行机械装配时将螺母拧紧，以增强连接的可靠性、紧密性和防止螺杆与螺母发生松脱。螺纹连接的预紧力要进行控制，预紧力过大，会使连接螺栓过载甚至有被拉断的危险；预紧力不足，则又可能导致被连接件连接不可靠。对于一般的螺纹连接，可凭经验来控制预紧力的大小，但对于重要的螺纹连接需要严格控制其预紧力，生产中常用测力矩扳手[图6.9(a)]和定力矩扳手[图6.9(b)]来控制拧紧力的大小，如汽车发动机气缸盖与缸体的螺栓连接。

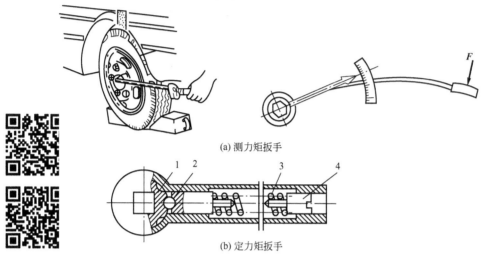

图6.9　力矩扳手

6.2.2　螺纹连接的防松

螺纹连接防松的实质在于防止工作时螺杆与螺母的相对转动。连接中常用的螺纹为单头螺纹，在静载荷作用下螺杆与螺母通常不会自行松脱。然而螺纹连接在周期性的冲击、振动或变载荷作用下，或者工作温度变化较大时，就会发生松动甚至松脱，松脱就有可能导致事故发生，所以进行螺纹连接时必须首先考虑螺纹的防松问题。

螺纹连接的防松方法和防松装置很多，按其工作原理的不同，分为摩擦防松、机械防松、永久防松和化学防松等。螺纹连接常用的防松方法见表6-3。

表6-3　螺纹连接常用的防松方法

名称	防松原理	防松方法及特点		
摩擦防松	螺旋副中的摩擦力不随连接的外载荷波动而变化，保持较大的防松摩擦力矩	弹簧垫圈	对顶螺母	弹性锁紧螺母
		弹簧垫圈材料为弹簧钢，装配后垫圈被压平，其反弹力能使螺纹间保持压紧力和摩擦力，并且垫圈切口处的尖角也能阻止螺母转动松脱	利用两螺母的对顶作用使螺栓始终受到附加拉力和附加摩擦力的作用，结构简单，可用于低速重载场合	在螺母的上部做成有槽的弹性结构，装配前这一部分的内螺纹尺寸略小于螺栓的外螺纹。装配时利用弹性，使螺母稍有扩张，螺纹之间得到紧密的配合，保持表面摩擦力

(续)

名称	防松原理	防松方法及特点		
机械防松	利用便于更换的金属组件约束，使之不能相对转动	开口销与开槽螺母	止动垫圈	串联钢丝
		槽形螺母拧紧后，用开口销穿过螺栓尾部小孔和螺母的槽，也可以用普通螺母拧紧后再配钻开口销孔	将止动垫圈的一边弯起紧贴在螺母的侧面上，另一边弯下贴在被连接件的侧壁上，避免螺母转动而松脱	将钢丝依次穿过相邻螺栓头的横孔，两端拉紧打结。由于钢丝的穿连方向使得螺栓的松脱与钢丝拉紧方向相一致，致使连接不能松动
永久防松	将螺旋副转变为非运动副，防止松动	侧面焊死	端面冲点	黏合法

6.2.3 结构布置

1. 几何形状尽量成对称的简单几何形状

为了便于钻孔时在圆周上分度和画线，方便加工制造，使每个螺栓受力大小相等，分布在同一圆周上的螺栓数目应取 2、3、4…8、10 等，如图 6.10 所示。

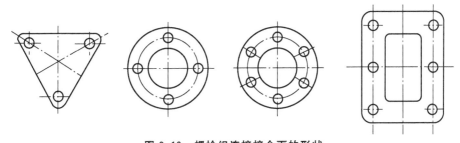

图 6.10 螺栓组连接接合面的形状

2. 螺栓受力合理

螺栓组的对称中心和连接接合面的形心重合，可以保证接合面的受力比较均匀。当螺栓组连接承受弯矩或扭矩时，应使螺栓布置在靠近接合面的边缘，以减小螺栓的受力，如图 6.11 所示。

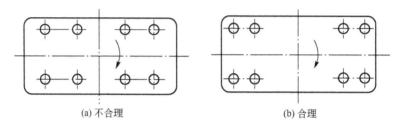

图 6.11　接合面受弯矩或扭矩时螺栓的布置

不要在平行于工作载荷的方向上成排地布置 8 个以上的螺栓，以免载荷分布过于不均。

3. 合理的间距与边距

考虑螺栓连接装拆的需要，布置螺栓时，螺栓之间及螺栓与箱体侧壁之间应留有足够的扳手活动空间，如图 6.12 所示，扳手空间尺寸可查阅《机械设计手册》。

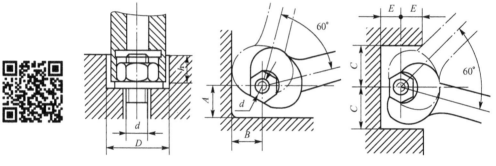

图 6.12　扳手空间尺寸

4. 避免螺栓承受偏心载荷

螺栓连接应设法保证载荷不偏心，在铸件、锻件等粗糙表面上安装螺栓时，铸件、锻件应制有凸台或沉头座，当支承面为倾斜面时，应采用斜垫圈，如图 6.13 所示。

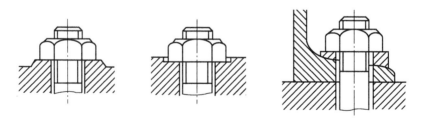

图 6.13　支承面的结构

被连接件上螺母和螺栓头的支承面应平整，并与螺栓轴线垂直，图 6.14 所示为不正确的螺栓连接。

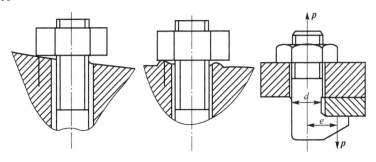

图 6.14　螺栓承受偏心载荷

5．减小螺栓直接承受横向载荷

如果螺栓组同时承受较大的横向载荷，应采用减载等抗剪切件(销、套筒、键)来承受横向载荷，以减小螺栓的结构尺寸，如图 6.15 所示。

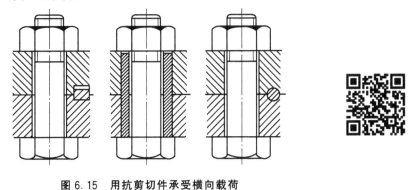

图 6.15　用抗剪切件承受横向载荷

6．同一螺栓组中螺栓的直径、长度和材料均应相同

同一螺栓组连接的螺栓直径、长度和材料均应相同，是因为螺栓连接件一般都是标准件，这样便于采购和方便安装装配。

6.3　螺旋传动简介

螺旋传动是利用由螺杆和螺母组成的螺旋副来实现传动的。其主要作用是将回转运动转变为直线运动。螺旋传动按其螺旋副的摩擦性质不同可分为滑动螺旋传动、滚动螺旋传动。

滑动螺旋传动机构简单，便于制造，易于自锁，但其摩擦阻力大，传动效率低，磨损大，传动精度低。

滚动螺旋传动摩擦阻力小，传动效率高，但结构复杂。

6.3.1　滑动螺旋传动

1．传动分类

滑动螺旋传动按其用途可分为传力螺旋、传动螺旋和调整螺旋等。

1) 传力螺旋

传力螺旋以传递动力为主,要求以较小的转矩产生较大的轴向力。这种螺旋传动一般为间断性工作,工作速度不高,并且要求具有自锁性。传动时螺母固定不动,螺杆旋转并移动,其多用于螺旋起重器或螺旋压力机等加压装置中,如图6.16(a)所示的螺旋千斤顶常用于汽车换轮胎时顶起汽车。

2) 传动螺旋

传动螺旋以传递运动为主,要求具有较高的传动精度,有时也承受较大的轴向力。一般在较长时间内连续工作。传动时螺杆旋转不移动,螺母移动,其多用于机床刀架进给机构中传动,如图6.16(b)所示。

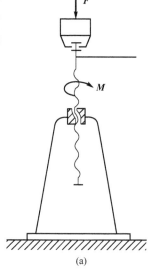
(a)

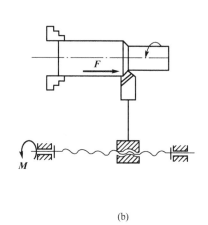
(b)

图 6.16 螺旋传动的运动形式

3) 调整螺旋

调整螺旋用以调整并固定零件或部件之间的相对位置。调整螺旋一般在空载下进行调整,如机床、仪器及测试装置中微调机构的螺旋。图6.17所示为千分尺的测量螺旋。

2. 螺旋结构

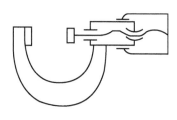

图 6.17 千分尺的测量螺旋

螺旋传动的结构主要是指螺母的结构。螺母结构有整体式、组合式和剖分式等。

滑动螺旋传动螺杆采用的螺纹牙形是矩形、梯形和锯齿形,以梯形和锯齿形应用最广。

3. 螺纹连接件的材料

滑动螺旋传动的失效形式主要是螺母螺纹表面的磨损,故要求螺母材料的耐磨性能要好。

1) 螺母的材料

对高速传动的螺母,采用铸造锡青铜;重载低速的场合可选用强度高的铸造铝铁青铜；低速的场合也可选用耐磨铸铁；轻载时可选用塑料或尼龙材料等。

2）螺杆的材料

一般螺杆材料的选用原则如下。

（1）高精度传动时多选碳素工具钢。

（2）重要和有特殊用途需要时，可采用铬锰合金钢，如40Cr、30CrMnSi等表面淬火，或采用20Cr渗碳淬火，硬度为50～56HRC。

（3）一般情况下常用优质中碳钢，如35、40、45、50钢等进行调质处理。

6.3.2 滚动螺旋传动简介

在螺杆和螺母之间设有封闭循环的滚道，使螺旋副的滑动摩擦变为滚动摩擦，从而减少摩擦，提高传动效率，这种螺旋传动称为滚动螺旋传动，又称为滚珠丝杠副。

1. 滚珠丝杠副的分类

滚珠丝杠副通常按用途和循环方式进行分类。

1）按用途

（1）定位滚珠丝杠副，通过旋转角度和导程控制轴向位移量，也称为P类滚珠丝杠。

（2）传动滚珠丝杠副，用于传递动力的滚珠丝杠，也称为T类滚珠丝杠。

2）按循环方式

（1）内循环滚珠丝杠副。滚珠在循环回路中始终和螺杆接触，螺母上开有侧孔，孔内装有反向器将相邻两螺纹滚道连通，滚珠越过螺纹顶部进入相邻滚道，形成一个循环回路，如图6.18所示。

一个螺母常装配2～4个反向器，内循环的每一封闭循环滚道只有一圈滚珠，滚珠的数量较少，因此流动性好、摩擦损失小、传动效率高、径向尺寸小。但反向器及螺母上定位孔的加工要求较高。

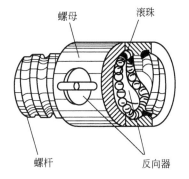

图6.18 内循环滚珠丝杠副

（2）外循环滚珠丝杠副。滚珠在循环回路中脱离螺杆的滚道，在螺旋滚道外进行循环，常见的有螺旋槽式和插管式两种。图6.19(a)所示为螺旋槽式外循环滚珠丝杠副。

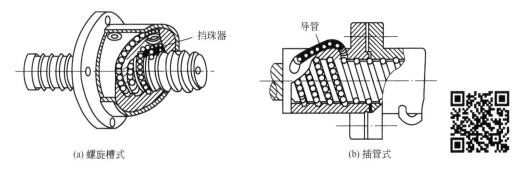

图6.19 外循环滚珠丝杠副

螺旋槽式外循环滚珠丝杠副是在螺母的外表面上铣出一个供滚珠返回的螺旋槽,其两端钻圆孔,与螺母上的内滚道相通,在螺母的内滚道上装有挡珠器,引导滚珠从螺母的孔中与工作滚道的始末相通。这种结构的加工工艺性比内循环滚珠丝杠副好,应用于汽车转向装置中。

图 6.19(b)所示为插管式外循环滚珠丝杠副。它是用导管作为返回滚道,导管的端部插入螺母的孔中,与工作滚道的始末相通,这种结构的工艺性好,但返回的滚道凸出在螺母的外表面,不便在设备内部安装。

2. 滚珠丝杠副的特点

1) 优点

(1) 滚动摩擦系数小(摩擦系数 $f=0.002\sim0.005$),传动效率高,其效率可达 99% 以上。

(2) 摩擦系数与速度的关系不大,故起动扭矩接近运转扭矩,工作平稳。

(3) 工作寿命长,可用调整装置调整间隙,传动精度与刚度均得到提高。

(4) 可将直线运动变为回转运动。

2) 缺点

(1) 结构复杂,制造困难。

(2) 在需要防止逆转的机构中,要加自锁机构。

(3) 承载能力不如滑动螺旋传动大。

本 章 小 结

(1) 螺纹牙形有三角形、矩形、梯形和锯齿形 4 种。

(2) 螺纹按螺旋线方向分为右旋螺纹和左旋螺纹两种,常用的是右旋螺纹。

(3) 螺纹连接的基本类型有螺栓连接、双头螺柱连接、螺钉连接和紧定螺钉连接。

(4) 螺纹连接的防松方法有摩擦防松、机械防松和永久防松等。

(5) 螺栓组的结构布置要做到几何形状尽量成对称的简单几何形状;螺栓受力应合理;螺栓应有合理的间距与边距;避免螺栓承受偏心载荷;减小螺栓直接承受横向载荷;同一螺栓组中螺栓的直径、长度和材料均应相同。

(6) 滑动螺旋传动常用于汽车维修机械和调整装置上。

(7) 滚动螺旋传动常用于需要减小摩擦传动、精度高的场合。

复 习 思 考 题

6-1 简答题

1. 螺纹的主要参数有哪些?
2. 螺纹的牙形有哪几种?
3. 螺纹防松有哪些方法?

4. 螺纹分哪几种连接方式？

6-2 选择题

1. 螺纹连接中，采用双螺母的主要目的是（　　）。
   A. 增加连接的强度　　　　　　　　B. 保护螺纹
   C. 机械防松　　　　　　　　　　　D. 摩擦防松

2. 螺纹连接中，当被连接件之一很厚且需经常拆卸时，宜采用（　　）。
   A. 螺栓连接　　B. 螺钉连接　　C. 紧定螺钉连接　　D. 双头螺柱连接

3. 主要用于连接的螺纹牙形是（　　）螺纹。
   A. 矩形　　　　B. 梯形　　　　C. 锯齿形　　　　D. 三角形

4. 用于连接的螺纹牙形为三角形，这是因为三角形螺纹（　　）。
   A. 牙根强度高，自锁性能好　　　　B. 传动效率高
   C. 防震性能好　　　　　　　　　　D. 自锁性能差

5. 螺纹的公称直径是指它的（　　）。
   A. 内径 d_1　　B. 中径 d_2　　C. 外径 d

6. 梯形螺纹和其他几种用于传动的螺纹相比较，其优点是（　　）。
   A. 传动效率较其他螺纹高　　　　　B. 获得自锁的可能性大
   C. 较易精确制造　　　　　　　　　D. 螺纹已标准化

课后答案

第 7 章

带传动与链传动在汽车机械上的应用

带传动和链传动是常用的机械传动装置,它们的主要功能是传递运动和改变转速。带传动是将环形带紧套在两个带轮的轮槽内,使带与带轮槽侧面接触产生压紧力,工作时靠压紧力所产生的摩擦力来传递运动和动力,带传动在汽车机械中应用普遍。链传动通过两个链轮与环形链条的啮合传递动力,用于传动速度不高的低速场合。

7.1 带传动

7.1.1 带传动的组成及类型

1. 组成

带传动由主动轮1、从动轮3和张紧在两轮上的挠性带2及轴和机架组成，如图7.1所示。

2. 类型

汽车机械常用带传动的类型有V带、圆带和同步带等。

1）摩擦带传动

摩擦带传动靠传动带与带轮间的摩擦力实现传动，如汽车发动机与发电机采用的V带传动。

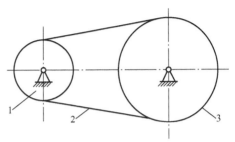

图 7.1 带传动

1—主动轮；2—挠性带；3—从动轮

如图7.2所示，V带的截面形状为等腰梯形，带的两侧面为工作面，带的底面不与轮槽底面接触。由于V带传动利用楔形摩擦原理，因此产生的摩擦力大，允许的传动比也较大，结构紧凑，应用广泛。

2）啮合带传动

啮合带传动靠带内侧凸齿与带轮外缘上的齿槽相啮合实现传动，如图7.3所示，应用于发动机的定时点火装置传动。

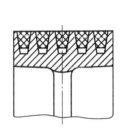

图 7.2 V带的截面形状

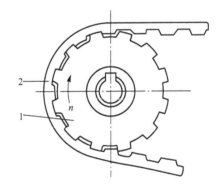

图 7.3 啮合带传动

1—链轮；2—同步带

7.1.2 带传动的特点和应用

1. 特点

1）优点

(1) 带为弹性体，能缓冲和吸振，传动平稳，噪声小。

(2) 适用于两轴中心距大的传动场合。

(3) 过载时带和带轮可发生打滑,从而起到保护其他零件免受损坏的作用。
(4) 结构简单,制造和安装精度低,维护方便,成本低廉。

2) 缺点

(1) 不能保证准确的传动比,对轴的压力大,带的寿命短,传动的外轮廓尺寸大。
(2) 摩擦损失较大,传动效率较低。
(3) 不宜用在高温、易燃易爆及有油、水和环境恶劣的场合。

2. 应用

一般情况下,V 带传动的功率为 $P\leqslant 100\text{kW}$,带速为 $v=5\sim 25\text{m/s}$,平均传动比为 $i\leqslant 5$,一般传动效率为 94%~96%;同步带的带速可为 $v=40\sim 50\text{m/s}$,传动比为 $i\leqslant 10$,传动功率可达到 200kW,效率达 98%~99%。

在多级传动中,带传动应放在高速级。

7.1.3 带传动的工作原理

为使带和带轮接触面上产生足够的摩擦力,传动时带必须以一定的张紧力张紧在带轮上。当传动带静止时,带的任一横截面上都受到大小相等的拉力 $\boldsymbol{F}_0$ 的作用,$\boldsymbol{F}_0$ 称为初拉力,如图 7.4(a)所示。

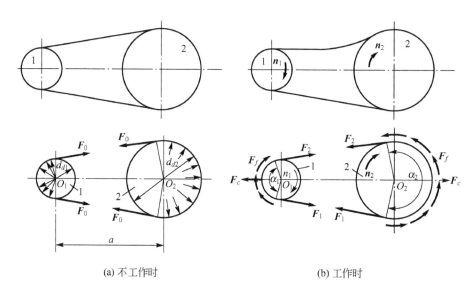

(a) 不工作时　　　　　(b) 工作时

图 7.4　带传动的工作原理图与受力分析

当带传动工作时,由于带与带轮接触面间产生摩擦力 $\boldsymbol{F}_f$,带两边的拉力不再相等,如图 7.4(b)所示。摩擦力的作用使传动带两边的拉力发生变化,带绕入主动轮一边的拉力由 $\boldsymbol{F}_0$ 增大到 $\boldsymbol{F}_1$,称为紧边;另一边拉力由 $\boldsymbol{F}_0$ 减小到 $\boldsymbol{F}_2$,称为松边。假设环形带工作时,带的总长度不变,有紧边拉力的增量($\boldsymbol{F}_1-\boldsymbol{F}_0$)等于松边拉力的减量($\boldsymbol{F}_0-\boldsymbol{F}_2$),即

$$\boldsymbol{F}_1-\boldsymbol{F}_0=\boldsymbol{F}_0-\boldsymbol{F}_2 \tag{7-1}$$

带两边的拉力差 F 称为带传动的有效拉力。实际上带的有效拉力 F 是带和带轮之间摩擦力的总和，即静摩擦力的总和，在最大静摩擦力范围内，带传动的有效摩擦力与总摩擦力相等，即带传动所传递的有效拉力 F 为

$$F = F_1 - F_2 \tag{7-2}$$

带传动时的功率为

$$P = \frac{Fv}{1\,000} \tag{7-3}$$

式中　P——传递功率(kW)；

　　　F——带有效拉力(N)；

　　　v——带的速度(m/s)。

7.1.4　带的结构和尺寸标准

1. 结构

V 带为无接头环形带，普通 V 带的构造是由包布层、强力层、伸张层和压缩层 4 部分组成的，如图 7.5 所示。

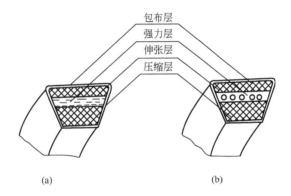

图 7.5　带的结构

伸张层和压缩层均为胶料，包布层是带的保护层，强力层承受拉应力。

为提高带的抗拉能力，强力层可采用尼龙丝绳或钢丝绳，强力层分为帘布芯［图 7.5 (a)］和线绳芯［图 7.5(b)］两种。

帘布芯结构带的抗拉强度高，制造方便，适用于带轮直径大、承载力大的场合；线绳芯结构比较柔软、易弯曲，适用于带轮直径较小，载荷不大和转速高的场合。

2. 带的型号

普通 V 带已经标准化，参见《一般传动用普通 V 带》(GB/T 1171—2017)。

普通 V 带按截面尺寸大小，分为 Y、Z、A、B、C、D、E 7 种带型。Y 型 V 带的截面面积最小，E 型 V 带的截面面积最大，在相同条件下，截面面积越大，V 带所传递的功率就越大。

V 带的两个侧面为工作面，V 带两侧面的夹角 α 称为带的楔角，普通 V 带 $\alpha = 40°$。

此外还有窄V带，分为SPZ、SPA、SPB、SPC 4种带型。

3. V带参数

1）中性层

V带绕在带轮上将产生弯曲变形，假设V带是由很多层纤维组成的，外层受到拉伸，纤维层伸长，内层受到压缩，纤维层缩短，从伸长到缩短的各层纤维层之间必然存在一长度不变的纤维层，称为中性层。

2）节宽

中性层面与横截面的交线宽度称为节宽，节宽用b_p表示，国家标准规定普通V带截面高度h与节宽b_p的比值为$h/b_p=0.7$。窄V带截面高度h与节宽b_p的比值为$h/b_p=0.9$。

3）基准直径

V带节宽处带轮的直径称为V带轮的基准直径，用d_d表示。V带轮已标准化，基准直径系列和相关参数可参阅《机械设计手册》。

4）基准长度

V带节宽处的V带的周线长度称为带的基准长度，用L_d表示。V带已标准化，V带的基准长度可参阅《机械设计手册》。

4. V带标记

V带的标记通常压印在V带的外表面上以方便识别。普通V带的标记由型号、基准长度和国家标准代号组成。例如，A型基准长度为1 800mm的普通V带标记为A—1800 GB/T 1171—2017。

7.1.5 带传动的弹性滑动与打滑

1. 弹性滑动

带是弹性体，工作时将产生弹性变形，带由紧边绕过主动轮进入松边时，由于紧边和松边的拉力不同，而产生的弹性形变也不同，把带相对于带轮产生相对滑动的这种现象，称为弹性滑动。

弹性滑动是摩擦型带传动正常工作时的固有特性，是不可避免的。弹性滑动产生的后果如下。

（1）从动轮速度v_2小于主动轮速度v_1，造成传动比不恒定。

（2）带与带轮滑动，造成带的磨损加剧，传动效率η下降。

2. 打滑

当带传动过载，带需要传递的有效拉力超过带与带轮之间的极限摩擦力的总和时，带与带轮之间将发生明显的相对滑动，称为打滑。

打滑的危害是主动轮仍匀速转动，从动轮转速急剧下降，造成带严重磨损，发热烧坏 V 带，或从动轮不能正常运行，导致传动失效。

为了保证带传动正常工作，带传动应避免打滑。

7.1.6 带传动的应力分析

带传动工作时，带的横截面上将产生 3 种应力，如图 7.6 所示。

1. 紧边和松边拉应力

（1）紧边拉应力。

$$\sigma_1 = \frac{F_1}{A} \quad (7-4)$$

（2）松边拉应力。

$$\sigma_2 = \frac{F_2}{A}$$

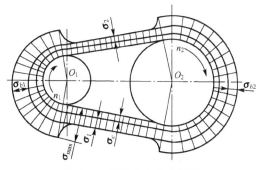

式中　σ——正应力（MPa）；
　　　F——带受到的拉力（N）；
　　　A——带的横截面积（mm²）。

图 7.6　带的应力分布情况

2. 离心拉应力

V 带工作时，V 带绕过带轮作圆周运动产生离心力，它使 V 带在全长各处均承受离心拉力 F_c，其大小为

$$F_c = qv^2 \quad (7-5)$$

F_c 作用于带全长上，产生的离心拉应力为

$$\sigma_c = \frac{F_c}{A} = \frac{qv^2}{A} \quad (7-6)$$

式中　v——带速（mm/s）；
　　　A——带的横截面积（mm²）；
　　　q——每米带长的质量（N/mm）。

各种型号 V 带的质量 q 值可参阅《机械设计手册》。

3. 弯曲应力

带绕过带轮时将发生弯曲变形，因弯曲变形而产生的应力称为弯曲应力，计算表达式为

$$\sigma_b = 2E \frac{h_a}{d} \quad (7-7)$$

式中　h_a——带的中性层到最外层的垂直距离（mm）；
　　　d——对于 V 带应为基准直径 d_d（mm）；
　　　E——带材料的弹性模量（MPa）；

σ_b——带绕在带轮上的弯曲应力(MPa)。

弯曲应力σ_b只发生在带包到带轮上的圆弧部分,由于两带轮的直径一般不相等,所以带在两轮上的弯曲应力不相等。

由式(7-7)可知,h_a越大、d越小,则带的弯曲应力也越大,故图7.6中的$\sigma_{b1}>\sigma_{b2}$,因此为避免弯曲应力过大,小带轮的直径不能太小,与各种型号V带相配套的小带轮最小直径参阅《机械设计手册》选用。

通过图7.6看出,带传动工作时,带是在周期性变应力状况下工作的,当带工作的应力循环次数达到一定值后,带将产生疲劳破坏。

带截面内的应力是随不同位置而变化的,最大应力发生在紧边绕入小带轮处,其值为

$$\sigma_{\max}=\sigma_1+\sigma_c+\sigma_{b1} \tag{7-8}$$

7.1.7 带轮的材料和结构

1. 带轮的材料

带轮工作时应具有足够的强度,质量小且分布均匀,结构工艺性好,便于制造。

带轮常用材料为铸铁、钢、铝合金和工程塑料等。受力大、转速高时宜采用锻钢、铸钢;小功率时也可采用铸铝或复合材料,速度低时可采用铸铁。

2. 带轮的结构

V带轮的结构形式有实心式、腹板式、孔板式、轮辐式等。

当V带轮的基准直径$d_d\leqslant(2.5\sim3)d_0$($d_0$为轴的直径)时可采用实心式;当V带轮的基准直径$d_d<400\text{mm}$时,可采用腹板式或孔板式;当V带轮的基准直径$d_d>400\text{mm}$时,宜采用轮辐式,以减小惯性,并节约材料。

V带轮的轮槽两侧面应光滑,以减少带的磨损,V带轮的具体结构尺寸可查阅《机械设计手册》。

7.1.8 带传动的张紧

带传动经过一段时间运转后,带会产生塑性变形而使带的初拉力下降,为保证带的传动能力,必须采用必要的张紧装置。采用的张紧方式有调整中心距和张紧轮张紧两类。

1. 调整中心距

1) 定期张紧装置

(1) 滑轨式定期张紧。滑轨式定期张紧是把电动机安装在滑轨2上,旋动调整螺杆1,将推动电动机向左移动,通过调节两带轮的中心距离调整初拉力的大小,如图7.7(a)所示。

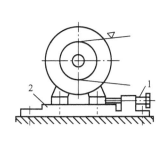
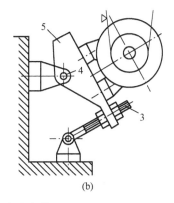

图 7.7 带的定期张紧装置

1—调整螺杆；2—滑轨；3—调节螺杆；4—摆动支架；5—摆架

滑轨式定期张紧装置一般用于水平或倾斜度不大的 V 带传动场合。

(2) 摆架式定期张紧。摆架式定期张紧是把电动机固定在摆架 5 上，用调节螺杆 3 调节两带轮的中心距离、调整 V 带的初拉力，如图 7.7(b)所示。

摆架式定期张紧装置常用于垂直或接近垂直传动的 V 带传动场合。

2) 自动张紧装置

自动张紧装置是把装有带轮的电动机安装在摆架 2 上，利用电动机的自重与摆架偏移距离产生的力矩绕轴转动，增大两轮的中心距离，自动使 V 带始终保持一定的初拉力，如图 7.8 所示。

自动张紧装置主要应用于传递载荷不大，不方便两轮中心距调节的场合。

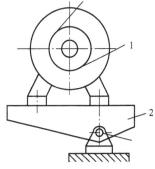

图 7.8 带的自动张紧装置

1—带轮；2—摆架

2. 张紧轮张紧

当两轮的中心距不能调节时，可采用张紧轮将 V 带张紧。为减少 V 带的反向弯曲变形，张紧轮一般应放在松边内侧，靠近大带轮一侧，如图 7.9 所示。

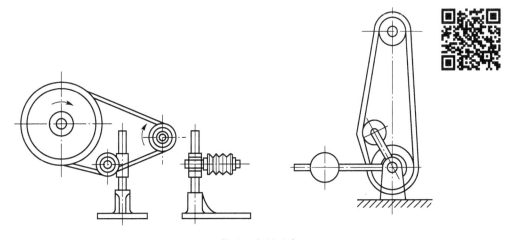

图 7.9 带的张紧轮张紧

特殊情况，比如需要增大小带轮包角时，张紧轮也可布置于小带轮外侧，此时带的双向弯曲会使带的寿命大大降低。

7.1.9 带传动的安装与维护

（1）安装 V 带轮时，两带轮轴的中心线必须保持平行，主、从动轮的轮槽必须在同一平面内，如图 7.10 所示。

图 7.10(a)所示为两 V 带轮的理想正确位置，图 7.10(b)和图 7.10(c)所示为 V 带轮安装实际位置的允许误差，轴或轴端部不应有过大的变形，否则会引起 V 带扭曲及带侧面过早磨损，还会使轴承产生附加载荷。

（2）在安装 V 带时，V 带的顶面应与带轮槽平齐，图 7.11(a)所示为正确的安装，图 7.11(b)和图 7.11(c)所示为错误的安装。

此外还应按规定的初拉力进行张紧，如太松了 V 带传动达不到功率要求，过紧了会使胶带发热，容易丧失弹性过早老化。技术人员在长期实践中积累的经验是，在中等中心距的情况下，V 带的张紧程度应以大拇指能按下约 15mm 为宜。

（3）带传动需要安装安全防护罩，这样，既可以防止 V 带绞伤人，又可防止污物进入到带上使带打滑，影响传动。此外，使用防护罩还可以防止带在烈日下暴晒产生过早老化。

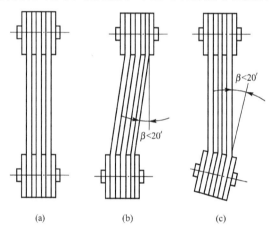

图 7.10 V 带和带轮的安装

图 7.11 V 带安装的位置

（4）对 V 带传动应进行定期检查和张紧，发现 V 带有损坏时，应及时进行更换，但必须使一组 V 带中各根带长度尽量相近，这样可使各根 V 带的受力均匀，不同新旧程度的带不宜同组使用。

7.2 链传动

链传动是以链条作为中间挠性件,通过链条与链轮轮齿的啮合来传递运动和动力的一种啮合传动。链传动主要由装在平行轴上的主动链轮 1、从动链轮 2 和绕在链轮上的环形链条 3 组成,如图 7.12 所示。

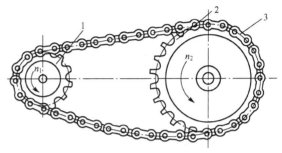

图 7.12 链传动
1—主动链轮;2—从动链轮;3—环形链条

7.2.1 链传动的特点和应用

1. 链传动的特点

链传动的优点:与带传动相比,没有弹性滑动和打滑现象,链条不需要像带那样张得很紧,对轴压力小,过载能力强,能在低速重载、恶劣环境如多尘、油污、腐蚀等场合下较好工作。

链传动的缺点:工作时有动载荷,冲击和噪声大,磨损后易发生跳齿,不宜在高速和急速反向的传动中应用。

2. 应用

链传动主要用于要求工作可靠、两轴间距离较远、平均传动比要求准确而瞬时传动比要求不高的场合,如农业、化工、采矿、起重、运输、纺织等低精度工程机械传动中。

链传动的一般适用范围是传动功率在 100kW 以下,中心距小于 6m,传动比 $i \leqslant 7$,传动速度 15m/s 以下。

在多级传动中,链传动应放在低速级。

7.2.2 滚子链

1. 滚子链的结构

滚子链的结构由内链板 1、外链板 2、销轴 3、套筒 4 和滚子 5 组成,如图 7.13 所示。

外链板与销轴之间、内链板与套筒之间分别采用过盈配合连接;销轴与套筒之间、滚子与套筒之间则为间隙配合连接,内、外链板交错连接而构成铰链。

链条上相邻两销轴中心之间的距离称为链节距,用 p 表示。

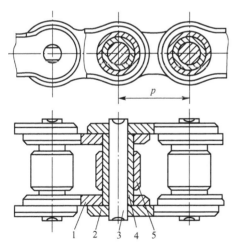

图 7.13 滚子链结构
1—内链板;2—外链板;3—销轴;4—套筒;5—滚子

2. 滚子链的接头形式

链条在使用时连成环形，环形链的接头形式如图 7.14 所示。

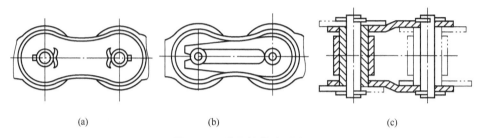

图 7.14 滚子链接头形式

当链节距 p 较大时，可在销轴上钻孔用开口销防止链板窜出，如图 7.14(a)所示；当链节距 p 较小时，可用弹簧卡片防止链板窜出，如图 7.14(b)所示。

当链节数为偶数时，内链板与外链板个数相同，内、外各链板只承受拉力作用；当链节数为奇数时，则有一块链板既作为内链板又作为外链板，称为过渡链板，如图 7.14(c)所示。内、外链板共享一个零件，链板将受到附加弯矩的作用，承载能力将下降 15% 左右，因此一般应尽可能避免奇数链节数。

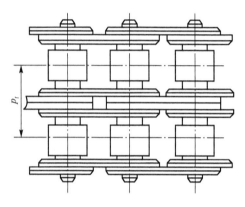

图 7.15 双排滚子链

为了减轻链的自重，减少运动惯性，并使各截面强度大致相同，内、外链板通常制成 8 字形。

当传递的功率较大时，可采用双排链或者多排链，排距用 p_t 表示，如图 7.15 所示。

当多排链的排数较多时将会造成各排链的受载不易均匀，故在实际运用中链的排数一般不宜超过 4 排。

3. 滚子链的主要参数

滚子链在我国已经标准化，属于标准件，其标准为《传动用短节距精密滚子链、套筒链、附件和链轮》（GB/T 1243—2006），滚子链的主要参数是链节距 p。

滚子链的标记方法为链号－排数×链节数＋国家标准代号。

例如，链号为 24A、双排 60 节的滚子链标记为 24A－2×60 GB/T 1243—2006。

7.2.3 链轮

1. 链轮的齿型

国家标准 GB/T 1243—2006 规定了 A 型滚子链链轮端面齿型，如图 7.16 所示。

链轮的齿型与齿轮的齿型相似，链轮齿型必须保证链条能平稳自如地进入和退出啮合，链轮的齿型用标准刀具加工，在链轮工作图上通常不绘制端面齿型，只需在图上注明"齿型按 3R GB/T 1243—2006 规定制造和检验"即可，但应绘制链轮的轴面齿型，如图 7.17 所示。

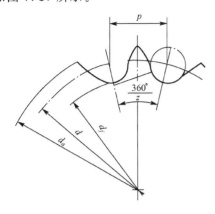

图 7.16 链轮端面齿型

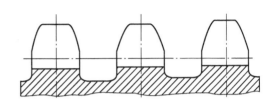

图 7.17 链轮轴面齿型

链轮工作图中应注明齿数 z、链节距 p、分度圆直径 d（链轮上链的各滚子中心所处的被链条链节距等分的圆）、齿顶圆直径 d_a、齿根圆直径 d_f。

当滚子链链条与链轮轮齿啮合时，滚子与轮齿间基本上为滚动摩擦。

2. 链轮的结构

滚子链链轮的结构，当轮的直径小时常做成实心式，如图 7.18(a) 所示；中等直径时可做成孔板式，如图 7.18(b) 所示；大直径时可做成组合式，如图 7.18(c) 所示。

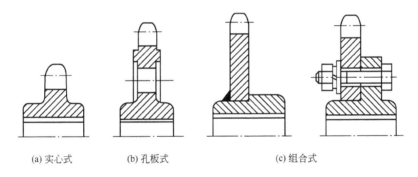

(a) 实心式　　　(b) 孔板式　　　(c) 组合式

图 7.18 滚子链轮结构

图 7.18(c) 左图所示为齿圈与轮毂焊接；右图为螺栓连接结构，采用该结构当轮齿磨损后方便更换齿圈。

3. 链轮的材料与热处理

链轮材料应保证轮齿有足够的强度和耐磨性，故链轮齿面需要进行热处理来达到一定硬度。常用链轮材料及热处理与应用范围见表 7-1。

表 7-1　常用链轮材料及热处理与应用范围

链轮材料	热处理	齿面硬度	应用范围
15、20	渗碳、淬火、回火	50～60HRC	$z \leq 25$ 有冲击载荷的链轮
35	正火	160～200HBW	$z > 25$ 的链轮

(续)

链轮材料	热处理	齿面硬度	应用范围
45、50、ZG310-570	淬火、回火	40～45HRC	无剧烈冲击的链轮
15Cr、20Cr	渗碳、淬火、回火	50～60HRC	$z<25$ 的大功率传动链轮
40Cr、35SiMn、35CrMn	淬火、回火	40～50HRC	重要的、使用优质链条的链轮
Q215/Q255	焊接后退火	140HBW	中速、中等功率、较大的从动链轮

由于小链轮轮齿的工作次数比大链轮轮齿工作时啮合的次数多,故小链轮所用材料应优于大链轮,组合结构链轮的齿圈部分用优质钢或合金钢,通过表面高频淬火的热处理工艺提高齿面硬度,轮毂部分可用铸钢或铸铁。

7.2.4 链传动的润滑

良好的润滑能减小链传动的摩擦和磨损,缓和冲击,加快散热,延长使用寿命。

1. 润滑方法选择

链传动的润滑方法可根据链速和链节距的大小由图7.19选择。

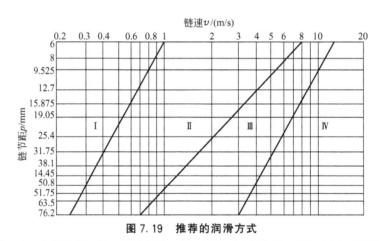

图 7.19 推荐的润滑方式

Ⅰ—人工定期润滑;Ⅱ—滴油润滑;Ⅲ—油浴或飞溅润滑;Ⅳ—压力喷油润滑

2. 常用润滑装置

链传动的常用润滑装置如图7.20所示。

(1) 人工定期用油壶或油刷给链润滑,如图7.20(a)所示。

(2) 滴油润滑,用油杯通过油管向松边内、外链板间隙处滴油,如图7.20(b)所示。

(3) 油浴润滑,如图7.20(c)所示,或用甩油盘将油甩到链条进行飞溅润滑,如图7.20(d)所示。

(4) 油泵压力喷油润滑,用油泵经油管向链条连续供油,如图7.20(e)所示。

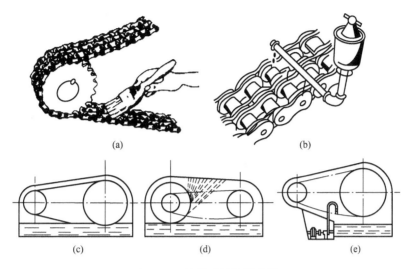

图 7.20 链传动的润滑装置

7.2.5 链传动的布置

链传动的布置对链传动的正常工作和使用寿命有很大影响，布置的原则是：链传动的两轴应平行布置，两链轮的回转平面应处于同一平面内，一般宜采用水平或接近水平布置，并使松边在下。

7.2.6 链传动的张紧

为了避免链传动时啮合不良和链条跳动，链传动需要进行适当的张紧，张紧的目的是避免链产生过大的垂度和速度，垂度大时将造成啮合的轮齿对数减少，而速度快时将产生跳齿、脱链现象。

链传动的张紧方法通常是把两链轮中心距做成可调整的形式，即通过调整中心距来张紧，方法同带传动相同。若中心距不可调，采用张紧轮张紧。张紧轮张紧有自动张紧式，如图 7.21(a)和图 7.21(b)所示，也有定期张紧式，如图 7.21(c)所示。

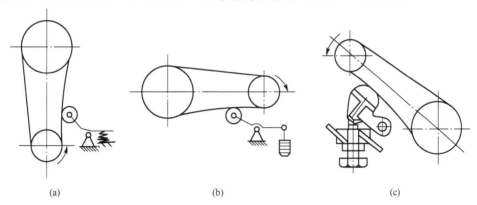

图 7.21 链传动的张紧装置

链传动的张紧轮应安装在松边,靠近小链轮外侧,以增加啮合的链轮齿对数,使轮齿的受力减小,传动平稳性提高。

本 章 小 结

(1) 带传动的组成、类型与应用范围。

(2) V带的结构和标识,V带有Y、Z、A、B、C、D、E 7种。

(3) 带传动的弹性滑动是带传动的固有属性,不可避免。弹性滑动造成带传动的传动比不为常数。带传动打滑危害很大,造成带剧烈磨损,传动失效,应尽可能避免。

(4) 带传动的应力种类有紧边拉应力和松边拉应力、离心拉应力及弯曲应力3种。最大应力为 $\sigma_{max}=\sigma_1+\sigma_c+\sigma_{b1}$,最大应力出现在紧边进入小带轮处。

(5) 带传动紧边在下,链传动紧边在上,注意张紧方法选择的不同。

(6) 带传动工作时,靠带和带轮侧面的摩擦力传递运动,轮槽侧面是工作面。

(7) 链传动由主动链轮、从动链轮和绕在链轮上的环形链条组成。

(8) 滚子链的结构由内链板、外链板、销轴、套筒和滚子5种零件组成。

(9) 滚子链的标识方法为:链号-排数×链节数+国家标准代号。

(10) 链轮齿面通常都应经过热处理,以达到一定硬度。

(11) 链传动的张紧方法通常是把链传动设计成中心距可调整的形式;若中心距不可调时,可以采用张紧轮张紧。

复习思考题

7-1 简答题

1. 带传动由哪几部分组成?
2. 带传动时带的应力有哪几种?
3. 带传动的优点有哪些?
4. V带有哪几种型号?
5. 带传动张紧的目的是什么?
6. 带传动的张紧轮应放在何处?
7. 滚子链由哪些零件组成?
8. 链传动与带传动相比,有哪些优点?
9. 如何确定链传动的润滑方式?

7-2 判断题

1. 带传动一般用于两轮中心距较小的场合。(　　)
2. V带利用带的底面与带轮之间的摩擦力来传递运动和动力。(　　)
3. 带传动中两轮的转速与轮直径成反比。(　　)
4. Y型V带的截面积最小。(　　)

5. 在多级传动中，链传动应放在高速级。（　　）

6. 在链传动中，当两链轮的轴线在同一水平面时，应将紧边布置在上边，松边布置在下边。（　　）

7-3　选择题

1. 带传动工作时的弹性滑动，是由于（　　）。
   A. 小带轮包角过小　　　　　　　B. 带与带轮间的摩擦系数偏低
   C. 带的初始拉力不足　　　　　　D. 带的松边与紧边拉力不相等

2. 带传动采用张紧轮的目的是（　　）。
   A. 减轻带的弹性滑动　　　　　　B. 提高带的寿命
   C. 改变带的运动方向　　　　　　D. 调节带的初拉力

3. 滚子链传动的最主要参数是（　　）。
   A. 滚子外径　　　　　　　　　　B. 销轴直径
   C. 链节距　　　　　　　　　　　D. 链排距

课后答案

第 8 章 汽车机械常用零部件

弹簧、轴承、联轴器、离合器、制动器、轴和键是汽车机械中常用的零部件，轴承、联轴器、离合器、制动器、弹簧和键是标准通用零部件，由专业厂家进行批量生产，具有很方便的互换性能，使用时根据工作条件和载荷种类进行选用，轴是重要的零件，很多的零部件都安装在轴上，轴的结构对零件的定位具有至关重要的关系。

8.1 弹　　簧

弹簧是一种利用弹性来工作的机械零件。用弹性材料制成的零件在外力作用下发生形变，除去外力后又恢复原状，一般用弹簧钢制成。弹簧的种类复杂多样，按形状分，主要有螺旋弹簧、涡卷弹簧、板弹簧、异型弹簧等。我国的弹簧标准化工作始于 20 世纪 60 年代初，至今已经形成了较为完善的标准体系，2004 年国际上成立了 ISO/TC 227（弹簧），我国以成员身份参与工作，这标志着中国弹簧标准化工作进入了新的阶段。

8.1.1　弹簧的功能

弹簧的功能是在载荷的作用下产生较大的弹性变形，靠弹性变形或蓄能来实现其传力及运动功能，主要功能如下。

1. 缓冲吸振

弹簧在各种力的作用下具有较大的弹性变形，弹簧在变形过程中能吸收较多的冲击能量，以增加缓冲和吸振的作用，减轻汽车机械的冲击，如汽车的板弹簧和座垫弹簧。

2. 控制运动

汽车机械中很多机构都是采用不同的弹簧来控制零件的运动状态或使零件恢复到原来的位置。如各种阀门、制动器与离合器中的弹簧等，均是运用弹簧的弹力来达到机构工作的需要。

3. 测量力和力矩的大小

测量力和力矩常用的工具有测力器、弹簧秤中的弹簧，测力扳手弹簧等。

8.1.2　弹簧类型与应用

根据受载荷方式不同，弹簧可分为拉伸弹簧、压缩弹簧、扭转弹簧和弯曲弹簧几大类。

根据汽车机械的不同使用要求，按弹簧形状可以将弹簧分为螺旋弹簧、环形弹簧、碟形弹簧、板簧等。

1. 等节距圆柱螺旋弹簧

圆截面弹簧丝的圆柱螺旋弹簧（图 8.1）结构简单，制造方便，刚度稳定。

图 8.1　圆柱螺旋弹簧

等节距圆柱螺旋弹簧主要用于承受压力，也可用于承受拉力的情况，应用最为广泛。

2. 扭转圆柱螺旋弹簧

扭转圆柱螺旋弹簧，如图 8.2 所示，主要用于各种压紧和蓄能装置中，如自行车的手闸弹簧，各种夹子用的弹簧和汽车电器开关弹簧等。

3. 圆锥螺旋弹簧

圆锥螺旋弹簧，如图 8.3 所示。该弹簧稳定性好、减振效果好，多用于承受较大冲击载荷，如汽车座簧等。

图 8.2　扭转圆柱螺旋弹簧

图 8.3　圆锥螺旋弹簧

8.1.3　弹簧的材料

弹簧在工作时常受到变载荷或冲击载荷的作用，为了保证弹簧能够持久可靠地工作，其材料必须具有较高的弹性极限和疲劳极限，同时应具有足够的韧性及良好的热处理性。

1. 碳素弹簧钢

优质碳素钢 65、70 的优点是价格便宜，原材料来源方便；缺点是弹性极限低，多次重复变形后易失去弹性，并且不能在超过 130℃ 的温度下正常工作，主要应用于一般不太重要的汽车修理机械中。

2. 锰弹簧钢

65Mn 与优质碳素弹簧钢相比，其优点是淬透性较好和强度较高；缺点是淬火后容易产生裂纹及热脆性。由于价格较便宜，一般常用于制造尺寸不大的弹簧，如汽车离合器弹簧等。

3. 硅锰弹簧钢

60Si2MnA 因为加入了硅，所以可以显著提高弹性极限，并提高了回火稳定性，因而可以在更高的温度下回火，得到良好的力学性能。其应用于冲击载荷大、温度高等特殊场合中，如发动机进排气门弹簧。

特别提示

选择弹簧材料时，应考虑到弹簧的用途、重要程度、使用条件（包括载荷性质、大小及循环特性，工作持续时间，工作温度和周围介质情况等），加工、热处理和经济性等因素。同时，也要参照现有设备中使用的弹簧材料。弹簧材料及性能可以查阅材料手册。

8.1.4 螺旋弹簧的制造工艺及端部结构

1. 弹簧的端部结构

对于重要的压缩弹簧，为了保证两端面的承压面与其轴线垂直，应将弹簧的端面圈在磨床上磨平，如图8.4所示。为了便于使用，拉伸弹簧的端部一般会根据需要做成各种各样的形式，如图8.5所示的圆柱螺旋拉伸弹簧的端部结构。

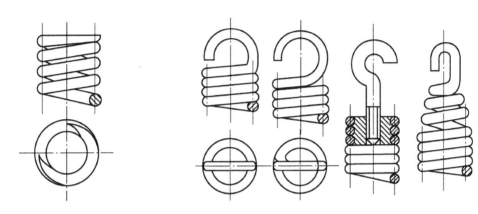

图8.4　压簧的端部结构　　　　图8.5　拉伸弹簧端部结构形式

2. 螺旋弹簧的制造

螺旋弹簧的制造包括如下工艺过程。

1）卷制

弹簧的卷制方法分为冷卷法及热卷法两种。冷卷法用于经预先热处理后拉成的直径小于10mm的弹簧丝，冷卷成弹簧后不再进行淬火处理，只进行中温回火处理以消除在卷制时产生的内应力；直径较大的弹簧丝制作的强力弹簧则用热卷法，热卷时的温度依据弹簧钢丝直径的大小，在800~1 000℃的范围内选择。

2）热处理

弹簧需要进行淬火和回火处理，热处理后的弹簧表面不应该出现显著的脱碳层，脱碳会严重影响弹簧的性能。

3）喷丸处理

喷丸处理是在弹簧热处理后，用钢丸或砂粒高速喷射弹簧表面，使其表面受到冷作硬化，产生有益的残余压应力，改善弹簧表面质量，提高疲劳强度和冲击韧性的有效措施。实践证明，如果使用适当，弹簧经喷丸处理后，可使疲劳强度提高50%以上。

4）强压处理

强压处理是使弹簧在超过极限载荷的作用下持续6~8h，以便在弹簧丝表层产生高应力区，产生塑变和有益的与工作应力反向的残余应力，使弹簧在工作时的最大应力下降，从而提高弹簧的承载能力。强压处理后的弹簧不允许再进行热处理，也不宜在较高温度（150~450℃）、交变载荷及腐蚀介质中使用。

5）工艺试验

工艺试验即进行冲击、疲劳等试验，以检验弹簧是否符合技术要求。弹簧的持久强度和抗冲击强度取决于弹簧丝的表面状况（如粗糙度、裂纹、伤痕等）。

8.2 轴　　承

轴承是汽车机械中应用广泛的部件之一，凡是需要转动的部件都要采用轴承来支撑，轴承的功用就是支撑轴和轴上的零件实现转动。根据轴承的摩擦性质不同，轴承分为滚动轴承和滑动轴承两大类，滚动轴承用量大，由专业生产厂家生产，基本上已经标准化。

8.2.1 滚动轴承

滚动轴承是将运转的轴与轴座之间的滑动摩擦变为滚动摩擦，从而减少摩擦损失的一种精密的机械组件。

1. 结构组成与材料

1）结构组成

滚动轴承的基本结构如图8.6所示，主要由外圈、内圈、滚动体和保持架等组成。

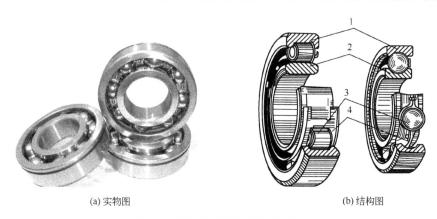

(a) 实物图　　　　　　　　　　(b) 结构图

图8.6　滚动轴承实物图及结构图

1—外圈；2—内圈；3—滚动体；4—保持架

滚动轴承的内圈安装在轴颈上，一般情况下内圈随轴一起转动，外圈装在轴承座孔内起支撑作用，滚动体位于内、外圈的滚道之间，相对内、外圈滚动，保持架的作用是将滚动体在滚道上均匀地隔开，防止滚动体之间相互碰撞。

滚动体常见的形状有球形滚子、短圆柱形滚子、长圆柱形滚子、圆锥形滚子、球面鼓形滚子和滚针滚子等，如图8.7所示。

2）材料

滚动轴承的内、外圈及滚动体一般用含铬量较高的滚动轴承钢制造，常用牌号有GCr9、GCr15、GCr15SiMn等。热处理后硬度一般高于60HRC。

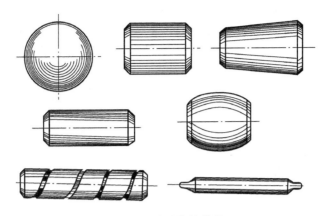

图 8.7 滚动体的种类

保持架一般用 08 钢、铜合金或者复合材料制成。

2. 滚动轴承的特点及分类方法

1) 特点

滚动轴承具有摩擦阻力小、起动灵活、效率高、润滑方便及易于互换等优点；缺点是径向尺寸大，属于高副接触，承受冲击载荷的能力有限。

2) 分类方法

滚动轴承按轴承受的载荷方向、滚动体形状和滚动体列数进行分类。

（1）按承受的载荷方向分类。滚动轴承分为向心轴承 [图 8.8(a)]，推力轴承 [图 8.8(b)] 和向心推力轴承 [图 8.8(c)]。

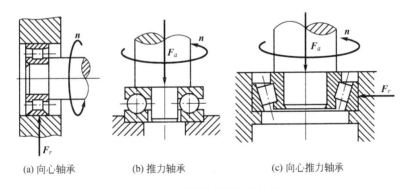

(a) 向心轴承　　(b) 推力轴承　　(c) 向心推力轴承

图 8.8 不同载荷方向的轴承

（2）按滚动体形状分类。滚动轴承分为球轴承和滚子轴承，如图 8.7 所示。

（3）按滚动体列数分类。滚动轴承分为单列、双列和多列。

国家标准中常将滚动轴承分为调心球轴承、调心滚子轴承、推力调心滚子轴承、圆锥滚子轴承、大锥角圆锥滚子轴承、推力球轴承、双向推力球轴承、深沟球轴承、角接触球轴承、外圈无挡边的圆柱滚子轴承、内圈无挡边的圆柱滚子轴承、内圈有单挡边的圆柱滚子轴承、滚针轴承等。

滚动轴承的基本类型及主要特点和应用见表 8-1。

表 8-1　滚动轴承的基本类型及主要特点和应用

轴承名称	结构简图	极限转速	标准号	主要特点及应用
调心球轴承 10000		中	GB/T 281—2013	主要承受径向载荷，也能承受较小的轴向载荷。由于外滚道表面是以轴承中点为中心的球面，所以能够调心
调心滚子轴承 20000		低	GB/T 288—2013	能承受较大的径向载荷，也能承受较小的轴向载荷。承载能力大，同时有调心性能
圆锥滚子轴承 30000		中	GB/T 297—2015	除能够承受比较大的径向载荷和单向的轴向载荷外，内外圈可分离，游隙可调整。适用于转速不高的场合，且成对使用
双列深沟球轴承 40000		中	GB/T 296—2015	主要承受径向载荷，也能够承受一定的双向轴向载荷。它比深沟球轴承具有更大的承载能力
推力球轴承 50000		低	GB/T 28697—2012	只承受轴向载荷，并且载荷线必须与轴线相重合
深沟球轴承 60000		高	GB/T 276—2013	主要承受径向载荷，也可承受一定的轴向载荷。适用于刚性好、转速高的轴
角接触球轴承 70000C		较高	GB/T 292—2007	能同时承受比较大的轴向、径向联合载荷，能够在较高转速下正常工作。在承受径向载荷时，将产生内部轴向分力，因此一般都成对安装使用
推力圆柱滚子轴承 8000		低	GB/T 283—2007	能够承受较大的单向轴向载荷

(续)

轴承名称	结构简图	极限转速	标准号	主要特点及应用
圆柱滚子轴承 N0000		较高	GB/T 283—2007	只承受径向载荷，内外圈可分离，安装方便。承载能力较大
滚针轴承 NA0000		低	GB/T 272—2017	径向尺寸紧凑，一般不带保持架，摩擦系数大，轴承极限转速低，不允许有角偏差

3．滚动轴承的代号

为了便于组织生产和选用，GB/T 276—2013 规定了滚动轴承代号及其表示方法。滚动轴承代号由基本代号、前置代号和后置代号构成，用字母和数字等表示，滚动轴承代号的组成见表 8-2。

表 8-2 滚动轴承代号的组成

前置代号	基本代号				后置代号						
	五	四	三	二	一						
		尺寸系列代号									
轴承分部件代号	类型代号	宽度系列代号	直径系列代号	内径代号		内部结构代号	密封与防尘结构代号	保持架及其材料代号	特殊轴承材料代号	公差等级代号	游隙代号	多轴承配置代号	其他代号

1) 基本代号

滚动轴承的基本代号由类型代号、尺寸系列代号和内径代号组成，一般用 5 位（大写英文字母或数字）表示。

(1) 内径代号。用基本代号右起第一、第二两位数字表示，具体表示方法见表 8-3。

表 8-3 轴承内径代号

轴承内径/mm	内径代号	示例
0.6～10（非整数）	直接用内径毫米表示 在它与尺寸系列代号之间用"/"分开	轴承 618/2.5，内径 $d=2.5$mm
1～9（整数）	直接用内径毫米表示 对深沟球轴承及角接触球轴承 7、8、9 直径系列 内径与尺寸系列代号之间用"/"分开	轴承 618/5，内径 $d=5$mm

(续)

轴承内径/mm		内径代号	示 例
10～17	10	00	轴承6201，内径 $d=12$mm
	12	01	
	15	02	
	17	03	
20～495 （22、28、32除外）		轴承内径除以5即是内径代号	轴承23209，内径 $d=45$mm
大于495 及22、28、32		直接用公称内径毫米表示 在与尺寸系列代号之间用"/"分开	轴承230/500，内径 $d=500$mm 轴承62/28，内径 $d=28$mm

（2）尺寸系列代号。其由轴承的宽（高）系列代号和直径系列代号组合而成。

① 直径系列代号。其用右起第三位数字表示，代表结构、内径相同的轴承，在外径方面的变化系列。

② 宽度系列代号。其用右起第四位数字表示，数字越大，轴承宽度越宽，代表结构、内径和外径都相同的轴承，在宽度方面的变化系列。

（3）类型代号。其用数字或大写英文字母表示，见表8-4。

表8-4 一般滚动轴承类型代号

轴承类型	代号	轴承类型	代号
双列角接触球轴承	0	推力球轴承	5
调心球轴承	1	深沟球轴承	6
调心滚子轴承和推力调心滚子轴承	2	角接触球轴承	7
圆锥滚子轴承	3	推力圆柱滚子轴承	8
双列深沟球轴承	4	圆柱滚子轴承	N

2）前置代号

前置代号用于表示轴承的分部件，用字母表示，具体参看轴承手册。

3）后置代号

轴承的后置代号用字母或数字表示其内部结构、密封防尘、外部形状、保持架结构、材料、公差等级及游隙等，具体参看轴承手册。后置代号中公差等级代号及含义见表8-5，共有6个精度级别，P2级精度最高，P0级精度最低，P0级为普通级，通常都不标注。

表8-5 后置代号中公差等级代号及含义

代号	含义	示例
/P0	公差等级符合标准规定的0级，在代号中省略而不表示（普通级）	6203
/P6	公差等级符合标准规定的6级	6203/P6
/P6x	公差等级符合标准规定的6x级	30210/P6x
/P5	公差等级符合标准规定的5级	6203/P5
/P4	公差等级符合标准规定的4级	6203/P4
/P2	公差等级符合标准规定的2级	6203/P2

常用深沟球轴承的型号和参数见表8-6。

表 8-6 深沟球轴承 (GB/T 276—2013)

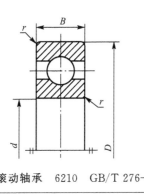

标记示例：滚动轴承 6210 GB/T 276—2013

轴承代号	尺寸/mm				轴承代号	尺寸/mm			
	d	D	B	$r_{s\min}$		d	D	B	$r_{s\min}$
(0)2 系列					6304	20	52	15	1.1
6200	10	30	9	0.6	6305	25	62	17	1.1
6201	12	32	10	0.6	6306	30	72	19	1.1
6202	15	35	11	0.6	6307	35	80	21	1.5
6203	17	40	12	0.6	6308	40	90	23	1.5
6204	20	47	14	1	6309	45	100	25	1.5
6205	25	52	15	1	6310	50	110	27	2
6206	30	62	16	1	6311	55	120	29	2
6207	35	72	17	1.1	6312	60	130	31	2.1
6208	40	80	18	1.1	6313	65	140	33	2.1
6209	45	85	19	1.1	6314	70	150	35	2.1
6210	50	90	20	1.1	6315	75	160	37	2.1
6211	55	100	21	1.5	6316	80	170	39	2.1
6212	60	110	22	1.5	6317	85	180	41	3
6213	65	120	23	1.5	6318	90	190	43	3
6214	70	125	24	1.5	6319	95	200	45	3
6215	75	130	25	1.5	6320	100	215	47	3
6216	80	140	26	2	(0)4 系列				
6217	85	150	28	2	6403	17	62	17	1.1
6218	90	160	30	2	6404	20	72	19	1.1
6219	95	170	32	2.1	6405	25	80	21	1.5
6220	100	180	34	2.1	6406	30	90	23	1.5
(0)3 系列					6407	35	100	25	1.5
6300	10	35	11	0.6	6408	40	110	27	2
6301	12	37	12	1	6409	45	120	29	2
6302	15	42	13	1	6410	50	130	31	2.1
6303	17	47	14	1	6411	55	140	33	2.1
					6412	60	150	35	2.1
					6413	65	160	37	2.1
					6414	70	180	42	3
					6415	75	190	45	3
					6416	80	200	48	3
					6417	85	210	52	4
					6418	90	225	54	4
					6419	95	240	55	4
					6420	100	250	58	4

例 8-1 试说明代号 6204、71908/P5 所代表的含义。

解：(1) 6204 代号的含义如下。

① 6——轴承类型为深沟球轴承。

② (0)2——尺寸系列代号，0(省略)为宽度系列代号，2 为直径系列代号。

③ 04——内径代号，内径 $d=5\times4=20$mm。

④ 公差等级为普通级(公差等级代号/P0 省略)。

(2) 71908/P5 代号的含义如下。

① 7——轴承类型为角接触球轴承。

② 19——尺寸系列代号，1 为宽度系列代号，9 为直径系列代号。

③ 08——内径代号，内径 $d=5\times8=40$mm。

④ P5——公差等级为 5 级精度。

4. 滚动轴承的润滑

润滑的主要目的是减少摩擦，延长轴承使用寿命，同时起到冷却、吸振、防锈及降低噪声等方面的作用。

1) 润滑剂的选择

常用的润滑剂有润滑油、润滑脂及固体润滑剂。润滑剂的选择可根据滚动轴承的 dn 值来确定。一般润滑脂适用于 dn 值较小的场合，润滑脂的特点是不易流失、易于密封、油膜强度高、承载能力强，添加一次油脂可以工作相当长的一段时间。润滑油适用于高速、高温条件下工作的轴承，润滑油的特点是摩擦系数小、润滑可靠，同时具有冷却散热作用。

2) 润滑方式

常见的润滑方式有脂润滑、飞溅润滑、滴油润滑、喷油润滑和油雾润滑，按轴承类型及 dn 来确定，具体参见表 8-7。

表 8-7 滚动轴承润滑方式的选择

轴承类型	dn			
	飞溅润滑	滴油润滑	喷油润滑	油雾润滑
深沟球轴承、角接触球轴承、圆柱滚子轴承	2.5×10^5	4×10^5	6×10^5	$>6\times10^5$
圆锥滚子轴承	1.6×10^5	2.3×10^5	3×10^5	
推力球轴承	0.6×10^5	1.2×10^5	1.5×10^5	

5. 滚动轴承的密封

为了防止灰尘、杂物及水分等侵入轴承内部，并阻止润滑剂的流失，滚动轴承必须有良好的密封装置。滚动轴承的密封方法有多种，密封方式的选择与润滑的种类、工作环境、工作温度及密封表面的圆周速度等有关。

滚动轴承的密封分为接触式密封、非接触式密封和组合式密封等。

1) 接触式密封

接触式密封分为毡圈密封和唇形密封圈密封两种。

(1) 毡圈密封。毡圈密封的结构如图 8.9 所示。

特点：毡圈密封结构简单，但磨损较快。

应用范围：用于转速不高、环境比较清洁或油脂润滑的场合。

(2) 唇形密封圈密封。唇形密封圈密封的结构如图 8.10 所示。

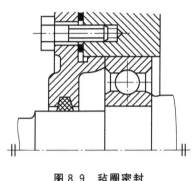

图 8.9　毡圈密封

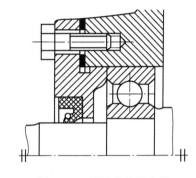

图 8.10　唇形密封圈密封

特点：安装方便，使用可靠。

应用范围：用于密封处线速度 $v<7\text{m/s}$、工作环境有尘或轴承用润滑油润滑的场合。

2) 非接触式密封

非接触式密封分为间隙密封和迷宫式密封两种。

(1) 间隙密封。间隙密封的结构如图 8.11 所示。

特点：在轴承盖通孔表面与轴表面之间留有狭小的间隙，并在通孔内制出螺旋形沟槽，在槽内填充润滑脂，增强了密封效果。

应用范围：在干净清洁的环境下，用油脂润滑。

(2) 迷宫式密封。迷宫式密封的结构如图 8.12 所示。

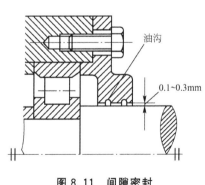

图 8.11　间隙密封

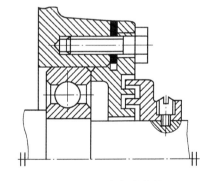

图 8.12　迷宫式密封

特点：旋转零件与静止零件之间的间隙做成曲路形式，并在间隙内填充润滑油或润滑脂，以加强润滑效果。

应用范围：对工作环境要求不高，采用润滑油或润滑脂均可的场合。

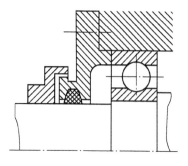

图 8.13 组合式密封

（3）组合式密封。组合式密封的结构如图 8.13 所示。

特点：本组合采用了毛毡加迷宫形式，充分发挥了各自的优点，提高了密封效果。

应用范围：采用油脂或润滑油情况下均可。

8.2.2 滑动轴承

在汽车机械中虽然广泛采用滚动轴承，但在有些情况下又必须采用滑动轴承，这是因为滑动轴承有其独特的优点，是滚动轴承不能代替的。

1. 滑动轴承的结构、特点与应用

1）结构组成

滑动轴承由轴颈和轴瓦组成。分为径向滑动轴承［图 8.14(a)］和推力滑动轴承［图 8.14(b)］。

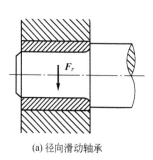
(a) 径向滑动轴承

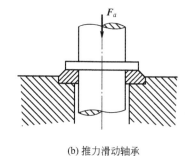
(b) 推力滑动轴承

图 8.14 滑动轴承结构

2）特点

滑动轴承的运动形式是以轴颈与轴瓦相对滑动为主要特征，也即摩擦性质为滑动摩擦。

（1）优点：结构简单，制造、加工、拆装方便；具有良好的耐冲击性和良好的吸振性能；运转平稳，旋转精度高和寿命长。

（2）缺点：维护复杂，对润滑条件要求较高；摩擦损耗较大。

3）应用

滑动轴承广泛应用在汽车发电机和内燃机上。

2. 滑动轴承的类型

按照滑动轴承承受载荷的方式分为径向滑动轴承和推力滑动轴承。径向滑动轴承主要承受径向载荷 F_r；推力滑动轴承主要承受轴向载荷 F_a。

1）径向滑动轴承

常用的径向滑动轴承，我国已经制定了标准，通常情况下可以根据工作条件进行选用。径向滑动轴承分为整体式和剖分式(对开式)两大类。

(1) 整体式滑动轴承。整体式滑动轴承采用 JB/T 2560—2007 标准,结构由轴承座和轴承套(轴瓦)组成,如图 8.15 所示。

(a) 实物图

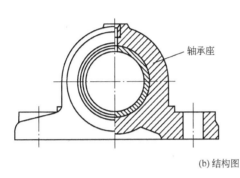
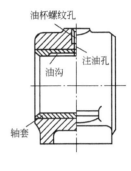

(b) 结构图

图 8.15 整体式滑动轴承

轴瓦压装在轴承座孔中,一般配合为 H8/s7。轴承座用螺栓与机架连接,顶部设有安装注油用的油杯螺纹孔,轴瓦上开有油槽,并在其内表面开有油沟以便存储和输送润滑油。

整体式滑动轴承的优点是结构简单、制造成本低。缺点是当轴承表面磨损后无法修复,而且装拆轴的时候需要使轴做轴向移动,安装维修很不方便,有些粗重的轴和中间具有轴颈的轴(如内燃机的曲轴)无法安装。

通常整体式滑动轴承多用于低速、轻载和间歇性工作的场合,例如手动机械中较多采用整体式滑动轴承。

(2) 剖分式滑动轴承。剖分式滑动轴承采用 GB/T 7813—2008 标准。剖分式滑动轴承由轴承座、剖分轴瓦、轴承盖和螺栓连接件等组成,如图 8.16 所示。

轴承座水平剖分为轴承座和轴承盖两部分,并用(2 或 4)个螺栓连接。为了防止轴承盖和轴承座横向错动和便于装配时对中,轴承盖和轴承座的剖分面做成阶梯状。

对开式滑动轴承在装拆轴时,轴颈不需要轴向移动,装拆方便。另外,适当增减轴瓦剖分面间的调整垫片,可以调节轴颈与轴承之间的间隙。为使润滑油能均匀地分布在整个工作表面上,一般在不承受载荷的轴瓦表面开出油沟和油孔,这类轴承轴瓦与轴承座孔之间的配合为 H8/m7。

2) 推力滑动轴承

推力滑动轴承结构由轴承座、套筒、径向轴瓦、止推轴瓦组成,如图 8.17 所示。

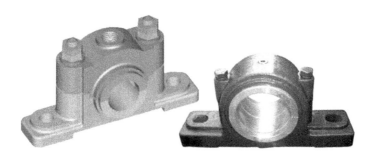

(a) 实物图

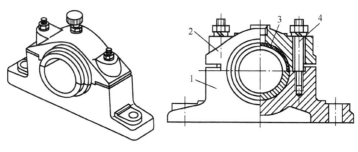

(b) 结构图

图 8.16 剖分式滑动轴承
1—座体；2—箱盖；3—轴瓦；4—双头螺柱及组件

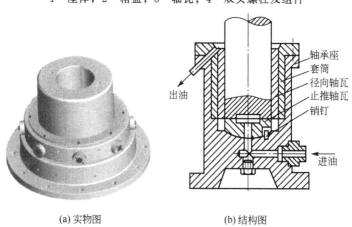

(a) 实物图　　(b) 结构图

图 8.17 推力滑动轴承实物图及结构图

推力滑动轴承用于承受轴向载荷。为了便于对中，止推轴瓦底部制成球面形式，并用销钉来防止它随轴颈转动。

3. 滑动轴承的失效形式及材料

1) 滑动轴承的失效形式

滑动轴承的失效通常由多种原因引起，失效的形式有很多种，有时几种失效形式并存。

（1）磨粒磨损。进入轴承间隙的硬颗粒物（如灰尘、沙砾等）有的嵌入轴承表面，有的游离于间隙中并随着轴一起转动,它们都将对轴颈和轴承表面起研磨作用。在机器起动、停车或轴颈与轴承发生边缘接触时,都将加剧轴承磨损,导致几何形状改变、精度丧失,轴承间隙加大,使轴承性能在预期寿命前急剧恶化。

(2) 刮伤。进入轴承间隙内的硬颗粒或轴颈表面粗糙的轮廓峰顶,在轴承上划伤出线状伤痕,导致轴承因刮伤而失效。

(3) 胶合(也称为烧瓦)。当轴承温升过高,载荷过大,油膜破裂时,或在润滑油供应不足的条件下,轴颈和轴承的相对运动表面材料发生黏附和迁移,从而造成轴承损坏,有时甚至可能导致相对运动的中止。

(4) 疲劳剥落。在载荷反复作用下,轴承表面出现与滑动方向垂直的疲劳裂纹,当裂纹向轴承衬与衬背结合面扩展后,造成轴承衬材料的剥落。

(5) 腐蚀。润滑剂在使用中不断氧化,所生成的酸性物质对轴承材料有腐蚀性,特别对制造铜铝合金中的铅腐蚀现象更明显,易受腐蚀而形成点状剥落。

2) 滑动轴承材料

针对失效形式,滑动轴承材料应具有良好的减摩性、耐磨性和抗胶合性,良好的摩擦顺应性、嵌入性和磨合性,足够的强度和抗腐蚀能力,良好的导热性、工艺性、经济性等。

(1) 轴承合金(通称巴氏合金或白合金)。轴承合金是锡、铅、锑、铜的合金,轴承合金的弹性模量和弹性极限都很低,在所有轴承材料中,它的嵌入性及摩擦顺应性最好,很容易和轴颈磨合,也不易与轴颈发生胶合。但轴承合金的强度很低,不能单独制作轴瓦,只能黏附在青铜、钢或铸铁轴瓦上作轴承衬。轴承合金适用于重载、中高速场合,价格较贵。

(2) 铜合金。铜合金具有较高的强度,较好的减摩性和耐磨性。由于青铜的减摩性和耐磨性比黄铜好,故青铜是最常用的材料,青铜有锡青铜、铅青铜和铝青铜等。锡青铜的减摩性和耐磨性最好,适用于重载及中速工作场合;铅青铜抗胶合能力强,适用于高速、重载工作场合;铝青铜的强度及硬度较高,抗胶合能力较差,适用于低速、重载工作场合。在机械中有50%的滑动轴承采用青铜材料。

(3) 铝基轴承合金。铝基轴承合金有相当好的耐蚀性和较高的疲劳强度,摩擦顺应性也较好,这些品质使铝基轴承合金在部分领域取代了较贵的轴承合金和青铜。铝基轴承合金可以制成单金属零件,也可以制成双金属零件。

(4) 灰铸铁和耐磨铸铁。普通灰铸铁或加有镍、铬、钛等合金成分的耐磨灰铸铁,或者球墨铸铁,都可以用作轴承材料。这类材料中的片状或球状石墨在材料表面上覆盖后,可以形成一层起润滑作用的石墨层,故具有一定的减摩性和耐磨性,此外石墨能吸附碳氢化合物,有助于提高边界润滑性能。

由于铸铁性脆、磨合性能差,故只适用于轻载、低速和不受冲击载荷的工作场合。

(5) 非金属材料。非金属材料中应用最广的是各种塑料,如酚醛树脂、尼龙、聚四氟乙烯等。聚合物的特性是与许多化学物质不起反应,抗腐蚀性好,如聚四氟乙烯能抗强酸和弱碱,具有一定的自润滑性,可以在无润滑条件下工作,在高温条件下具有一定的润滑能力,具有包容异物的能力(嵌入性好),不易擦伤配合零件表面,减摩性及耐磨性比较好。

8.3 联轴器

8.3.1 联轴器的功用

联轴器的功用是连接主动轴和从动轴一起回转并传递运动，联轴器连接的两轴在工作时不能分离，必须停车以后才能分离。

8.3.2 联轴器的偏移方式

联轴器所连接的两轴，由于制造和安装误差，运转时零件的变形和轴承磨损等原因，存在两轴位置与理想位置不一致的情况，常见的偏移方式如图 8.18 所示。

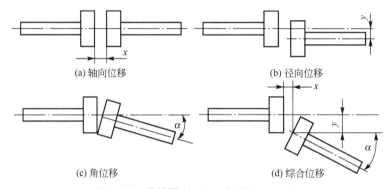

图 8.18 联轴器所连接两轴的偏移形式

联轴器连接的两轴发生相对位移或偏斜的情况是常见的，如果这些位移得不到及时补偿，将会在机器上引起附加动载荷。

8.3.3 联轴器的分类

联轴器的种类很多，有机械式联轴器、液力联轴器和电磁式联轴器等，以机械式联轴器最为常用。机械式联轴器通常分为刚性联轴器、无弹性组件挠性联轴器和有弹性组件挠性联轴器三大类。

1. 刚性联轴器

1) 套筒式联轴器

套筒式联轴器（图 8.19）由一个圆柱形套筒和连接零件（销钉或键）组成，套筒式联轴器是结构最简单的刚性联轴器。

套筒式联轴器的优点是构造简单，径向尺寸小；缺点是对两轴的轴线偏移无补偿作用。

2) 凸缘式联轴器

凸缘式联轴器由两个带凸缘的半联轴器组成，分别用键与两轴连接，并用螺栓将两个半联轴器联成一体，如图 8.20 所示。

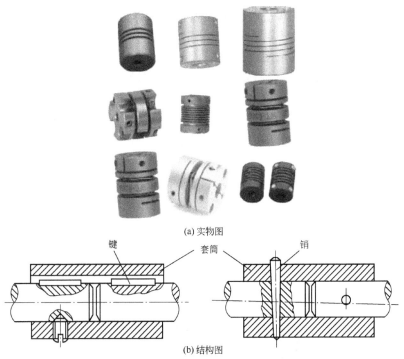

(a) 实物图

(b) 结构图

图 8.19 套筒式联轴器

(a) 实物图

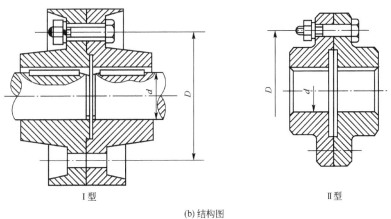

Ⅰ型　　　　　　　　　Ⅱ型

(b) 结构图

图 8.20 凸缘式联轴器

凸缘式联轴器,按对中方式不同有两种类型,Ⅰ型采用半联轴器凸肩和凹槽对中,用普通螺栓连接两凸缘,工作时靠两半联轴器接触面间的摩擦力传递转矩,该型联轴器装拆时轴需做轴向移动。Ⅱ型采用铰制孔螺栓对中,螺栓与半联轴器的孔为过渡配合,工作时靠螺栓受剪切与挤压来传递转矩,装拆时轴不需做轴向移动,但需要配铰螺栓孔。

凸缘式联轴器结构简单且价格低廉,使用方便,但要求被连接的两轴需严格对中;适用于传递大转矩,工作平稳,刚性好和速度低的场合,是应用最广的联轴器。

凸缘式联轴器的尺寸可按《凸缘联轴器》(GB/T 5843—2003)选用。

2. 无弹性组件挠性联轴器

在不能避免两轴有相对位移的情况下,应采用无弹性组件挠性联轴器来补偿被连接两轴的位移和偏斜。

1) 十字滑块联轴器

十字滑块联轴器由两个端面带槽的套筒 1、3 和两侧面各具有凸块的十字滑块 2 组成,如图 8.21 所示。

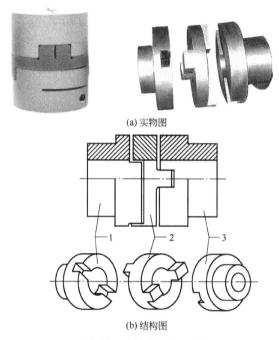

(a) 实物图

(b) 结构图

图 8.21 十字滑块联轴器

1、3—套筒;2—十字滑块

十字滑块两侧的凸块相互垂直,分别嵌装在两个套筒的凹槽中,十字滑块的凸块可在套筒的凹槽中滑动,故允许有一定的径向位移。

这种联轴器中零件的材料一般采用优质碳素钢 45,工作表面经表面热处理以提高其耐磨性,为了减少摩擦及磨损,使用时应在十字滑块与套筒结合的槽内进行润滑。

该联轴器的优点是结构简单、价格低廉;缺点是当转速较高时,因为半联轴器套筒槽与十字滑块在两轴间有相对位移的情况下工作,十字滑块会产生很大的偏心离心力,从而使轴系受到附加动载荷的作用,导致零件磨损加剧,引起机器振动。

十字滑块联轴器适用于径向位移大、转矩大、低速、无冲击的场合。

2）浮动盘联轴器

当传递的转矩较小时，联轴器的中间连接件的浮动盘可用夹布塑胶或尼龙制成方形滑块的形式，如图8.22所示。

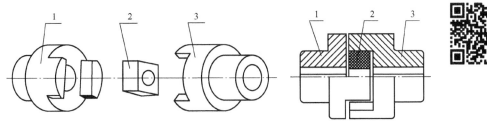

图8.22 浮动盘可用夹布塑胶联轴器

1、3—套筒；2—方形滑块

该联轴器的浮动盘（滑块）质量轻、惯性小，适应较高转速，尤其是尼龙滑块耐磨性好，不需润滑，使用方便。

这种结构简单的联轴器因浮动盘的强度低，故适用于功率不大、冲击载荷小的场合。

3）齿式联轴器

齿式联轴器由两个套筒带外齿的齿轮和两个套筒带内齿的轮齿分别啮合，并用螺栓连接两个带内齿的凸缘组成，如图8.23所示。

齿式联轴器为能补偿两轴的相对位移，将外齿轮的轮齿做成鼓形齿，齿顶做成中心在轴线上的球面，齿顶和齿侧留有较大的间隙。

齿式联轴器允许两轴有较大的综合位移，当两轴有位移时，联轴器齿面间因相对滑动产生磨损，为减少磨损，联轴器内应定期注润滑剂。

齿式联轴器的优点是工作时所有的轮齿同时参与啮合，啮合的轮齿多，承载能力大，外廓尺寸紧凑，可靠性高；缺点是结构复杂，制造成本高。

齿式联轴器主要应用于高速重载的机械中，选用时可查阅标准《GICL、GICLZ型鼓形齿式联轴器》(JB/T 8854.3—2001)。

4）万向联轴器

万向联轴器实物图如图8.24(a)所示，由分别装在两轴端的叉形半联轴器Ⅰ和Ⅱ，与十字轴连接而成，如图8.24(b)所示。

十字轴的中心与两个半联轴器的轴线交于一点，两轴线所夹的锐角为α。由于两个半联轴器可以分别绕十字轴的轴线Ⅰ-Ⅰ、Ⅱ-Ⅱ转动，因此这种联轴器可以在较大的偏斜角下工作，一般偏斜角≤45°。由于α角的存在，当主动轴角速度ω_1为常数时，从动轴的角速度ω_2并不是常数，因而在传动中将引起附加动载荷，偏斜角越大，产生的动载荷也越大，这是万向联轴器的传动缺点。为避免这种情况，常常将两个万向联轴器连在一起成对使用，如图8.24(c)所示。

万向联轴器能在两轴具有较大综合位移的情况下工作，在汽车等移动机械中得到广泛应用。十字轴万向联轴器的典型结构已标准化，可按《十字轴式方向联轴器用十字包SWC型》(JB/T 7341.2—2006)标准选用。

(a) 实物图

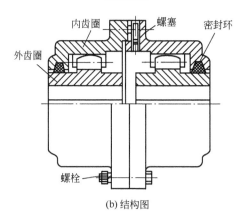

(b) 结构图

图 8.23 齿式联轴器的结构组成

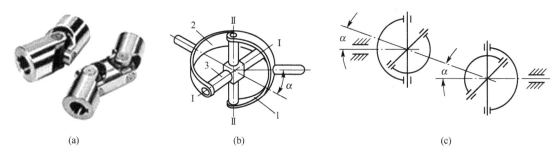

图 8.24 万向联轴器

1—右半联轴器；2—左半联轴器；3—十字轴

3. 有弹性组件挠性联轴器

对于频繁起动、经常正反转、变载荷及高速运转的场合，一般情况应采用有弹性组件挠性联轴器，因为装有弹性组件，所以不仅可以补偿两轴的相对位移，而且有缓冲减震的能力。

制造弹性组件的材料有非金属和金属。非金属材料有橡胶、尼龙和塑料等，非金属材料的优点为质量轻，价格便宜，有良好的弹性滞后性能，因而减振能力强；但橡胶的强度低、寿命较短。金属材料制造的弹性组件主要是各种弹簧，其强度高、寿命长；但结构复杂，成本高。

1）弹性套柱销联轴器

弹性套柱销联轴器的结构与凸缘式联轴器很近似，不同的是用装有弹性套的柱销代替连接螺栓，如图8.25所示。

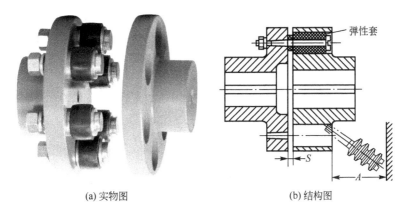

图 8.25　弹性套柱销联轴器

弹性套柱销联轴器的弹性套变形可以补偿两轴线的径向位移和角位移，并且有缓冲和吸振作用。这种联轴器适用于经常正反转、起动频繁、载荷平稳和高速运动的传动中。如电动机与减速器之间就常用该联轴器。

弹性套柱销联轴器已标准化，参见《弹性套柱销联轴器》（GB/T 4323—2017）。

2）弹性柱销联轴器

弹性柱销联轴器由若干个弹性柱销将两个半联轴器连接而成，如图8.26所示。

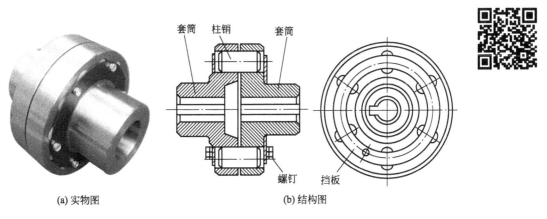

图 8.26　弹性柱销联轴器

该联轴器为防止弹性柱销滑出，两侧用挡板封堵，弹性柱销一般用尼龙6材料制造。

弹性柱销联轴器与弹性套柱销联轴器相比，优点是结构简单，两个半联轴器可以互换，加工容易，维修方便，耐磨性好；缺点是尼龙柱销的弹性不如橡胶。

弹性柱销联轴器当被连接的两根轴相对位移不大时，更适用于经常正反转和较大转矩的传动。弹性柱销联轴器已标准化，参见《弹性柱销联轴器》（GB/T 5014—2017）。

3）轮胎式联轴器

轮胎式联轴器是用螺栓将轮胎状橡胶组件与两个半凸缘联轴器连接起来，如图 8.27 所示。

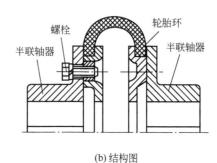

(a) 实物图　　　　　　　　　　　　　　(b) 结构图

图 8.27　轮胎式联轴器

轮胎环中的橡胶编织物组件与低碳钢制成的骨架硫化黏结在一起，骨架上焊有螺母，装配时用螺栓与各自的半联轴器凸缘连接，依靠拧紧螺栓在轮胎环与凸缘端面之间产生的摩擦力来传递转矩。

轮胎式联轴器的优点是弹性强，补偿位移能力大，有良好的阻尼，不需润滑，装拆和维护方便。缺点是不宜高温，承载能力不高，外形尺寸较大。

轮胎式联轴器已标准化，参阅《轮胎式联轴器》（GB/T 5844—2002）。

绝大多数联轴器都已标准化，属于标准件，使用时可根据《机械设计手册》选用。

8.4　离合器与制动器

8.4.1　离合器

离合器的功用是连接主动轴和从动轴一起传递运动和动力，并能根据工作需要，随时接合两轴或分离两轴。离合器要求分离与接合迅速而平稳，操纵方便，如汽车临时制动时不必熄火，只要操纵离合器便可使变速器的输入轴与汽车发动机的输出轴分离。离合器的种类很多，牙嵌和摩擦离合器用得相对较多。

1. 牙嵌离合器

牙嵌离合器由两个端面带牙的半离合器组成，如图 8.28 所示。

其中半离合器Ⅰ，通过键固连在主动轴上，半离合器Ⅱ，用导向键或花键与从动轴连接。

工作时通过操纵机构可使半离合器Ⅱ，沿导向键或花键做轴向移动，两轴靠两个半离合器端面上的牙相互嵌入连接。为了使两轴能方便对中，在半离合器Ⅰ上固定有对中环，从动轴可以在对中环内自由地转动。

牙嵌离合器常用的牙形有三角形、矩形、梯形、锯齿形。矩形牙不便于接合，分离也困难，仅用于静止时手动接合。梯形牙的侧面制成 $\alpha=2°\sim8°$ 的斜角，牙根强度较高，

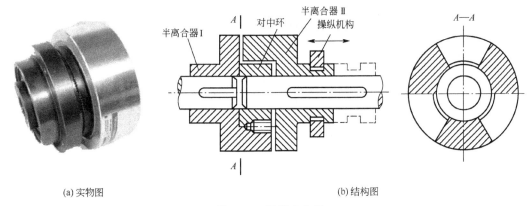

(a) 实物图　　　　　　　　　　　　　(b) 结构图

图 8.28　牙嵌离合器

能传递较大的转矩，并可补偿磨损而产生的齿侧间隙，接合与分离比较容易，因此梯形牙应用最广。

牙嵌离合器标准可查《牙嵌式电磁离合器》(JB/T 10611—2006)。

2. 摩擦离合器

利用主、从动半离合器接触表面之间的摩擦力来传递转矩的离合器，通称为摩擦离合器，它是能在高速下进行离合的机械式离合器。

1) 单盘摩擦离合器

单盘摩擦离合器是最简单的摩擦离合器，如图 8.29 所示。

（1）结构组成。主动盘固定在主动轴上，从动盘通过导向键与从动轴连接，它可以沿轴向滑动。为了增加摩擦系数，在一个盘的表面上装有摩擦片。

（2）工作原理。工作时利用操纵机构，在可移动的从动盘上施加轴向压力 F_A，使两盘压紧，产生摩擦力来传递转矩。单盘摩擦离合器结构简单，操作方便，传递的转矩小。

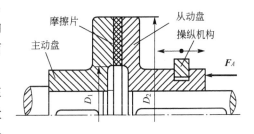

图 8.29　单盘摩擦离合器

2) 多片摩擦离合器

在传递大转矩的情况下，因受摩擦盘尺寸的限制不宜应用单盘摩擦离合器，这时要采用多盘摩擦离合器，用增加接合面对数的方法来增大传动动力，如图 8.30(a) 所示。

多片摩擦离合器的主动轴与外壳相连接，从动轴与套筒相连接，外壳通过花键与一组外凸牙摩擦片连接，如图 8.30(b) 所示，套筒通过花键与另一组内凸牙摩擦片连接，如图 8.30(c) 所示。工作时，向左推动滑环，通过杠杆、压板使内凸牙与外凸牙两组摩擦片相互压紧，使离合器处于接合状态；若向右推动滑环，内凸牙与外凸牙两组摩擦片被松开，离合器实现分离。

3) 特点

摩擦离合器与牙嵌离合器相比，优点是主动轴与从动轴能在不同速度下接合，接合

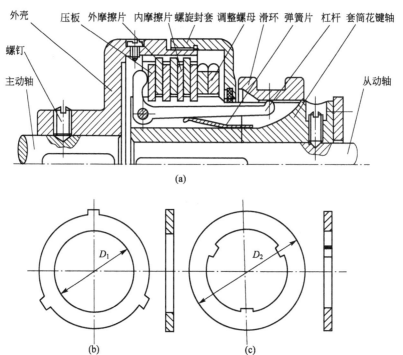

图 8.30 多盘摩擦离合器

和分离过程比较平稳，冲击振动小，从动轴的加速时间和所传递的最大转矩可以调节，过载时将发生打滑，避免使其他零件受到损坏。缺点是结构复杂、成本高，当产生滑动时不能保证被连接两轴间的精确同步转动，摩擦会产生发热，当温度过高时会引起摩擦系数的改变，严重的可能导致摩擦盘胶合和塑性变形。

离合器已部分标准化，可参阅《离合器分类》（GB/T 10043—2017）选择。

8.4.2 制动器

制动器的功用是使机器在需要停机的位置迫使机器停止运转。制动器是保证机器安全、正常工作的重要部件。

1. 钳盘式制动器

1）结构组成

钳盘式制动器由液压控制，主要部件有制动盘、分泵、制动钳和油管等，如图 8.31 所示。制动盘有的有孔，有的无孔，有孔的散热更好，适用于高速大功率。

2）工作原理

制动盘随同车轮转动，分泵在制动器的底板上固定不动，制动钳的两个摩擦片分别安装在制动盘的两侧，分泵的活塞受到油管送来的高压油作用，推动摩擦片压向制动盘，从而产生摩擦力，以此来实现制动的目的。动作起来就好像是用制动钳钳住旋转中的轮盘迫使汽车停止下来。

图 8.31 钳盘式制动器

3) 特点与应用

钳盘式制动器散热快，重量轻，构造简单，调整方便，制动效果稳定，广泛应用于中、小型汽车的刹车系统中。

2．轮式工程机械制动系统

1）结构组成

轮式工程机械制动系统主要由制动毂 6、制动蹄 2 和 7、液压缸体(汽缸)4、复位弹簧 5、制动摩擦片 3 及销子 1、8 组成，如图 8.32 所示。

2）工作原理

当压力油或高压气体进入缸体 4 后，两个弧形制动蹄 2、7 在左右两个活塞推力作用下，绕各自的销子 1、8 分别向外摆动，从内部压紧制动毂 6，实现制动的目的。

当油路或气路卸压后，弧形制动蹄 2、7 在复位弹簧 5 的作用下离开制动毂，制动器立即松闸，这种轮式工程机械制动系统，制动力矩大，结构尺寸小，制动可靠，广泛用于汽车等移动机械的制动。轮式工程机械制动系统已部分标准化，可参阅《轮式工程机械 制动系统 术语》(JB/T 9718—2010) 选用。

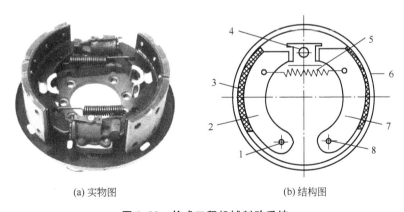

(a) 实物图　　　　　　(b) 结构图

图 8.32 轮式工程机械制动系统

1、8—销子；2、7—制动蹄；3—制动摩擦片；4—液压缸体；5—复位弹簧；6—制动毂

3. 带式制动器

带式制动器当制动力 F_Q 作用于杠杆一端时,通过杠杆作用原理,拉动制动带将制动轮抱紧,从而实现制动,如图8.33所示。

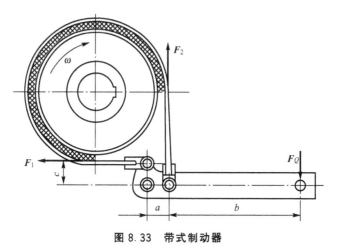

图 8.33 带式制动器

制动带一般为钢带,为了增加所需摩擦力,制动带常衬有石棉、橡胶、帆布等材料。带式制动器结构简单,制动效果好,常用于工程机械的驻车制动和卷扬机械上。带式制动器已部分标准化,可参阅《煤矿用下运带式输送机制动器技术条件》(MT 912—2002)选用。

8.5 轴在汽车机械上的应用

8.5.1 轴的功用与分类

1. 轴的功用

轴是汽车机械中的重要零件,主要功用是支撑转动零件实现运动和动力传递,并使转动零件具有确定的工作位置。

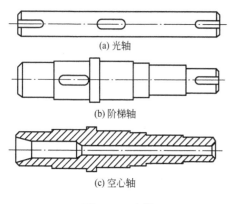

图 8.34 直轴

2. 轴的分类

1)根据轴线形状分类

按轴线情况的不同,轴分为直轴和曲轴。

(1)直轴。直轴又分为光轴、阶梯轴和空心轴,如图 8.34 所示。

光轴形状简单,易加工,但轴上零件不易装配和定位;阶梯轴的各个轴段,截面直径不同,主要是为了便于轴上零件的安装和固定。轴一般都制成实心的,但为了减轻质量或满足工作要求(如需要在轴中心穿过其他零件),则可采用空心轴。

（2）曲轴。曲轴轴线彼此平行但不在一条直线上，如图8.35所示，广泛应用于汽车的发动机上。

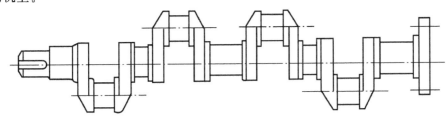

图 8.35　曲轴

2）按承载性质分类

根据轴所承受载荷的性质将轴分为传动轴、心轴和转轴3种。

（1）传动轴。传动轴仅传递扭矩，即只受扭矩作用不受弯矩作用或弯矩很小。图8.36(a)所示为汽车主传动轴。

（2）心轴。心轴用来支撑转动零件，只承受弯矩不传递扭矩。图8.36(b)所示的滑轮轴即心轴。

（3）转轴。转轴是同时承受弯矩和扭矩两种内力作用的轴。图8.37所示的减速机齿轮轴即转轴。

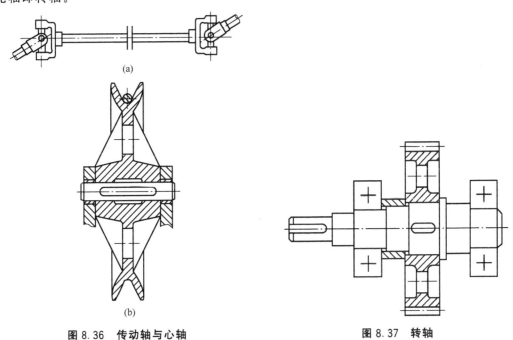

图 8.36　传动轴与心轴　　　　图 8.37　转轴

8.5.2　轴的材料及其选择

轴在工作时往往承受交变载荷，轴的材料应有较高的疲劳强度，对应力集中的敏感性要小，要易于加工。轴的毛坯多数都是采用轧制的圆钢或锻件。轴的常用材料是优质碳素结构钢、合金结构钢及球墨铸铁。轴的常用材料及其主要力学性能见表8-8。

表8-8 轴的常用材料及其主要力学性能

材料牌号	热处理方式	毛坯直径 d/mm	硬度 HBW	抗拉强度极限 σ_b	屈服强度极限 σ_s	许用弯曲应力 $[\sigma_{-1}]$	应用场合
				MPa			
Q235A				440	240	40	不重要或载荷不大的轴
35	正火		143～187	520	270	45	一般轴
45	正火	≤100	170～217	600	300	55	较重要的轴,应用最为广泛
45	调质	≤200	217～255	650	360	60	
20Cr	渗碳淬火回火	≤60	表面硬度 56～62HRC	650	400	60	要求强度、韧性及耐磨性均较好的轴
40Cr	调质	≤100	241～286	750	550	70	载荷较大,而无很大冲击的轴
35SiMn 45SiMn	调质	≤100	229～286	800	520	70	中、小型轴(性能接近于40Cr)

1. 碳素钢

优质中碳结构钢35、40、45、50具有较高的综合机械性能,成本低,容易采购,得到了广泛的应用,常用于比较重要或承载较大的轴,其中以优质中碳结构钢45应用最广,通过调质或正火等热处理方法改善和提高其力学性能。

普通碳素结构钢Q235、Q275等可用于不太重要或承载较小的轴。

2. 合金钢

合金钢具有高的综合力学性能和很好的热处理性能。对承受复杂交变载荷,要求减轻质量,减小尺寸,需要提高轴的耐磨性及在冲击载荷下工作中的重要机械轴,常采用优质低碳或中碳合金钢制造,如20CrMnTi、40Cr等。应用合金钢制造轴时要注意到合金钢的以下特点。

(1) 各种热处理、化学处理及表面强化处理(如喷丸、滚压等)可显著提高轴的疲劳强度或耐磨性。

(2) 合金钢对应力集中敏感性较强且价格较高。

(3) 因在一般温度下,碳素钢和合金钢的弹性模量 E 相差不多,故用合金钢代替碳素钢以达到提高轴刚度的目的。

3. 球墨铸铁

球墨铸铁适用于制造形状较复杂的轴,如曲轴、凸轮轴等。球墨铸铁具有价廉、强度较高、良好的耐磨性、吸振性、易切削性及对应力集中的敏感性较低等优点;但铸件品质不易控制,可靠性差。

8.5.3 轴的结构

轴的结构受多方面因素的影响,通常没有一个标准形式,而是随工作条件与定位要求的不同而不同。

1. 轴的各部分名称

图 8.38 为一减速器齿轮与轴连接的结构示例。

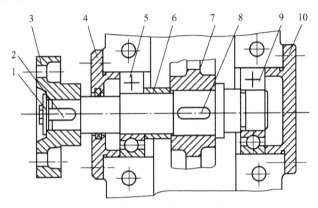

图 8.38　轴上零件装配与轴的结构

1—轴端挡圈；2—键；3—半联轴器；4—轴承盖；5—滚动轴承；
6—套筒；7—齿轮；8—键；9—滚动轴承；10—轴承盖

1）轴颈

轴颈为安装轴承的轴段。用滑动轴承支撑的轴、轴颈和轴瓦为间隙配合,轴颈的公差配合和表面粗糙度,应符合滑动轴承的技术要求；用滚动轴承支撑的轴颈,轴颈和轴承内圈多为过渡配合或过盈配合,轴颈的公差配合和表面粗糙度,应符合滚动轴承的技术要求。

2）轴头

轴头为支撑转动零件的轴段。轴头与轴上零件的配合性质、公差等级和表面粗糙度,应由传动系统对轴上零件的技术要求来确定。

3）轴肩与轴环

轴肩由定位台阶端面和内圆角组成,如图 8.39 所示。

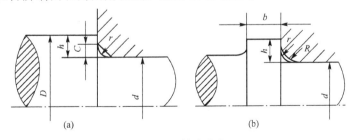

图 8.39　轴肩定位

为了保证轴上零件的端面能紧靠轴的定位端面,轴肩的内圆角半径 r 应小于轴上零件的外圆角半径 R 或倒角 C。R 和 C 的推荐值查阅《机械设计手册》。

轴肩的高度一般取 $h=R(C)+(0.5\sim2)$mm,其宽度 $b\approx1.4h$。非定位轴肩是为了加工或装配方便而设置的,其高度没有规定。

2. 轴的结构要求

(1) 为了便于轴上零件的装配,使轴上零件能顺利通过相邻轴段,通常采用从轴的两端向中间逐渐增大的阶梯轴。

图 8.38 中的装配顺序是从左端向中间安装齿轮→套筒→左端轴承→左端轴承盖→半联轴器;再从轴的右端向中间安装轴承→轴承盖。

(2) 为了便于轴上零件的安装和出于安全需要考虑,轴及轴肩端部应倒角或倒圆。

(3) 固定滚动轴承的轴肩高度应低于轴承内圈高度,以便用轴承专用拆卸工具拆卸轴承,如图 8.40 所示。

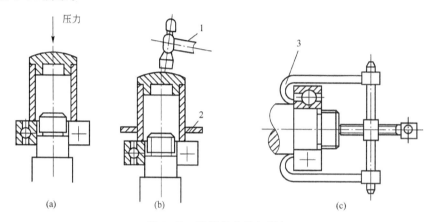

图 8.40 轴承的安装与拆卸

1—锤子;2—防护片;3—轴承拆卸器

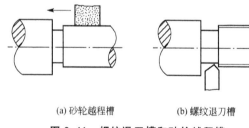

(a) 砂轮越程槽　　(b) 螺纹退刀槽

图 8.41 螺纹退刀槽和砂轮越程槽

(4) 轴上如要进行磨削加工或车制螺纹时,要制作砂轮越程槽或螺纹退刀槽,以保证完整加工,如图 8.41 所示。

(5) 当轴上有多个键槽时,应将键槽开在同一母线上,如图 8.42 所示。以便铣键槽时一次装夹就可完成加工。

(6) 轴上各处的圆角、倒角、键槽、砂轮越程槽和螺纹退刀槽及中心孔等尺寸应尽量相同,并符合标准要求,以方便加工和检验。

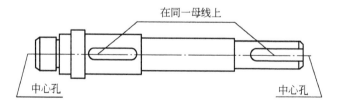

图 8.42 阶梯轴

3. 轴上零件的定位

转动零件在轴上的定位分为轴向定位和周向定位两个方面。转动零件在轴上必须要有牢靠的轴向固定和周向固定，用以防止机器工作时轴上零件与轴发生相对轴向窜动和周向转动。

1) 轴向定位

为了防止轴上零件的轴向窜动，轴上零件轴向定位的结构形式有轴肩、圆螺母与止退垫圈、套筒、弹性挡圈、轴端挡板、销和圆锥面等。

(1) 轴肩定位。轴肩定位是一种最常用的轴上零件的固定方法，结构简单，定位可靠，能承受很大的轴向力，如图 8.43 所示。

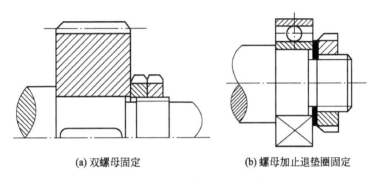

(a) 双螺母固定　　(b) 螺母加止退垫圈固定

图 8.43　采用轴肩与圆螺母定位

轴肩定位常用于齿轮、带轮、轴承和联轴器等转动零件的轴向固定。

(2) 圆螺母定位。采用圆螺母对轴上零件进行轴向定位，具有定位可靠，装拆方便，能承受较大轴向力等优点；但需在轴上切制螺纹，对轴的疲劳强度削弱较大，为防止圆螺母松脱，连接时常与止退垫圈联合使用，如图 8.43 所示。

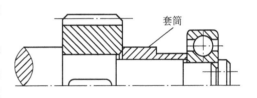

图 8.44　用套筒定位

(3) 套筒定位。采用套筒定位结构简单，定位可靠、装拆方便，可避免在轴上开槽、切螺纹、钻孔而削弱轴的强度，如图 8.44 所示。

套筒定位一般用于相邻两零件轴向间距较小的场合。

(4) 弹性挡圈定位。用弹性挡圈对轴上零件进行轴向固定，如图 8.45 所示。其结构简单，拆装方便，但不能承受轴向力，而且要求切槽的尺寸保持一定的精度，以免出现弹性挡圈与被固定零件之间存在间隙或弹性挡圈不能装入切槽的现象。

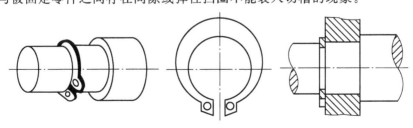

图 8.45　弹性挡圈定位

（5）轴端挡板定位。当转动零件位于轴的端部时，可用轴端挡板与螺钉、销钉共同进行固定，如图8.46所示。轴端挡板定位主要应用于轴向力小、没有剧烈振动和冲击载荷的场合。

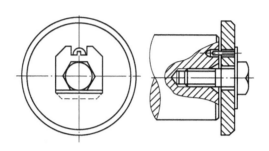

图8.46　轴端挡板定位

（6）圆锥面定位。对无轴肩和轴环的轴端，可采用圆锥面与轴端挡板与螺纹连接进行轴向定位，如图8.47所示。这种定位有较高的定心精度，但锥面加工比圆柱面困难。

（7）紧定螺钉定位。紧定螺钉定位仅仅应用于轴向力极小的场合。紧定螺钉也可以对轴上零件进行周向固定，如图8.48所示。

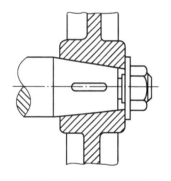
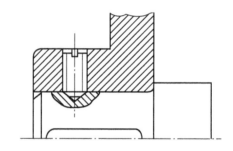

图8.47　用圆锥面定位　　　　　图8.48　用紧定螺钉定位

2）周向定位

为了传递轴上转动零件的运动和转矩，防止轴上转动零件与轴作相对转动，轴和轴上零件必须要有可靠的周向固定。常用的周向定位方法有平键连接、花键连接、销连接、型面连接、过盈连接及紧定螺钉连接等，如图8.49所示。

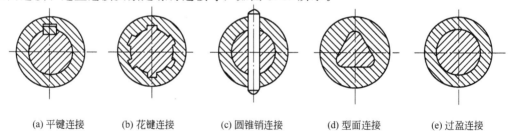

(a) 平键连接　　(b) 花键连接　　(c) 圆锥销连接　　(d) 型面连接　　(e) 过盈连接

图8.49　零件的周向定位方法

过盈配合连接利用轴颈和轮毂孔径之间的过盈配合将它们连接在一起。这种方法连接结构简单,对中性好,能承受大的载荷和冲击。但对配合表面的加工精度要求较高,表面粗糙度值也较小,一般应用于重要的不拆卸的轴和轮毂连接。过盈量越大,连接越紧固,能传递的转矩也越大。

8.6 键连接在汽车机械上的应用

键在汽车机械上应用的种类很多,常用的有平键、半圆键、花键等类型,其中普通平键最常见。

8.6.1 平键

平键连接有普通平键连接、导向键连接和滑键连接 3 种形式。

1. 普通平键

普通平键按键的端部形状分为圆头(A 型)、平头(B 型)、单圆头(C 型)3 种,如图 8.50 所示。

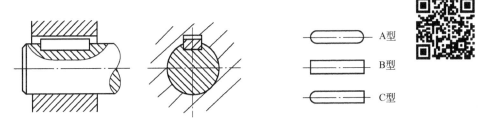

图 8.50 普通平键

1) 普通平键的连接特点

A 型平键和 C 型平键的键槽用指状铣刀加工,轴槽两端具有与键相同的形状,故键在槽中固定良好;B 型平键的键槽用盘状铣刀加工;C 型平键一般用于轴端。以 A 型平键应用最为广泛。

平键连接时,键的工作面是键的两个侧面,靠平键与键槽侧面的挤压和键的剪切受力来传递运动和动力。键的上、下表面为非工作面,键的上表面和轮毂槽底之间应留有间隙。

2) 普通平键和键槽的尺寸

键属于标准件,国家标准为《普通型　平键》(GB/T 1096—2003),要根据轴的直径和轮毂长度选取相应键的尺寸。普通平键的主要尺寸是宽度 b 和高度 h,键的长度 L 一般略短于轮毂长度,但必须符合键的长度系列,见表 8-9。

表 8-9 键的尺寸系列　　　　　　　　　　（单位：mm）

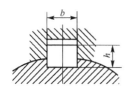 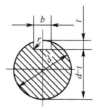 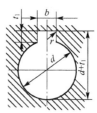

轴的直径 d	键		键槽		
	b	h	t	t_1	半径 r
自 6~8	2	2	1.2	1	0.08~0.16
>8~10	3	3	1.8	1.4	
>10~12	4	4	2.5	1.8	
>12~17	5	5	3.0	2.3	0.16~0.25
>17~22	6	6	3.5	2.8	
>22~30	8	7	4.0	3.3	
>30~38	10	8	5.0	3.3	0.25~0.4
>38~44	12	8	5.0	3.3	
>44~50	14	9	5.5	3.8	
>50~58	16	10	6.0	4.3	
>58~65	18	11	7.0	4.4	
>65~75	20	12	7.5	4.9	0.4~0.6
>75~85	22	14	9.0	5.4	

注：1. 在齿轮工作图中，轴槽深用 $d-t$ 标注，毂槽深用 $d+t_1$ 标注。
　　2. 键的长系列有 6、8、10、12、14、16、18、20、22、25、28、32、36、40、45、56、63、70、80、90、100、110、125、140、160、180、200、220、250…，单位均为 mm。

2. 导向键和滑键

导向键和滑键用于汽车变速器的换挡齿轮与轴的连接，轴与轮毂之间有相对轴向运动的场合。

1) 导向键

导向键用螺钉固定在轴上，轴上零件沿导向键做轴向滑动，为装拆方便，在导向键上设置有起键螺钉孔，如图 8.51 所示。

2) 滑键

当轮毂需要沿轴向滑动的距离较大时，宜采用滑键，如图 8.52 所示，滑键固定在轮

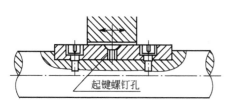

图 8.51　导向键连接

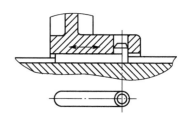

图 8.52　滑键连接

毂上，与轴上的键槽为间隙配合，键和轮毂在轴上的键槽中做轴向移动。

8.6.2 半圆键连接

半圆键的两侧面为半圆形，如图8.53所示。

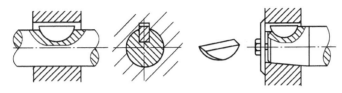

图 8.53 半圆键连接

键工作时也是靠两侧面受挤压来传递运动和转矩，由于键在轴的键槽中能绕轴槽底圆弧的曲率中心摆动，因而能自动适应轮毂键槽底面的倾斜。半圆键安装方便，尤其适用于圆锥形轴端与轮毂的连接。由于半圆键的槽深较深，对轴的截面削弱大，影响轴的强度，一般用于轻载场合的连接。

8.6.3 花键连接

花键连接由外花键轴和开多条键槽的内花键组成，如图8.54所示。花键按齿型的不同分为矩形花键[图8.54(a)]和渐开线花键[图8.54(b)]。

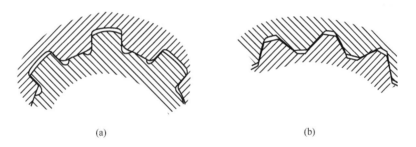

(a)　　　　　　　　　　　　　　(b)

图 8.54 花键连接

花键连接具有承载能力高、齿浅、对轴的削弱轻、应力集中小、定心好、导向性能好等优点；但加工花键需要专用设备、量具和刃具，成本较高。一般应用在受重载、变载的场合，如汽车变速器的滑移齿轮及后桥牙包的锥齿轮与半轴的连接。

本 章 小 结

(1) 弹簧的功能有：①缓冲吸振；②控制机构运动；③测量力和力矩的大小。

(2) 弹簧的材料有碳素弹簧钢、锰弹簧钢和硅锰弹簧钢等。

(3) 滚动轴承由内圈、滚动体、保持架和外圈组成。

(4) 滚动轴承是标准部件，由前置代号、基本代号和后置代号组成，基本代号由类型代号、尺寸系列代号和内径代号组成。

(5) 机械式联轴器分为有弹性元件和无弹性元件两大类，有弹性元件机械式联轴器用于高速场合。

(6) 离合器有嵌入式和摩擦式两大类，嵌入式适用于低速重载，摩擦式适用于高速。

(7) 轴的常用材料有优质碳素钢、合金钢和球墨铸铁等，牌号有 35、45、40Cr、35SiMn、20CrMnTi 及 QT600-3 等。

(8) 轴上零件轴向定位的结构形式有轴肩、圆螺母与止退垫圈、套筒、弹性挡圈、轴端挡板、销和圆锥面等。

(9) 轴上零件周向定位方法有平键连接、花键连接、销连接、型面连接、过盈连接及紧定螺钉连接等。

(10) 键连接的普通平键用于要求定心精度高，承受扭矩小的工作情况，承受扭矩大时选用花键。

复习思考题

8-1 简答题

1. 滚动轴承由哪几部分组成？
2. 滚动轴承的滚子有哪几种？
3. 滚动轴承的内圈与轴、外圈与机座孔通常采用什么配合？
4. 联轴器两轴轴线的偏移形式有哪几种？
5. 凸缘式联轴器、万向十字联轴器各由哪几部分组成？
6. 联轴器与离合器的主要区别是什么？
7. 常用联轴器和离合器有哪些类型？
8. 弹簧的功用有哪些？
9. 联轴器、离合器和制动器各自的功用有哪些？
10. 轴按承载方式的不同分为哪 3 种？
11. 轴的功能是什么？
12. 零件在轴上定位分哪两类？
13. 常用的轴向定位方法有哪些？
14. 常用的周向定位方法有哪些？
15. 常用来制造轴的材料有哪些？

8-2 选择题

1. （　　）是只能承受径向负荷的轴承。
   A. 深沟球轴承　　B. 调心滚子轴承　　C. 调心滚子轴承　　D. 圆柱滚子轴承
2. （　　）是只能承受轴向负荷的轴承。
   A. 圆锥滚子轴承　　　　　　　　B. 推力球轴承
   C. 滚针轴承　　　　　　　　　　D. 调心球轴承
3. 下列 4 种轴承中，（　　）必须成对使用。

A. 深沟球轴承　　B. 圆锥滚子轴承　　C. 推力球轴承　　D. 圆柱滚子轴承
4. 代号 6210 的轴承是(　　)轴承，轴承的内径是(　　)mm。
   A. 深沟球轴承　　B. 圆锥滚子轴承　　C. 45　　　　　　D. 50
5. 当有冲击、振动，轴的转速较高时，一般选用(　　)。
   A. 刚性固定式联轴器　　　　　　B. 刚性可移式联轴器
   C. 弹性联轴器　　　　　　　　　D. 安全联轴器
6. 联轴器与离合器的主要作用是(　　)。
   A. 缓冲、减振　　　　　　　　　B. 传递运动和转矩
   C. 防止机器发生过载　　　　　　D. 补偿两轴的不同心或热膨胀

8-3　判断题

1. 支撑轴颈的直径应符合轴承内孔的标准要求。(　　)
2. 轴上零件的周向定位一般采用轴端挡圈和圆螺母。(　　)
3. 工作时既承受弯矩又传递扭矩的轴称为转轴。(　　)
4. 套筒用来作为轴向固定零件时，一般是用在两个零件间距较小的场合。(　　)
5. 轴肩过渡圆角必须小于轴上安装零件的圆角或倒角。(　　)
6. 使用套筒轴向固定轴上零件，对轴的强度削弱大。(　　)
7. 将轴的结构设计成阶梯形，主要目的是使轴上零件定位可靠和装拆方便。(　　)
8. 同一轴上的键槽应开在轴的同一条母线上，使加工方便。(　　)
9. 只承受弯矩的轴称为传动轴。(　　)
10. 用弹性挡圈固定轴上零件时，它可以承受较大的轴向载荷。(　　)

课后答案

第 9 章

齿轮传动在汽车机械上的应用

齿轮传动形式很多,在汽车机械传动中占据着非常重要的地位,齿轮传动适合于任意空间轴的传动,广泛应用于各种机械中传递运动和动力。本章将介绍圆柱齿轮和锥齿轮的特点、应用场合、材料选择、几何尺寸计算及齿轮加工方法与齿轮结构。

9.1 齿轮传动的类型及特点

1. 齿轮传动的类型

齿轮传动的类型很多，由一对齿轮组成的齿轮传动是最简单的齿轮传动形式。

根据齿轮传动中两齿轮轴线的相对位置，可将齿轮传动分为平面齿轮传动和空间齿轮传动两大类，如图 9.1 所示。

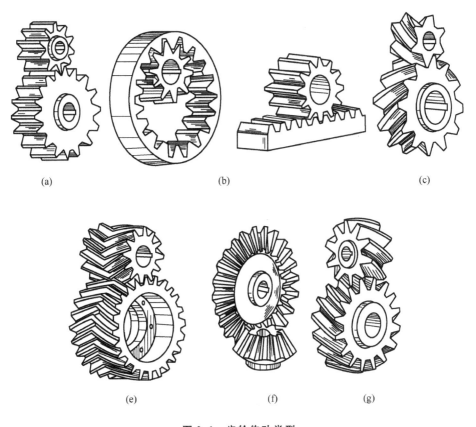

图 9.1 齿轮传动类型

2. 齿轮传动的特点

1) 齿轮传动的主要优点

(1) 传动平稳，任何瞬时的传动比保持恒定不变。

(2) 传递的功率和圆周速度范围大。

(3) 工作可靠、效率高、寿命长。

2) 齿轮传动的主要缺点

(1) 制造和安装精度要求较高，制造成本较高。

(2) 不适用于远距离的传动。

(3) 低精度的齿轮会产生冲击、振动和噪声。

9.2 标准直齿圆柱齿轮的主要参数计算及正确啮合条件

9.2.1 齿轮各部分的名称

下面以图 9.2 所示的标准直齿圆柱外齿轮的一部分来讨论齿轮各部分的名称。

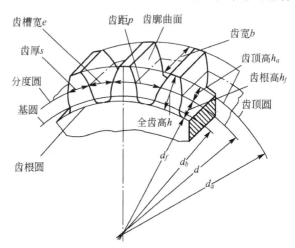

图 9.2 齿轮各部分的名称、尺寸和符号

1. 齿数

在齿轮整个圆周上轮齿的总个数称为该齿轮的齿数，齿数以 z 表示。

2. 齿槽宽

齿轮轮齿相邻两轮齿之间的空间称为齿槽，在任意圆周上所量得齿槽的弧长称为该圆周上的齿槽宽，以 e_k 表示。

3. 齿厚

沿任意圆周上所量得的同一轮齿两侧齿廓之间的弧长称为该圆周上的齿厚，以 s_k 表示。

4. 齿距

沿任意圆周上所量得相邻两齿同侧齿廓之间的弧长称为该圆周上的齿距，以 p_k 表示。同一圆周上的齿距等于齿厚与齿槽宽之和，即 $p_k = s_k + e_k$。

5. 齿顶圆

过齿轮轮齿所有齿顶端的圆称为齿顶圆，齿顶圆直径用 d_a 表示。

6. 齿根圆

过齿轮所有齿槽底面的圆称为齿根圆，齿根圆直径用 d_f 表示。

7. 分度圆

在齿顶圆和齿根圆之间，规定齿厚与齿槽宽相等的圆称为分度圆，分度圆直径用 d 表示。

8. 齿宽

齿轮有齿部位沿分度圆柱面母线方向量得的宽度称为齿宽,齿宽用 b 表示。

9. 齿顶高、齿根高和全齿高

轮齿被分度圆假想分为两部分,轮齿在分度圆和齿顶圆之间的部分称为齿顶,其径向高度称为齿顶高,用 h_a 表示;介于分度圆和齿根圆之间的部分称为齿根,其径向高度称为齿根高,用 h_f 表示;轮齿在齿顶圆和齿根圆之间的径向高度称为全齿高,用 h 表示。

9.2.2 齿轮基本参数

通常把分度圆上的参数作为计算齿轮各部分尺寸的基本参数。在分度圆上的齿厚、齿槽宽和齿距常称为齿轮的齿厚、齿槽宽和齿距,分别用 s、e 和 p 表示,不带任何下标。

1. 模数与分度圆

分度圆的大小是由齿距和齿数决定的,因分度圆的周长为 $L=\pi d=pz$,于是得

$$d=\frac{p}{\pi}z$$

工程上为了方便起见,将 p 与 π 的比值规定成一个简单的有理数列,并把这个比值称为模数,以 m 表示,即

$$m=\frac{p}{\pi} \tag{9-1}$$

于是得

$$d=mz \quad 或 \quad m=\frac{d}{z}$$

模数是齿轮重要的基本参数,可理解为每一个齿在分度圆直径上占有的长度,其单位为 mm。标准齿轮轮齿大小与模数 m 成正比,轮齿的模数越大,齿轮轮齿的尺寸越大,齿轮轮齿承受载荷的能力也越大。齿轮的模数我国已经标准化,表 9-1 为我国国家标准中的标准模数系列。

表 9-1 标准齿轮模数(GB/T 1357—2008) (单位:mm)

第一系列	1	1.25	1.5	2	2.5	3	4	5	6
	8	10	12	16	20	25	32	40	50
第二系列	1.75	2.25	2.75	(3.25)	3.5	(3.75)	4.5	5.5	(6.5)
	7	9	(11)	14	18	22	28	36	45

注:1. 对斜齿轮是指法向模数。
    2. 优先采用第一系列,括号内的模数尽可能不用。

2. 齿顶高、齿根高、全齿高与模数的相互关系

齿顶高

$$h_a=h_a^* m$$

齿根高

$$h_f = (h_a^* + C^*)m$$

全齿高

$$h = h_a + h_f = (2h_a^* + C^*)m$$

式中　h_a^*——齿顶高系数；

　　　C^*——顶隙系数。

齿顶高系数和顶隙系数我国已规定了标准值，见表 9-2。

表 9-2　圆柱齿轮齿顶高系数及顶隙系数

系　　数	正常齿	短　齿
h_a^*	1	0.8
C^*	0.25	0.3

顶隙 $C = C^*m$，是指一对齿轮啮合时，一个齿轮的齿顶圆到另一个齿轮的齿根圆之间的径向距离，顶隙是用来保证齿轮安装和储存润滑油的，有利于齿轮传动。

3．压力角

齿轮压力角通常是指齿轮分度圆上的压力角，分度圆上的压力角以 α 表示，国家标准规定标准齿轮分度圆上的压力角为标准值，$α = 20°$。

9.2.3　标准齿轮几何尺寸计算

标准齿轮是指模数 m、压力角 $α$、齿顶高系数 h_a^* 和顶隙系数 C^* 均为标准值，并且其分度圆上的齿厚 s 等于齿槽宽 e 的齿轮。

1．分度圆直径

$$d = mz \tag{9-2}$$

2．齿顶圆直径

$$d_a = d \pm 2h_a$$

外齿轮用"＋"号；内齿轮用"－"号。

3．齿根圆直径

$$d_f = d \pm 2h_f$$

外齿轮用"－"号；内齿轮用"＋"号。

4．中心距

中心矩是两个齿轮转动中心之间的距离，当齿轮为标准安装时，中心矩等于两个齿轮的分度圆半径的总和，即

$$a = r_2 \pm r_1 = \frac{d_2 \pm d_1}{2} = \frac{m}{2}(z_2 \pm z_1) \tag{9-3}$$

"＋"号用于一对外啮合的标准齿轮；"－"号用于一对内啮合的标准齿轮。

9.2.4 齿轮正确啮合条件

一对直齿圆柱齿轮的正确啮合条件为两齿轮分度圆上的模数 m 和压力角 α 分别相等。对于标准齿轮，由于模数和压力角都要取标准值，因此必须满足条件式

$$m_1 = m_2 = m$$
$$\alpha_1 = \alpha_2 = \alpha$$

9.2.5 齿轮传动的重合度

通常把齿轮连续传动条件称为齿轮传动的重合度，用符号 ε 表示。齿轮传动的重合度越大，表示一对啮合的齿轮同时参与啮合的轮齿的齿对数越多，轮齿所受载荷就小，因而相对地提高了齿轮轮齿的承载能力。

在实际应用中，根据不同的情况，应使齿轮工作时的重合度大于齿轮的许用重合度，即

$$\varepsilon \geq [\varepsilon]$$

$[\varepsilon]$ 为许用重合度，根据齿轮传动的使用要求和制造精度不同，$[\varepsilon]$ 可取不同的值。常用的许用重合度见表 9-3。

表 9-3 常用的许用重合度

使用场合	一般机械	汽车拖拉机	金属切削车床
$[\varepsilon]$	1.4	1.1～1.2	1.3

9.3 斜齿圆柱齿轮传动

9.3.1 斜齿轮的啮合特点

斜齿轮啮合传动时，两轮齿廓上的瞬时接触线为一斜线，两轮齿啮合时的啮合线由短变长，退出啮合时的啮合线由长变短，如图 9.3 所示。

由于斜齿轮传动其啮合过程是逐渐进行的，所以克服了直齿轮啮合传动时，总是沿全齿宽同时进入啮合，又同时退出啮合的缺点，减少了传动的冲击、振动和噪声，提高了传动的平稳性，故斜齿轮更适合于高速重载的传动。

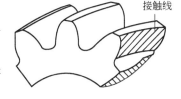

图 9.3 斜齿轮的齿廓曲面

9.3.2 斜齿轮几何尺寸计算

斜齿轮的几何参数有端面（即垂直于轴线的平面，下标以 t 表示）和法面（即垂直于分度圆柱面上螺旋线的切线的平面，下标以 n 表示）之分。由于斜齿轮通常是用滚刀或盘状齿轮铣刀加工的，切削时刀具沿齿轮的螺旋线方向进行，所以斜齿轮轮齿的法面参数（即法面模数和法面压力角与刀具的参数相同）是标准值。但测量斜齿轮几何尺寸时，绝大部

分的尺寸均须按端面测量,因此,必须建立斜齿轮轮齿法面参数与端面参数的换算关系,如图9.4所示。

(1) 法面模数与端面模数

$$m_n = m_t \cos\beta$$

(2) 法向压力角与端面压力角

$$\tan\alpha_n = \tan\alpha_t \cos\beta$$

(3) 螺旋角。斜齿轮的螺旋角参数如图9.5所示。

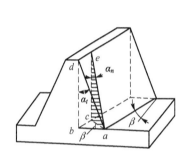

图9.4 端面压力角与法向压力角

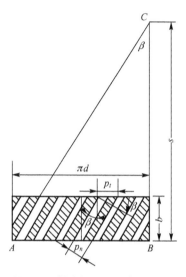

图9.5 斜齿轮分度圆柱展开图

斜齿轮轮齿上的螺旋角 β 为

$$\beta = \arctan\frac{s}{\pi d} \tag{9-4}$$

由式(9-4)可以看出,齿轮轮齿在各个直径圆柱上的螺旋角大小都不相等,齿顶圆上的螺旋角最小,齿根圆上的螺旋角最大。

规定分度圆上的螺旋角 β 为标准值,通常 $\beta = 8° \sim 20°$。

9.3.3 斜齿轮正确啮合条件和重合度

1. 正确啮合条件

要使一对标准斜齿圆柱齿轮正确啮合传动,除了像直齿轮一样必须保证两齿轮分度圆上的模数和压力角相等外,还应当使两轮轮齿的螺旋角方向相协调。因此,一对标准斜齿圆柱齿轮的正确啮合条件为两齿轮的法面模数和法面压力角要分别相等,并且还需满足两轮轮齿的螺旋角大小相等,即

$$\begin{cases} m_{n1} = m_{n2} = m \\ \alpha_{n1} = \alpha_{n2} = \alpha \\ \beta_1 = \mp\beta_2 \end{cases}$$

"＋"用于内啮合传动;"－"用于外啮合传动。

2. 重合度

斜齿轮传动的重合度 ε 根据理论推导可得

$$\varepsilon = \varepsilon_t + \frac{b\tan\beta}{p}$$

式中 ε_t——端面重合度(它等于相应直齿轮的重合度),无量纲;

b——齿轮轮齿宽度(mm);

p——齿距(mm);

β——螺旋角(°)。

由上式可知,斜齿轮的重合度 ε 随着齿宽 b 和螺旋角 β 的增大而增大,故斜齿轮重合度比直齿轮大得多,这就是斜齿轮传动平稳、承载能力高的主要原因。

9.3.4 齿轮几何尺寸计算

标准斜齿圆柱齿轮几何尺寸的主要计算公式如下。

(1) 分度圆直径

$$d = m_t z = \frac{m_n z}{\cos\beta} \tag{9-5}$$

(2) 齿顶圆直径

$$d_a = d + 2h_a$$

(3) 齿根圆直径

$$d_f = d - 2h_f$$

(4) 齿顶高

$$h_a = m_n$$

(5) 齿根高

$$h_f = 1.25 m_n$$

(6) 中心距

$$a = r_2 \pm r_1 = \frac{d_2 \pm d_1}{2} = \frac{m_n(z_2 \pm z_1)}{2\cos\beta} \tag{9-6}$$

"＋"用于外啮合传动;"－"用于内啮合传动。

9.4 直齿锥齿轮传动

锥齿轮用于传递两相交轴或两交错轴之间的传动。

9.4.1 锥齿轮参数

锥齿轮的轮齿均匀分布在截圆锥上,工作时相当于两个截圆锥绕分度圆柱做纯滚动,如图 9.6 所示。

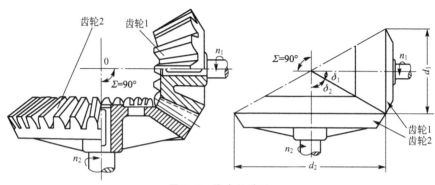

图 9.6 锥齿轮传动

1. 分度圆锥角

齿轮的轴线与分度圆交线之间的夹角叫作分度圆锥角,用 δ 表示。

2. 轴交角

锥齿轮两轮轴线之间的夹角叫作轴交角,用 Σ 表示。

在一般机械传动中多采用轴交角 $\Sigma = \delta_1 + \delta_2 = 90°$。

锥齿轮的轮齿有直齿、斜齿和螺旋齿齿型等,由于直齿锥齿轮制造和安装都比较简单方便,所以应用最广。

9.4.2 直齿锥齿轮几何尺寸计算

一对标准直齿锥齿轮啮合时,两齿轮的节圆锥与分度圆锥重合,如图 9.7 所示。

锥齿轮因大端的尺寸较大,计算和测量的相对误差较小,同时也便于确定齿轮机构的外廓尺寸,规定锥齿轮取大端的参数为标准值,分度圆上的压力角同样取 $\alpha = 20°$。

锥齿轮的齿宽 b 不宜太大,其最佳范围是 $(1/4 \sim 1/3)R$,R 为锥齿轮的锥距,齿宽过大反而引起加工困难和工作时轮齿受力不均,因轮齿小端的齿小,故对提高强度作用不大。锥齿轮主要几何尺寸如下。

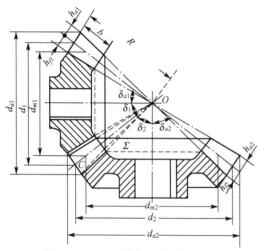

图 9.7 $\Sigma = 90°$ 的标准直齿锥齿轮

1. 分度圆锥角

$$\delta_2 = \arctan \frac{z_2}{z_1}, \quad \delta_1 = 90° - \delta_2$$

2. 分度圆直径

$$d_1 = mz_1, \quad d_2 = mz_2$$

3. 锥距

$$R = \sqrt{r_1^2 + r_2^2} = \frac{m}{2}\sqrt{z_1^2 + z_2^2}$$

$$= \frac{d_1}{2\sin\delta_1} = \frac{d_2}{2\sin\delta_2}$$

4. 传动比

$$i = \frac{z_2}{z_1} = \tan\delta_2 = \cot\delta_1, \quad 通常 i < 6 \sim 7$$

其他几何尺寸计算参看《机械设计手册》。

5. 正确啮合条件

直齿锥齿轮的正确啮合条件是锥齿轮的大端分度圆上的模数和压力角必须相等，除此以外，两个相互啮合齿轮的锥距也必须相等。

9.5 齿轮传动的失效形式、常用材料、结构与润滑

9.5.1 齿轮轮齿的失效形式

实践表明，齿轮传动的失效主要发生在轮齿部分，其失效形式主要是轮齿折断、齿面点蚀、齿面磨损、齿面胶合和齿面塑性变形。

1. 轮齿折断

轮齿折断一般发生在轮齿齿根部位，因为轮齿受力时轮齿齿根处的弯曲应力最大，而且齿根处伴有应力集中。轮齿折断分为弯曲疲劳折断和过载折断，在正常情况下，主要为弯曲疲劳折断。轮齿受力简化为悬臂梁，受到载荷作用后，齿根处产生的弯曲应力最大，并且由于齿根圆角和切削刀痕等会引起应力集中，如果弯曲应力超过了弯曲疲劳极限，在多次重复载荷作用下，齿根圆角处会产生疲劳裂纹，裂纹逐渐扩大导致疲劳断齿，这种折断称为弯曲疲劳折断，如图9.8所示。

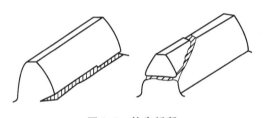

图 9.8 轮齿折断

此外，由于短时过载和意外冲击，致使轮齿突然折断，这种折断称为过载折断。

防止弯曲疲劳折断的措施是减小轮齿弯曲应力，加大齿根圆角以缓和应力集中。

2. 齿面点蚀

轮齿工作时，齿廓表面上的接触应力是按脉动循环变化的，齿面长时间在这种交变应力作用下，可能出现微小的剥落而形成一些疲劳浅坑（麻点），这种现象称为齿面点蚀。

实践表明，齿面点蚀首先出现在齿根一侧靠近节线的表面，如图9.9所示。

齿轮发生齿面点蚀后，将使轮齿啮合情况恶化而影响使用，在软齿面（齿面硬度≤350HBW）闭式传动的轮齿，常因齿面点蚀而失效。开式传动由于齿面磨损较快，点蚀还来不及出现或扩展即被磨掉，故一般看不到点蚀发生。

防止点蚀的措施是限制齿面的接触应力，提高齿面硬度，降低齿面粗糙度，采用黏度高的润滑油及适宜的添加剂。

 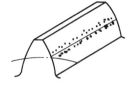 

图 9.9　齿面点蚀

3. 齿面磨损

在齿轮传动中，当齿面间落入尘土、铁屑、砂粒等物质时，齿面将被逐渐磨损，这种磨损称为齿面磨损，如图 9.10 所示。

 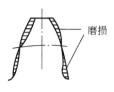

齿面磨损

图 9.10　齿面磨损

磨损使齿厚变薄，破坏正确齿形，产生噪声和附加动载荷，造成齿轮传动失效。开式齿轮传动的主要失效形式是磨粒磨损。

防止磨粒磨损的措施是保持齿轮清洁与良好润滑，提高齿面硬度。

4. 齿面胶合

在高速重载齿轮传动中，常因轮齿啮合区温度升高而引起润滑失效，致使两齿面金属直接接触并相互粘连，较软的齿面沿滑动方向被撕下而形成沟纹，这种现象称为齿面胶合，如图 9.11 所示。

图 9.11　齿面胶合

防止胶合的措施是采用黏度大或有抗胶合添加剂的润滑油，提高齿面硬度，配对齿轮采用不同的材料，改善散热环境。

5. 齿面塑性变形

在起动频繁或严重过载齿轮传动中，较软齿面会发生塑性变形，破坏正确齿形。防止这种情况的办法是提高齿面硬度、降低工作应力、减少载荷集中等。

9.5.2 齿轮常用材料

齿轮材料的选择对齿轮的加工性能和使用寿命都有直接的影响，齿轮应按照工作状况选用合适的材料。

优质碳素钢 45 热处理后有较好的综合机械性能，经过正火或调质可改善切削性能，降低加工后的表面粗糙度值，适合于 7 级精度以下的齿轮。

40Cr 和 45 相比，加入铬后可以使金属晶粒细化，提高强度、改善淬透性，增强了耐磨性，用于 7 级精度以上的小齿轮。

低碳合金钢 20、20Cr、20CrMnTi 等具有良好的切削性能，渗碳淬火硬度可达到 56～62HRC，多用于汽车中承受大冲击载荷的齿轮。

铸铁容易铸成复杂的形状，容易切削加工，成本低，但其抗弯强度、耐冲击性能差，故常用于受力不大、低速、无冲击载荷作用的齿轮。

制造齿轮的有色金属有黄铜 HPb59-1，青铜 QSn4-4-4 和变形铝合金 7A04 等。

非金属材料中的夹布胶木、尼龙、塑料及复合材料也常用于制造齿轮。这些材料具有传动噪声小、减振性好等优点，适用于轻载、需减振、低噪声、润滑条件差的场合。

齿轮常用材料见表 9-4。

表 9-4 齿轮常用材料

材料牌号	热处理	强度极限	屈服极限	硬度	
		MPa		HBW	HRC
45	正火	580	290	162～217	
	调质	647	370	220～270	
	表面淬火				40～50
40Cr	调质	700	500	214～286	
	表面淬火				48～55
35SiMn	调质	750	470	217～269	
42SiMn	表面淬火				45～55
40CrNiMo	调质	980	833	283～330	
20Cr	渗碳淬火	637	392		56～62
20CrMnTi	渗碳淬火	1 100	850		56～62
ZG310-570	正火	570	310	160～210	
ZG340-640	正火	640	340	179～229	
HT200		200		151～229	
HT250		250		180～269	
HT300		300		207～313	
QT500-7	正火	500	320	180～230	
QT600-3	正火	600	370	190～270	

9.5.3 精度等级选择

根据国家标准《齿轮 术语和定义 第1部分：几何学定义》(GB/T 3374.1—2010)将齿轮精度分为0、1、2…11、12级。其中0级最高，12级最低，常用的是6～9级。

齿轮传动常用精度等级及应用见表9-5。

表9-5 齿轮传动常用精度等级及应用

精度等级	圆周速度 v/(m/s)			应 用
	直齿圆柱齿轮	斜齿圆柱齿轮	直齿圆锥齿轮	
6级	≤15	≤25	≤9	高速重载的齿轮传动，如飞机、汽车和机床制造中的重要齿轮；分度机构的齿轮传动
7级	≤10	≤17	≤6	高速中载或中速重载的齿轮传动，如标准系列减速箱中的齿轮，汽车和机床制造中的齿轮
8级	≤5	≤10	≤3	机械制造中对精度无特殊要求的齿轮
9级	≤3	≤3.5	≤2.5	低速及对精度要求低的传动

9.5.4 齿轮的结构

齿轮的轮缘、轮辐和轮毂等的结构形状和尺寸，需要根据齿轮的直径大小、齿数、模数、齿宽和齿顶圆等进行合理选择。按照毛坯制造方法不同，齿轮结构分为锻造齿轮和铸造齿轮。

1. 锻造齿轮

1) 齿轮轴

当齿轮齿根圆直径与轴的直径相差较小时，通常将齿轮与轴制成一体，称为齿轮轴，如图9.12所示。

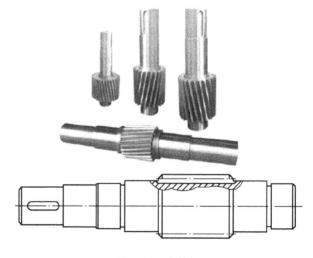

图9.12 齿轮轴

2）实体式齿轮

当轮缘内径与轮毂外径相差不大，轮毂长度大于或等于1.6倍轴径尺寸，并且齿顶圆直径小于160mm时，一般可将齿轮制成实体式齿轮，如图9.13所示。

图9.13　实体式齿轮

3）腹板式齿轮

当齿轮的齿顶圆直径 $d_a=400\sim500$mm 时，一般可将其制成腹板式齿轮，如图9.14(a)所示。为了减轻质量，便于装卸，往往在腹板上制作若干个圆孔，故也称为孔板式齿轮。

(a)　　　　　　　　　　　　(b)

图9.14　腹板式齿轮

2. 铸造齿轮

当齿顶圆直径 $d_a>500$mm 时，为减轻质量，减少惯性，可采用轮辐式齿轮，轮辐式齿轮宜采用铸钢或铸铁铸造毛坯，如图9.14(b)所示，齿轮的具体结构参见《机械设计手册》。

9.5.5 齿轮传动的润滑

齿轮传动润滑的目的是减少轮齿的摩擦损失、降低噪声、散热和延长使用寿命。

闭式齿轮的润滑方法主要根据齿轮圆周速度的大小来选择，常用润滑方法有浸油润滑、溅油润滑和喷油润滑等。

1. 浸油润滑

当齿轮圆周速度 $v \leqslant 12\text{m/s}$ 时，通常将大齿轮浸入油池中进行润滑，如图 9.15(a)所示。大齿轮浸入油中的深度约为 1 个齿高，但不应小于 10mm。浸入油中过深会增大齿轮运转阻力并使油温升高。

2. 溅油润滑

在多级齿轮传动中，可以采用带油轮将油溅到未浸入油池内的齿轮齿面上，如图 9.15(b)所示。带油轮可将油甩到齿轮箱壁上，有利于齿轮传动的散热。

3. 喷油润滑

当齿轮圆周速度 $v > 12\text{m/s}$ 时，由于圆周速度大，齿轮运转时搅油剧烈，并且黏附在齿廓面上的油容易被甩掉，因此不宜采用浸油润滑，而应采用喷油润滑。即用油泵将一定压力的润滑油喷到啮合齿轮的轮齿齿面上，如图 9.15(c)所示。

对于开式齿轮传动，由于其传动速度较低，通常采用人工定期加润滑脂的方式进行润滑。

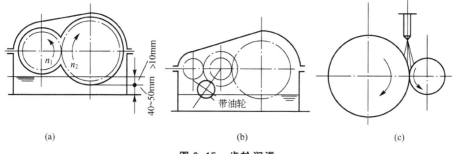

图 9.15 齿轮润滑

本 章 小 结

（1）齿轮基本参数有模数、齿数、齿顶高系数、顶隙系数和压力角。

（2）标准直齿圆柱齿轮几何尺寸计算有分度圆、齿顶圆、齿根圆和中心距的计算。

分度圆直径计算式 $d = mz$

齿顶圆直径计算式 $d_a = d \pm 2h_a$；外齿轮用"＋"号；内齿轮用"－"号。

齿根圆直径计算式 $d_f = d \pm 2h_f$；外齿轮用"－"号；内齿轮用"＋"号。

中心距计算式 $a = r_2 \pm r_1 = \dfrac{d_2 \pm d_1}{2} = \dfrac{m}{2}(z_2 \pm z_1)$；外啮合用"＋"号；内啮合用"－"号。

(3) 斜齿圆柱齿轮正确啮合条件 $\begin{cases} m_{n1}=m_{n2}=m \\ \alpha_{n1}=\alpha_{n2}=\alpha \\ \beta_1=\mp\beta_2 \end{cases}$, $\beta=8°\sim20°$

(4) 齿轮的仿形法与展成法加工特点是仿形法断续加工效率低、精度低；展成法加工效率和精度都高，用于大批量生产。

(5) 直齿圆柱齿轮不产生根切的最少齿数为 17 个齿。

(6) 齿轮精度等级有 12 级，速度高时选高精度等级，一般常用 6～9 级精度。

(7) 齿轮结构形式与齿轮直径有关，大直径时为了减轻惯性，减少材料，应采用轮辐式结构。

复习思考题

9-1 判断题

1. 齿轮传动是靠摩擦来实现传动的。（　　）
2. 斜齿圆柱齿轮传动的平稳性和承载能力都低于直齿圆柱齿轮传动。（　　）
3. 齿轮传动能保证传动比恒定不变。（　　）
4. 齿轮传动精度等级分为 20 个等级。（　　）

9-2 填空题

1. 斜齿圆柱齿轮的标准模数是指_____模数。
2. 直齿锥齿轮的标准模数是指_____模数。
3. 斜齿圆柱齿轮传动的正确啮合条件是_____，_____，_____。
4. 齿轮传动的主要失效形式有_____、_____、_____、_____和_____。

9-3 选择题

1. 与链传动相比，齿轮传动的优点是（　　）。
   A. 传动效率高　　　　　　　　B. 工作平稳，无噪声
   C. 承载能力大　　　　　　　　D. 能传递的中心距大
2. 直齿锥齿轮的标准模数是指（　　）。
   A. 法向模数　　　　　　　　　B. 轴向模数
   C. 小端端面模数　　　　　　　D. 大端端面模数
3. 齿轮采用渗碳淬火的热处理方法，则齿轮材料只可能是（　　）。
   A. 45　　　　B. ZG340～640　　C. T10　　　　D. 20CrMnTi

9-4 简答题

1. 直齿圆柱齿轮与斜齿圆柱齿轮传动的正确啮合条件是什么？
2. 齿轮传动有哪些优点？
3. 齿轮的失效形式有哪些？

9-5 计算题

1. 已知标准直齿圆柱齿轮的齿距 $p=12.566$mm，齿数 $z=25$，正常齿制。求该齿轮的分度圆直径 d、齿顶圆直径 d_a 和齿根圆直径 d_f。

2. 一对标准直齿圆柱齿轮传动，已知：$z_1=21$，$z_2=51$，$m=6$mm，主动齿轮转速 $n_1=960$r/min。求：(1)两齿轮传动的安装中心距 a。(2)被动齿轮转速。

3. 已知一标准直齿圆柱齿轮的齿数 $z_1=25$，测得齿顶圆直径为 135mm，要求为之配制一个配对传动的大齿轮，装入中心距 $a=300$mm 的齿轮箱内传递动力。试确定齿轮的模数 m 和所配制大齿轮的齿数。

课后答案

第 10 章

蜗杆传动

蜗杆传动属于大传动比，是能实现自锁的机构，常用于两根轴交错的动力传递，主要应用于间断性工作的汽车维修机械上。

蜗杆传动由蜗杆和蜗轮组成，如图 10.1 所示，通常两轴垂直交错，轴的交错角 $\Sigma=90°$。

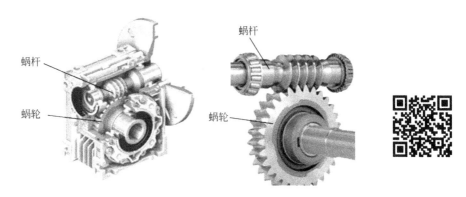

图 10.1 蜗杆传动

10.1　蜗杆传动的特点及类型

1. 蜗杆传动的特点

1) 优点

(1) 传动平稳，无噪声。因为蜗杆的齿是连续不断的螺旋齿，它与蜗轮轮齿啮合时是连续的，所以没有冲击和噪声。

(2) 传动比大，结构紧凑。蜗杆传动时一般单级传动比 $i=10\sim40$，这样大的传动比若用齿轮传动机构，则需采用多级传动，所以蜗杆传动的传动比大、结构紧凑。

(3) 能实现自锁。当蜗杆的螺旋线升角小于蜗杆与蜗轮材料的当量摩擦角时，蜗杆传动能实现自锁。

在一些起重设备中采用蜗杆传动能起到安保作用，重物可停悬在任意高度上，而不会因自重落下，这种安保作用就是利用了蜗杆传动的自锁性。

2) 缺点

(1) 效率低。蜗杆传动因其摩擦损失较大，致使传动效率低。当蜗杆传动能自锁时，效率仅达50%左右。

(2) 制造成本高。当蜗杆传动的速度高时，为了提高效率，减小磨损，需要采用青铜制造蜗轮，所以制造成本较高。

2. 蜗杆传动的类型

蜗杆传动的类型通常根据蜗杆形状和加工方法分类。根据蜗杆的形状可以分为圆柱面蜗杆传动、圆弧面蜗杆传动和锥面蜗杆传动，如图10.2所示。动力传动中最常用的是阿基米德圆柱蜗杆传动。

(a) 圆柱面蜗杆传动

(b) 圆弧面蜗杆传动

(c) 锥面蜗杆传动

图 10.2　蜗杆传动类型

10.2　蜗杆传动的主要参数和几何尺寸

1. 中间平面的概念

对于两轴线垂直交错的阿基米德圆柱蜗杆传动，通过蜗杆轴线并垂直于蜗轮轴线的平面称为中间平面，如图10.3所示。

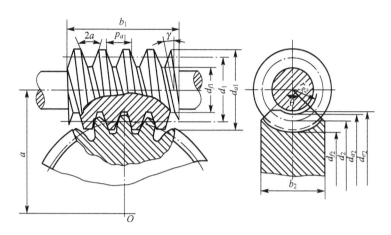

图 10.3 阿基米德圆柱蜗杆传动

在中间平面内蜗杆与蜗轮的啮合传动相当于斜齿条与斜齿轮的啮合传动,因此,蜗杆传动参数是以中间平面为基准的。

2. 正确啮合条件

蜗杆传动正确啮合条件是蜗杆分度圆上的轴面模数和蜗轮分度圆上的端面模数相等;蜗杆分度圆上的轴向压力角与蜗轮分度圆上的端面压力角相等;蜗杆分度圆上的螺旋线升角 γ 与蜗轮分度圆上的螺旋角 β 均应相等,即

$$m_{a1}=m_{t2}=m$$
$$\alpha_{a1}=\alpha_{t2}=\alpha \quad (10-1)$$
$$\gamma=\beta$$

式中　m_{a1}——蜗杆的轴面模数;
　　　m_{t2}——蜗轮的端面模数;
　　　α_{a1}——蜗杆的轴面压力角;
　　　α_{t2}——蜗轮的端面压力角;
　　　γ——蜗杆的螺旋线升角;
　　　β——蜗轮的螺旋角。

3. 主要参数

1) 模数和压力角

蜗杆传动中,蜗杆的轴面模数和轴面压力角、蜗轮分度圆上的端面模数和端面压力角均为标准值。阿基米德圆柱蜗杆传动的标准压力角规定同齿轮一样,为 $\alpha=20°$,模数需要根据蜗轮轮齿的强度确定,也需要符合国家标准规定的标准数值。

2) 齿数和传动比

(1) 蜗杆头数。蜗杆的头数(或螺旋线数)应根据要求的传动比并考虑效率来选定。一般头数为 $z_1=1\sim4$。当 $z_1=1$ 时,可得到较大的传动比,结构紧凑,能够实现自锁,但传动效率较低;蜗杆头数增多,传动效率相应增高,但蜗杆头数太多,会带来蜗杆加工的困难。所以一般 z_1 不超过 4,常用的是 $z_1=1\sim2$。

(2) 蜗轮齿数。蜗轮齿数 $z_2=iz_1$，通常取 $z_2=28\sim80$。若 $z_2<28$，会使蜗轮齿根强度不足，不能保证传动的平稳性与使用寿命；若 $z_2>80$，会使蜗轮结构尺寸过大，蜗杆长度也随之增加，致使蜗杆刚度降低。

(3) 传动比。设蜗杆头数为 z_1，蜗轮齿数为 z_2，则蜗杆传动的传动比为

$$i=\frac{\omega_1}{\omega_2}=\frac{n_1}{n_2}=\frac{z_2}{z_1}\neq\frac{d_2}{d_1} \tag{10-2}$$

式中　ω_1、ω_2——蜗杆和蜗轮的角速度(rad/s)；

　　　n_1、n_2——蜗杆和蜗轮的转速(r/min)；

　　　d_1、d_2——蜗杆和蜗轮分度圆的直径(mm)。

3) 蜗杆分度圆直径和螺旋线升角

蜗杆分度圆柱面的展开图如图 10.4 所示。由图可知

$$\tan\gamma=\frac{s}{\pi d_1}=\frac{z_1 p_a}{\pi d_1}=\frac{z_1 \pi m}{\pi d_1}=\frac{z_1 m}{d_1} \tag{10-3}$$

当蜗杆的螺旋线升角 γ 小于材料的当量摩擦角时，蜗杆传动可实现自锁，通常取 $\gamma=3°\sim5°$。

自锁时只能蜗杆带动蜗轮转动，蜗轮不能带动蜗杆转动，自锁时的效率低于 50%。

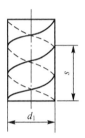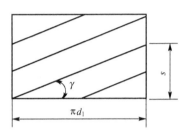

图 10.4　蜗杆分度圆柱面展开图

4. 几何尺寸计算

阿基米德圆柱蜗杆传动的几何尺寸关系如图 10.3 所示，其主要尺寸计算公式列于表 10-1 中。

表 10-1　蜗杆传动几何尺寸计算表

蜗杆分度圆直径	d_1	$d_1=mq$
蜗杆齿顶圆直径	d_{a1}	$d_{a1}=d_1+2h_a=d_1+2m$
蜗杆齿根圆直径	d_{f1}	$d_{f1}=d_1-2h_f=d_1-2.4m$

1) 蜗杆直径系数

蜗杆的直径系数用 q 表示

$$q=\frac{d_1}{m}$$

则

$$d_1=mq \tag{10-4}$$

特别提示

q 值大，蜗杆的直径大，蜗杆的刚度好。

2) 中心距

蜗杆传动的标准中心距用 a 表示，中心距等于蜗杆分度圆半径与蜗轮分度圆半径之和

$$a = r_1 + r_2 = \frac{d_1 + d_2}{2} = \frac{m}{2}(q + z_2) \tag{10-5}$$

$$a \neq \frac{m}{2}(z_1 + z_2)$$

10.3 蜗杆蜗轮常用材料和结构

1. 蜗杆蜗轮常用材料

蜗杆和蜗轮的材料不仅要有足够的强度，还必须具有良好的减摩性、耐磨性和抗胶合的能力。因此，当蜗杆传动的速度高时，采用青铜蜗轮与淬硬的钢制蜗杆相匹配。

1) 蜗杆常用材料

对于汽车维修机械，蜗杆一般用碳钢或合金钢制造。在高速、重载、载荷变化较大的条件下，常用优质低碳合金钢 20Cr、20CrMnTi 等材料，经渗碳、淬火加低温回火处理，硬度为 58~63HRC；载荷平稳的条件下常用优质碳素钢 45、40Cr 等，经表面淬火处理，硬度为 45~55HRC；对于速度低、不太重要的传动蜗杆，可采用优质碳素钢 35、40、45 进行调质处理，硬度为 220~270HBW。

2) 蜗轮常用材料

蜗轮常用材料为铸造锡青铜（ZCuSn10Pb1、ZCuSn5Pb5Zn5）、铸造铝铁青铜（ZCuAl10Fe3）及灰铸铁（HT150、HT200）等。锡青铜耐磨性最好，但价格高，用于滑动速度 $v_s \geq 4\text{m/s}$ 的重要场合；铝铁青铜耐磨性较锡青铜差一些，但价格便宜，一般用于滑动速度 $v_s \leq 4\text{m/s}$ 的传动；对传动要求不高，低速轻载时可采用灰铸铁。

2. 蜗杆和蜗轮的结构

1) 蜗杆的结构

蜗杆的直径较小，一般与轴制成为一体，如图 10.5 所示。

图 10.5(a)所示为车削蜗杆，车削螺旋部分要留有退刀槽，因而削弱了蜗杆轴的刚度。

图 10.5(b)所示为铣削蜗杆，在轴上直接铣出螺旋部分，无退刀槽，因而蜗杆轴的刚度好。当蜗杆螺旋部分的直径较大时，可以将蜗杆与轴分开制作。

2) 蜗轮的结构

蜗轮的结构如图 10.6 所示，铸铁或直径小于 100mm 的青铜蜗轮可以做成整体浇铸式，如图 10.6(a)所示。

为减少贵重金属材料的青铜用量，蜗轮常由青铜齿圈和铸铁轮心组成，可以做成齿

圈与轮心压配式或拼铸式结构,如图 10.6(b)或图 10.6(c)所示。

大尺寸蜗轮可以采用螺栓连接结构,如图 10.6(d)所示。

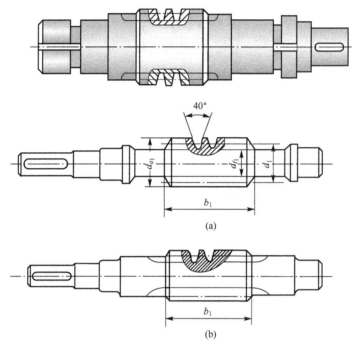

图 10.5 蜗杆结构

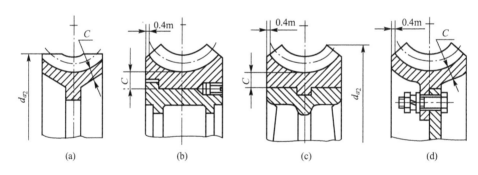

图 10.6 蜗轮的结构

本 章 小 结

(1) 蜗杆传动主要用于单级传动比大、间断性工作的场合,蜗杆传动能实现自锁。

(2) 蜗杆传动正确啮合的条件是蜗杆分度圆上的轴面模数和蜗轮分度圆上的端面模数相等;蜗杆分度圆上的轴向压力角与蜗轮分度圆上的端面压力角相等;蜗杆分度圆上的螺旋线升角 γ 与蜗轮分度圆上的螺旋角 β 均应相等。即

$$m_{a1} = m_{t2} = m$$
$$\alpha_{a1} = \alpha_{t2} = \alpha$$

$$\gamma = \beta$$

(3) 传动比计算。设蜗杆头数为 z_1，蜗轮齿数为 z_2，蜗杆传动的传动比为

$$i = \frac{\omega_1}{\omega_2} = \frac{n_1}{n_2} = \frac{z_2}{z_1} \neq \frac{d_2}{d_1}$$

(4) 蜗杆的直径系数。

$$q = \frac{d_1}{m}$$

(5) 中心距计算。

$$a = r_1 + r_2 = \frac{d_1 + d_2}{2} = \frac{m}{2}(q + z_2); \quad a \neq \frac{m}{2}(z_1 + z_2)$$

(6) 蜗杆与蜗轮材料。汽车维修机械蜗杆一般用碳钢制造；蜗轮的常用材料为铸造锡青铜（ZCuSn10Pb1、ZCuSn5Pb5Zn5）、铸造铝铁青铜（ZCuAl10Fe3）及灰铸铁（HT150、HT200）等。

复习思考题

10-1　简答题

1. 蜗杆传动的优点有哪些？
2. 蜗杆传动的标准参数在什么平面内？
3. 蜗杆传动的正确啮合条件是什么？

10-2　判断题

1. 蜗杆传动一般以蜗杆为主动件，蜗轮为从动件。（　　）
2. 蜗杆传动比齿轮传动效率高。（　　）
3. 蜗杆传动常用于连续性工作的场合。（　　）

10-3　选择题

1. 具有自锁作用的传动是（　　）。
   A. 皮带传动　　　　B. 链传动　　　　C. 蜗杆传动　　　　D. 齿轮与齿条传动
2. 与齿轮传动相比，（　　）不能作为蜗杆传动的优点。
   A. 传动平稳、噪声小　　　　B. 传动比可以较大
   C. 可产生自锁　　　　D. 传动效率高
3. 蜗杆直径系数 $q = $（　　）。
   A. $q = d_1/m$　　B. $q = d_a/m$　　C. $q = a/d$　　D. $q = a/m$
4. 蜗杆常用材料是（　　）。
   A. HT150　　B. ZCuSn10Pb1　　C. 45　　D. GCr15

课后答案

第 11 章

轮系在汽车机械上的应用

在汽车机械中,仅采用一对齿轮传动往往不能满足不同的工作需要,此时,通常采用若干对彼此相互啮合的齿轮进行传动,这种由一系列相互啮合的齿轮组成的传动系统称为轮系。轮系中可以同时包括圆柱齿轮、锥齿轮、蜗轮蜗杆等,轮系传动主要研究轮系的传动比和轮系的应用。

第 11 章　轮系在汽车机械上的应用

11.1　轮系的分类

在轮系传动中若各轮的轴线均相互平行，则称为平面轮系，否则称为空间轮系。另外，根据轮系传动时各轮轴线位置相对于机架是否固定，将轮系分为定轴轮系和周转轮系两大类。

1. 定轴轮系

轮系传动时轮系中各个轮的轴线位置相对于机架都保持固定不变的这种轮系称为定轴轮系，如图 11.1 所示。

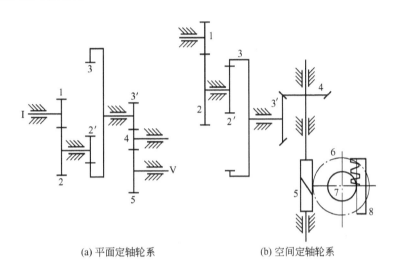

(a) 平面定轴轮系　　　　　(b) 空间定轴轮系

图 11.1　定轴轮系传动

图 11.1(a)所示的轮系中，各个齿轮轴线都是相互平行的，这种轮系称为平面定轴轮系。

图 11.1(b)所示的轮系中，各个齿轮的轴线不全是完全相互平行的，这种轮系称为空间定轴轮系。

2. 周转轮系

轮系传动时轮系中至少有一个齿轮的轴线没有被固定，该没有被固定的齿轮是绕其他齿轮圆周方向转动的，这种轮系称为周转轮系。

周转轮系中，轴线位置固定不变的齿轮称为太阳轮，图 11.2 中的齿轮 1 和齿轮 3 为太阳轮，齿轮 2 除了绕自身的轴线做自转外，还要绕齿轮 1 和齿轮 3 的圆周做公转，这种轴线绕其他太阳轮转动的齿轮称为行星轮，支承行星轮的构件 H 称为行星架（或转臂）。

周转轮系也可分为平面周转轮系和空间周转轮系，图 11.2 所示的轮系中，各个齿轮轴线均相互平行，所以称为平面周转轮系。图 11.3 所示轮系中各轮的轴线不完全平行，该轮系为空间周转轮系。

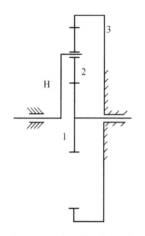

图 11.2 平面周转轮系

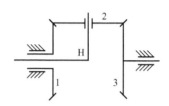

图 11.3 空间周转轮系

11.2 定轴轮系的传动比计算

轮系传动比是指轮系中首、末两轮的角速度之比或转速之比。假设轮系由 k 个齿轮组成，其中 G、k 分别为首、末两轮的代号，则该轮系的传动比计算式为

$$i_{G,k} = \frac{\omega_G}{\omega_k} = \frac{n_G}{n_k} \tag{11-1}$$

轮系的传动比包括传动比的大小和转向两个方面的内容。

1. 平面定轴轮系的传动比计算

在平面定轴轮系中由于各个轮的轴线都相互平行，首、末两轮的转向可用符号"+"或"-"来表示。"+"号表示末轮的转向与首轮的转向相同；"-"号表示末轮的转向与首轮的转向相反。

一对外啮合的轮子的转向相反，用"-"号表示；一对内啮合的轮子的转向相同，用"+"号表示。

图 11.1(a)所示轮系中的各对齿轮传动的传动比如下。

齿轮 1 和齿轮 2

$$i_{1,2} = \frac{n_1}{n_2} = -\frac{z_2}{z_1}$$

齿轮 $2'$ 和齿轮 3

$$i_{2',3} = \frac{n_{2'}}{n_3} = \frac{z_3}{z_{2'}}$$

齿轮 $3'$ 和齿轮 4

$$i_{3',4} = \frac{n_{3'}}{n_4} = -\frac{z_4}{z_{3'}}$$

齿轮 4 和齿轮 5

$$i_{4,5} = \frac{n_4}{n_5} = -\frac{z_5}{z_4}$$

其中，$n_2=n_{2'}$，$n_3=n_{3'}$，则

$$i_{1,2}i_{2',3}i_{3',4}i_{4,5}=\frac{n_1}{n_2}\frac{n_{2'}}{n_3}\frac{n_{3'}}{n_4}\frac{n_4}{n_5}=\frac{n_1}{n_5}=i_{1,5}$$

同时

$$i_{1,5}=\left(-\frac{z_2}{z_1}\right)\left(\frac{z_3}{z_{2'}}\right)\left(-\frac{z_4}{z_{3'}}\right)\left(-\frac{z_5}{z_4}\right)=(-1)^3\frac{z_2z_3z_4z_5}{z_1z_{2'}z_{3'}z_4}$$

由上式推广，可得到平面定轴轮系的传动比计算公式为

$$i_{G,k}=(-1)^m\frac{\text{从}G\text{到}k\text{各从动轮齿数连乘积}}{\text{从}G\text{到}k\text{各主动轮齿数连乘积}} \tag{11-2}$$

式中，m 为轮系中外啮合的齿对数。如果外啮合的齿对数为偶数，表示首、末两轮的转向相同；如果外啮合的齿对数为奇数，表示首、末两轮的转向相反。

例 11-1 图 11.4 所示轮系中，各齿轮均为标准齿轮，$z_1=z_2=z_{3'}=z_4=20$，齿轮 1、3、3′ 和 5 同轴线，齿轮 1 的转速为 $n_1=1440\text{r/min}$，求齿轮 5 的转速 n_5。

解： 该轮系为定轴轮系，齿轮 2、4 为惰轮，齿轮 1 与齿轮 2、齿轮 3′ 与齿轮 4 是外啮合，齿轮 2 与齿轮 3、齿轮 4 与齿轮 5 是内啮合，外啮合次数是 2 次，为偶数，故有

$$i_{1,5}=\frac{n_1}{n_5}=(-1)^2\frac{z_3z_5}{z_1z_{3'}}$$

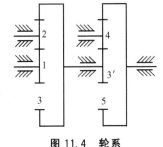

图 11.4 轮系

由于齿轮 1 与齿轮 3 和齿轮 3′ 共轴线，根据标准齿轮 1、2、3 啮合的中心距关系，有

$$\frac{m}{2}(z_1+z_2)=\frac{m}{2}(z_3-z_2)$$

式中 m 为齿轮模数，由上式整理可得

$$z_3=z_1+2z_2=20+2\times 20=60$$

同理可得

$$z_5=z_{3'}+2z_4=20+2\times 20=60$$

故

$$n_5=n_1\frac{z_1z_{3'}}{z_3z_5}=1440\times\frac{20\times 20}{60\times 60}=160(\text{r/min})$$

2. 空间定轴轮系的传动比计算

空间定轴轮系传动比的计算方法与平面定轴轮系传动比计算相似，即

$$i_{G,k}=\frac{\text{从}G\text{到}k\text{各从动轮齿数连乘积}}{\text{从}G\text{到}k\text{各主动轮齿数连乘积}} \tag{11-3}$$

所不同的是，不能以传动比的"+"号或"−"号来表示首、末轮的转向关系。此时，要用在轮系图上的各轮轴上画箭头的方法，表示该轮的转向。若两个轮为外啮合，两轮转向相反，则两轮画在轴上的箭头方向相反；若两个轮为内啮合，两轮的转向相同，则两轮画在轴上的箭头方向应相同；若两个轮是锥齿轮啮合传动，则画在齿轮各自轴上的箭头方向应背离两个齿轮的啮合点，或指向两个齿轮的啮合点。

例 11-2 在图 11.1(b)所示的轮系中，已知各齿轮的齿数 $z_1=20$，$z_2=40$，$z_{2'}=15$，$z_3=60$，$z_{3'}=18$，$z_4=18$，$z_7=20$，齿轮 7 的模数 $m=3\text{mm}$，蜗杆头数为 1（左旋），蜗轮

齿数 $z_6=40$。齿轮 1 为主动轮，转向如图 11.1(b)所示，转速 $n_1=500\text{r/min}$，试求齿条 8 的速度和移动方向。

解：（1）求传动比。

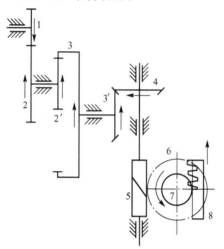

图 11.5 空间定轴轮系

$$i_{16}=\frac{n_1}{n_6}=\frac{z_2 z_3 z_4 z_6}{z_1 z_{2'} z_{3'} z_5}=\frac{40\times 60\times 18\times 40}{20\times 15\times 18\times 1}=320$$

（2）求蜗轮 6 转速。

$$n_6=\frac{n_1}{i_{16}}=\frac{500}{320}=1.5625(\text{r/min})$$

因齿轮 7 与蜗轮 6 共享一根轴，$n_7=n_6$。

齿条 8 的移动速度与齿轮 7 分度圆上的速度相等。

$$v_8=v_7=r_7\omega_7=\frac{d_7}{2}\cdot\frac{\pi n_7}{30}=\frac{mz_7}{2}\cdot\frac{\pi n_7}{30}$$
$$=\frac{3\times 20}{2}\cdot\frac{\pi\times 1.5625}{30}=4.9(\text{mm/s})$$

（3）用画箭头的方法得到齿条的移动方向为向上，如图 11.5 所示。

11.3 周转轮系的传动比

11.3.1 转化轮系概念

图 11.6(a)所示周转轮系中的行星齿轮 2 既绕自身轴做自转，又绕齿轮 1 和齿轮 3 同时做公转，其传动比的计算不能直接采用定轴轮系传动比的计算公式来计算。

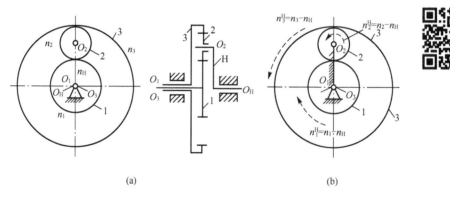

图 11.6 转化轮系
1、3—齿轮；2—行星齿轮

通过与定轴轮系比较可知，周转轮系与定轴轮系的根本差别就在于行星架 H 是转动的。假若将行星架 H 固定不动，则周转轮系就可以转化为定轴轮系。把假定行星架固定不动的轮系称为原周转轮系的"转化轮系"。转化轮系的传动比可用定轴轮系传动比的计算公式。

转化轮系采用的方法就是将整个周转轮系加上一个与行星架 H 转向相反的转数"$-n_H$",行星架 H 的转数由"n_H"变为"0",如图 11.6(b)所示。

根据相对运动原理可知,在转化轮系中各个构件相对运动关系不变,但各构件转数发生了变化。各构件转化前后的转数见表 11-1。

表 11-1 各构件转化前后的转数

构件	原转数	在转化轮系中的转数
行星架 H	n_H	$n_H^H = n_H - n_H = 0$
行星轮 2	n_2	$n_2^H = n_2 - n_H$
中心轮 3	n_3	$n_3^H = n_3 - n_H$
中心轮 1	n_1	$n_1^H = n_1 - n_H$

11.3.2 转化轮系传动比

转化之后的轮系相当于定轴轮系,因此,其传动比可比照定轴轮系计算为

$$i_{G,k}^H = \frac{n_G^H}{n_k^H} = \frac{n_G - n_H}{n_k - n_H} = -\frac{z_3}{z_1}$$

由此推广,可得平面周转轮系传动比计算公式为

$$i_{G,k}^H = \frac{n_G - n_H}{n_k - n_H} = (-1)^m \frac{\text{从 } G \text{ 到 } k \text{ 各从动齿轮连乘积}}{\text{从 } G \text{ 到 } k \text{ 各主动齿轮连乘积}} \quad (11-4)$$

例 11-3 在图 11.7 所示的轮系中,各轮的齿数为 $z_1=15$,$z_2=25$,$z_3=15$,$z_4=60$,$n_1=200\text{r/min}$,$n_4=50\text{r/min}$,且两太阳轮 1、4 转向相反,试求行星架转速 n_H 及行星轮转速 n_3。

解:(1) 求 n_H,由式(11-4)有

$$i_{14}^H = \frac{n_1^H}{n_4^H} = \frac{n_1 - n_H}{n_4 - n_H} = -\frac{z_2 z_4}{z_1 z_3}$$

$$\frac{200 - n_H}{(-50) - n_H} = -\frac{25 \times 60}{15 \times 20}$$

$$n_H = -\frac{50}{6}(\text{r/min})$$

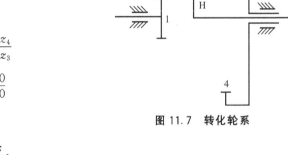

图 11.7 转化轮系

负号说明行星架与轮 1 的转向相反。

(2) 求 n_3。

$$n_2 = n_3$$

$$i_{12}^H = \frac{n_1 - n_H}{n_2 - n_H} = -\frac{z_2}{z_1}$$

或者

$$i_{34}^H = \frac{n_3 - n_H}{n_4 - n_H} = \frac{z_4}{z_3}$$

$$i_{12}^H = \frac{200-\left(-\frac{50}{6}\right)}{n_2-\left(-\frac{50}{6}\right)} = -\frac{25}{15}$$

$$n_2 = -133.33 \text{(r/min)}$$

$$n_3 = n_2 = -133.33 \text{ r/min}$$

负号表示轮 3 与轮 1 转向相反。

11.4 轮系的功用

轮系在各种机械中的应用十分广泛，其主要功能有实现大传动比传动、实现远距离传动、实现变速传动等。

11.4.1 实现大传动比传动

当机构传动需要较大的传动比时，如果仅用一对齿轮传动，势必造成小齿轮的齿数少，大齿轮的齿数很多，使两轮的尺寸相差很大，从而导致小齿轮极易损坏。采用周转轮系，则可以用很少几个齿轮获得很大的传动比，结构紧凑，节约材料，新型减速机通常采用周转轮系来实现大传动比传动。

例 11-4 在图 11.8 所示的行星轮系中，已知 $z_1 = z_{2'} = 100$，$z_2 = 99$，$z_3 = 101$，行星架 H 为原动件，试求传动比 i_{H1}。

解：根据式(11-4)有

$$i_{13}^H = \frac{n_1-n_H}{n_3-n_H} = \frac{n_1-n_H}{0-n_H} = \frac{z_2 z_3}{z_1 z_{2'}} = \frac{99 \times 101}{100 \times 100}$$

$$n_1 - n_H = \frac{99 \times 101}{10000}(-n_H)$$

$$n_1 = n_H \left(1 - \frac{99 \times 101}{10\,000}\right)$$

所以有 $\quad i_{1H} = \dfrac{n_1}{n_H} = 1 - \dfrac{99 \times 101}{10\,000} = \dfrac{1}{10\,000}$

则 $\quad\quad\quad\quad i_{H1} = 10\,000$

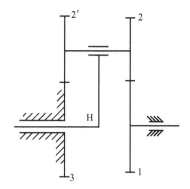

图 11.8 行星轮系

计算结果说明，这种轮系的传动比极大，当系杆 H 转 10 000 转时，齿轮 1 才转过 1 转。

11.4.2 实现远距离传动

如图 11.9 中的齿轮 1 与齿轮 2，如果仅用一对齿轮传动，两轮的直径必然需要很大。

这样既占用空间又浪费材料，若改用轮系传动，还是同样大小的中心矩，采用 4 个齿轮 a、b、c、d 的传动布置形式，则整个机构更紧凑，机构所用的材料也会减少很多。

第 11 章　轮系在汽车机械上的应用

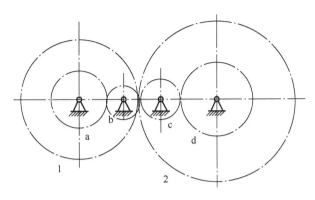

图 11.9　实现远距离传动

11.4.3　实现变速传动

图 11.10 所示为汽车主轴的变速箱。

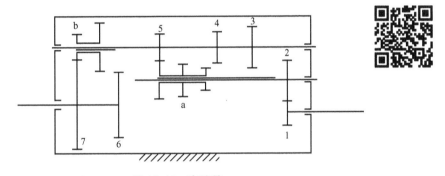

图 11.10　变速箱

齿轮 6 和齿轮 7 共享一根轴为输出轴，利用双联滑移齿轮 b 或三联滑移齿轮 a 的移动，与不同齿数的齿轮相啮合，这样就可在主动轴转速不变的情况下，使从动轴获得多种转速。

本 章 小 结

（1）定轴轮系传动时轮系中各个轮的轴线位置相对于机架都保持固定不变。

（2）周转轮系传动时轮系中至少有一个齿轮的轴线没有被固定，该没有被固定的齿轮绕其他齿轮作圆周方向转动。

（3）平面定轴轮系传动比的计算公式为 $i_{G,k}=(-1)^m\dfrac{\text{从 }G\text{ 到 }k\text{ 各从动轮齿数连乘积}}{\text{从 }G\text{ 到 }k\text{ 各主动轮齿数连乘积}}$。

（4）空间定轴轮系传动比的计算公式为 $i_{G,k}=\dfrac{\text{从 }G\text{ 到 }k\text{ 各从动轮齿数连乘积}}{\text{从 }G\text{ 到 }k\text{ 各主动轮齿数连乘积}}$。

（5）转化轮系传动比计算公式为 $i_{G,k}^{H}=\dfrac{n_G-n_H}{n_k-n_H}=(-1)^m\dfrac{\text{从 }G\text{ 到 }k\text{ 各从动齿轮连乘积}}{\text{从 }G\text{ 到 }k\text{ 各主动齿轮连乘积}}$。

复习思考题

11-1 判断题

1. 只把由一系列齿轮传动所组成的传动系称为轮系。（　　）
2. 轮系传动中各齿轮的几何轴线均是固定的，则这种轮系称为周转轮系。（　　）
3. 定轴轮系的传动比等于从动轮(末轮)的转速与主动轮(首轮)转速之比。（　　）

11-2 计算题

1. 图11.11所示轮系中，各轮齿数为 $z_1=20$，$z_2=40$，$z_{2'}=20$，$z_3=30$，$z_{3'}=20$，$z_4=40$。试求传动比 $i_{1,4}$，并标出齿轮4的转动方向。

2. 图11.12所示传动机构，已知：$z_1=1$，$z_2=40$，$z_{2'}=28$，$z_3=35$，$z_{3'}=25$，$z_4=25$，$z_5=25$。求传动比 $i_{1,5}$，并标出各齿轮的转向。

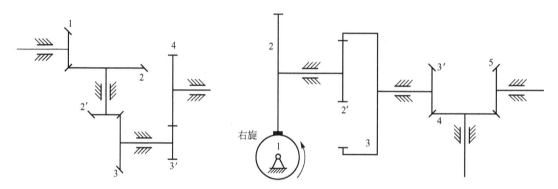

图11.11　轮系　　　　　图11.12　传动机构

课后答案

第12章

平面运动机构在汽车机械上的应用

平面运动机构中各构件的运动形式是多种多样的，比如汽车发动机中活塞相对于缸体的运动为平行移动，曲轴相对于缸体的运动为定轴转动，平行移动和定轴转动属于简单运动。而发动机中连接活塞销与曲轴的连杆既不是做移动，也不是做转动，连杆做的是平面运动，构件做平面运动属于复杂运动。本章主要研究平面机构的结构组成和工作原理。

12.1 构件和运动副

12.1.1 构件的自由度

构件是机构中运动的单元体,因此它是组成机构的基本要素。构件的自由度是构件可能出现的独立运动。任何一个构件在空间自由运动时皆有 6 个自由度,它可表达为在直角坐标系内沿着 3 个坐标轴的移动和绕 3 个坐标轴的转动。而对于一个做平面运动的构件,则只有 3 个自由度,如图 12.1 所示。

构件 AB 可以在 xOy 平面内的任一点绕 z 轴转动,也可沿 x 轴或 y 轴方向移动。这 3 个自由度可以用 3 个独立参数 x、y 和转角 α 表示。

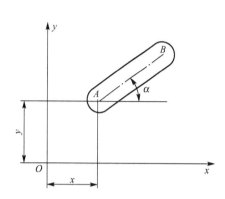

图 12.1 平面运动构件的自由度

12.1.2 运动副与约束

平面机构中每个构件都不是自由构件,而是以一定的连接方式与其他构件组成动连接。这种使两构件直接接触并能产生一定相对运动的连接,称为运动副,如图 12.2 所示。

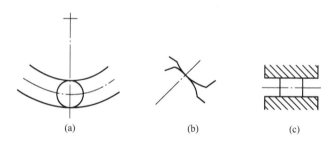

图 12.2 运动副

两构件组成运动副后,就限制了构件各自的独立运动。

两构件组成运动副相互接触的点、线和面称为运动副元素,运动副是组成机构的主要要素。

两构件组成运动副后,限制了两构件间的相对运动,把对构件运动的限制称为约束。

12.1.3 运动副分类及其特点

根据两构件组成运动副之间的接触特性,把运动副分为低副和高副两种。

1. 低副

两构件以面接触时的运动副称为低副。根据它们之间的相对运动是转动还是移动，低副又分为转动副和移动副两种。

1) 转动副

若两构件组成运动副后只能在平面内做相对转动，这种运动副称为转动副(也常称为铰链)。图 12.3(a)所示的轴承与轴组成的转动副，它有一个构件是固定的，故称为固定铰链。图 12.3(b)中构件 1 与构件 2 也组成了转动副，它的两个构件都未被固定，称为中间铰链。

2) 移动副

组成运动副的两构件只能做往复直线移动的运动副称为移动副，如图 12.4 所示。例如发动机的活塞与气缸体所组成的运动副即为移动副。

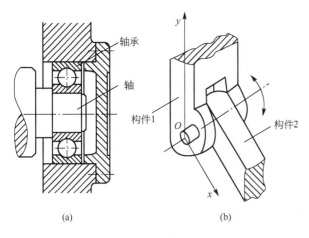
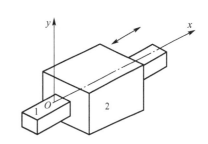

图 12.3　转动副　　　　　　　　　图 12.4　移动副

2. 高副

两构件以点或线接触的运动副称为高副。

图 12.5(a)中的车轮与钢轨，图 12.5(b)中的凸轮与从动件，图 12.5(c)中的齿轮 1 与齿轮 2 分别在其接触处组成高副。

平面机构中的高副对每个构件引入一个约束，每个构件还保留两个自由度；平面机构中的低副对每个构件引入两个约束，每个构件还保留一个自由度。

此外，常用的运动副还有如图 12.6(a)和图 12.6(b)所示的球面副，图 12.6(c)所示的螺旋副。球面副和螺旋副都属于空间运动副。

12.1.4　运动链和机构

两个以上的构件以运动副连接而构成的系统称为运动链。

构件未构成首、末相连的运动链称为开链，如图 12.7 所示。

构件首、末构件相连的运动链称为闭链，如图 12.8(a)所示。

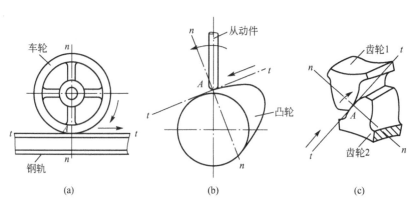

图 12.5 平面高副

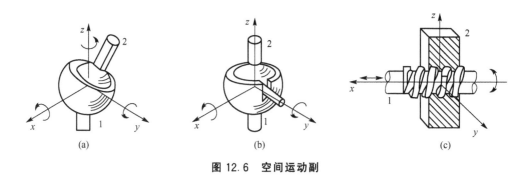

图 12.6 空间运动副

机构中固定不动的构件称为机架,在机构中机架通常用斜度为 45°、长度相等的短斜线表示。

在运动链中,如果将某一个构件固定成为机架,而让其他几个构件按给定运动规律相对固定构件运动,如果运动链中其他各构件都有确定的相对运动,则此运动链称为机构,如图 12.8(b)所示。

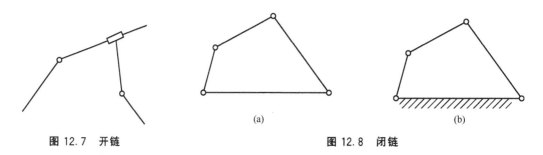

图 12.7 开链　　　　　　　　　图 12.8 闭链

12.2 平面机构运动简图

工程中实际构件的结构往往很复杂,在研究机构运动时,为了使问题简化,没必要考虑那些与运动无关的因素(如构件的形状、组成构件的零件数目、运动副的具体构造等),仅用简单的线条和符号画出图形来进行方案讨论和运动分析。用规定的符号和线条按一定的比例表示构件的尺寸和运动副的相对位置,并能完全反映机构运动特征的简图称为机构运动简图。机构运动简图的内容如下。

(1) 构件数目与原动件数目。

(2) 运动副的类型。

(3) 构件之间的连接关系。

(4) 构件尺寸参数。

12.2.1 运动副及构件的表示方法

1. 运动副

转动副常用一个小圆圈表示,其圆心代表相对转动的轴线。

图 12.9(a)和图 12.9(b)表示的转动副也称活动铰链,图 12.9(c)和图 12.9(d)表示有一个构件当作机架的转动副,也称固定铰链。

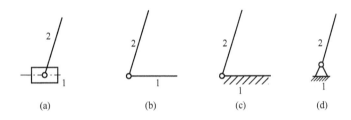

图 12.9 转动副的表示

图 12.10 所示为两个构件组成移动副的表示方法。图 12.10(a)～图 12.10(c)所示为两个构件组成移动副均未固定的表示方法,图 12.10(d)～图 12.10(f)所示为两个构件组成移动副,固定其中的一个构件为机架的表示方法。

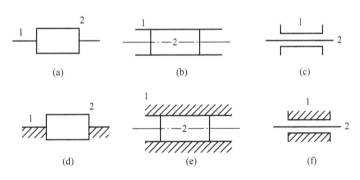

图 12.10 移动副的表示

2. 构件

构件均用线段或小方块等来表示。

当一个构件上的两个运动副元素均为转动副时,该构件用通过两个转动副的几何中心所连的线段来表示，如图12.11（a）所示。当构件具有一个转动副，而另一个为移动副时，构件的表示如图12.11（b）所示，习惯上，图12.11（b）常用图12.11（c）来表示。

在一般情况下，具有3个转动副元素的构件通常用三角形来表示，如图12.12（a）所示。如果在同一构件上的3个转动副元素中心位于一条直线上，则用图12.12（b）表示。

对于机械中常用的构件和零件，还可采用人们的习惯画法，如图12.13所示。

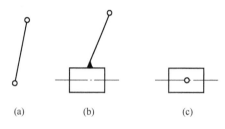

图12.11 具有两个运动副元素的构件

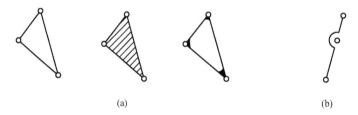

图12.12 具有3个转动副元素的构件

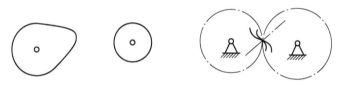

图12.13 凸轮、滚子及齿轮的画法

用完整的轮廓曲线表示凸轮、滚子，用点画线画出一对节圆表示一对相互啮合的齿轮等。

其他零部件的表示方法可查看《简图用图形符号 第7部分：基本机械构件》（GB/T 20063.7—2006）。

12.2.2 平面机构运动简图的绘制

绘制平面机构运动简图时，通常可按照下列步骤进行。

（1）分析机构的运动，确定机构中的机架、原动件和从动件，点清构件数。

（2）从原动件开始，沿着运动传递路线，分析各构件间的相对运动性质，确定运动副的种类、数目及各运动副的位置。

（3）选择合适的投影平面（多数构件所在的平面），将原动件放置于一个合适的位置，以便清楚地表达机构的运动关系。

（4）确定绘图比例。

（5）从原动件开始，按机构运动传递顺序，用规定的符号和线条绘制机构运动简图，给构件编号，标注出原动件。

第 12 章 平面运动机构在汽车机械上的应用

> **特别提示**
>
> 绘制机构的运动简图时，机构的瞬时位置不同，所绘制的简图也不同。如位置选择不当，则会出现构件间的相互重叠或交叉，使简图不易绘制及辨认。因此要清楚地表示各构件间的相互关系，还应选择恰当的机构运动瞬时位置。一般情况下，只要使主动件相对机架处于某一个恰当的位置，即可得到一个合适的机构瞬时位置。

例 12-1 试绘制图 12.14(a)所示货车翻斗自动卸料机构的运动简图。

解：(1) 分析机构运动，确定构件数目。图示货车翻斗自动卸料机构是利用油压推动活塞杆 3 撑起翻斗 2，使翻斗绕支点 B 翻转，物料便自动卸下。机构工作时，液压缸缸体 4 能绕支点 C 摆动。该机构中车体 1 是固定件、活塞杆 3 是原动件，翻斗 2 和液压缸缸体 4 为从动件，共有 4 个构件。

(2) 确定运动副的类型、数目。活塞杆 3 与液压缸缸体 4 的连接是移动副，活塞杆 3 与翻斗 2、翻斗 2 与车体 1 及液压缸缸体 4 与车体 1 的连接分别是 A、B、C 处的转动副。

(3) 测量各运动副间的相对位置。测量 L_{AB}、L_{BC} 及与 BC 水平线的夹角。

(4) 选择翻斗 2 的运动平面为视图平面。

(5) 确定长度比例 μ。

(6) 绘制机构运动简图。

先画车体上两个转动副 B 和 C 的位置(图示 BC 长度为 L_{BC}/μ)，以 B 为圆心，以 L_{AB}/μ 为半径作弧，得 A 点运动轨迹，选定原动件的初始位置，如活塞杆 3 与车体 BC 成 30°角位置(可以自由取定)，过 C 点作活塞杆 3 的方向线，与弧交于 A 点，按规定的符号和线条画出简图。再标注出构件号、转动副代号(A、B、C)、原动件运动方向，便绘制成机构运动简图，如图 12.14(b)所示。

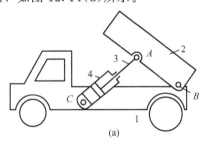
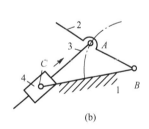

图 12.14 卸料货车

1—车体；2—翻斗；3—活塞杆；4—液压缸缸体

12.3 平面机构的自由度

12.3.1 平面机构的自由度计算

机构的自由度是指机构中各构件相对于机架所具有的独立运动参数的数目。

设一个平面机构共有 N 个构件，P_L 个低副和 P_H 个高副。在机构的 N 个构件中必有一个构件应当作机架，则构件中的活动构件数为 $n=(N-1)$。各活动构件在没有连成运动副之前，每个活动构件有 3 个自由度，因此这些活动构件的自由度总数为 $3n$，当用运动副连接之后，一个低副引进两个约束，一个高副引进一个约束，因此该机构的自由度数计算公式为

$$F = 3n - 2P_L - P_H \quad (12-1)$$

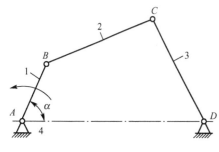

图 12.15 铰链四杆机构（一）

例 12-2 试计算图 12.15 所示铰链四杆机构的自由度数目。

解：此铰链四杆机构包含有 3 个活动构件数 $n=3$，有 4 个低副（转动副）$P_L=4$，没有高副 $P_H=0$。按式(12-1)求得该机构自由度数目为

$$F = 3n - 2P_L - P_H = 3\times 3 - 2\times 4 - 0 = 1$$

12.3.2 机构具有确定运动的条件

图 12.16 所示为平面三构件运动链，确定其自由度数目。

活动构件数 $n=2$，低副（转动副）$P_L=3$，高副 $P_H=0$，运用式(12-1)有

$$\begin{aligned} F &= 3n - 2P_L - P_H \\ &= 3\times 2 - 2\times 3 - 0 \\ &= 0 \end{aligned}$$

表明该运动链中各构件间已无相对运动，它已构成了一个刚性构件，因而不能成为机构。

由例 12-2 可知，铰链四杆机构中自由度数目 $F=1$，即机构中各构件相对于机架所能有的独立运动数目为 1。通常机构的原动件是用转动副或移动副与机架相连，因此，每个原动件只能输入一个独立运动。设构件 1 为原动件，参变量 α 值，从动件 2、3 便有一个确定的位置。可见，自由度数目为 1 的机构在具有一个原动件时，运动是确定的。铰链五杆机构如图 12.17 所示，算算该机构的自由度数。

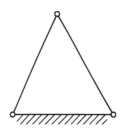

图 12.16 平面三构件运动链

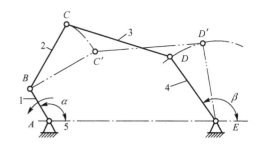

图 12.17 铰链五杆机构

首先确定出该机构活动构件数目 $n=4$，5 个低副（转动副）$P_L=5$，没有高副 $P_H=0$。运用式(12-1)得出该铰链五杆机构自由度数目为

$$F = 3 \times 4 - 2 \times 5 - 0 = 2$$

该机构若只取构件 1 为原动件,则当构件 1 处于 α 位置时,从动件 2、3、4 的位置不确定(可以在图示实线或双点画线位置,也可处于其他位置),则从动件的运动不确定。

若同时取构件 1 和构件 4 作为原动件,每给定一组 α 和 β 的数值,从动件 2 和 3 便有一个确定的相对位置,可见,自由度数目等于 2 的机构在具有两个原动件时运动是确定的。

综上所述可知:机构具有确定运动的条件是机构原动件的数目 W 应等于机构自由度的数目 F,即

$$W = F > 0 \tag{12-2}$$

特别提示

如果计算出的自由度数 $F \leqslant 0$,机构各构件间都不会有相对运动,机构变为构件或部件。

12.3.3 计算机构自由度的注意事项

1. 复合铰链

工程中把由两个以上构件组成两个或更多个共轴线的转动副称为复合铰链,如图 12.18 所示。

图 12.18(a) 为 1、2 和 3 共 3 个构件在 A 处共享一根轴线时构成复合铰链。由侧视图 12.18(b) 可知,此三构件共组成两个共轴线转动副。当由 K 个构件组成复合铰链时,则应当组成 $K-1$ 个共轴线转动副。

2. 局部自由度

机构中某些构件的运动对其他构件的运动没有影响,这种由局部运动带来的自由度称为局部自由度。在计算机构的自由度时,可预先将局部自由度除去不计。

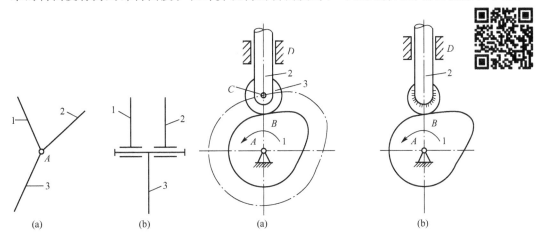

图 12.18 复合铰链 　　　　图 12.19 局部自由度
1—凸轮;2—从动件;3—滚子

图 12.19(a) 所示为凸轮机构中滚子的运动。当原动件凸轮 1 绕支座 A 转动时,通过

滚子3使从动件2在导路中往复移动，显然，滚子3绕其自身轴线C的转动，并不影响从动件2的运动，所以滚子3绕C的转动为局部自由度。在计算该机构的自由度时，假设将滚子3和从动件2焊接成一体，如图12.19(b)所示。

机构的自由度数目为

$$F = 3n - 2P_L - P_H = 3 \times 2 - 2 \times 2 - 1 = 1$$

特别提示

局部自由度虽然不影响机构的运动，但可以减少高副接触处的摩擦和磨损，延长使用寿命，所以在机械中常有局部自由度出现。

3. 虚约束

在机构中与其他约束作用重复而对机构运动不起独立限制作用的约束，称为虚约束。虚约束是在特定的几何条件下形成的，计算机构的自由度数目时，应将其去掉不计。

特别提示

平面机构中的虚约束常出现在重复运动副、重复轨迹、对称结构等几种情况中。

1）重复运动副

当两个构件在多处接触并组成相同的运动副时，就会引入虚约束，如图12.20所示。

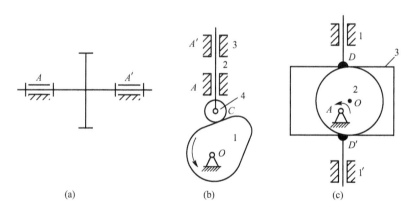

图12.20 重复运动副引入的虚约束

图12.20(a)所示安装齿轮的轴与支撑轴的两个轴承组成了两个相同的且其轴线重合的转动副 A 和 A'。

从运动的角度来看，这两个转动副中只有一个转动副起约束作用，而另一个转动副为虚约束。因此，计算机构的自由度时，应只考虑一个转动副。

图 12.20(b)所示的凸轮机构中，从动件 2 和机架 3 之间组成了两个相同的，且导路重合的移动副 A 和 A'。此时只有一个移动副起真正的约束作用，其余为虚约束。

在图 12.20(c)所示的机构中，构件 2 和构件 3 之间组成了两个高副 D 和 D'。只考虑一个高副所引入的约束，其余为虚约束。

2) 对称结构

机构中对传递运动不起独立作用但结构相同的对称部分，使机构产生虚约束，如图 12.21 的齿轮机构所示。

在图 12.21 所示的轮系中，中心轮 1 经过齿轮 2 和齿轮 $2'$ 驱动内齿轮 3。从传递运动的要求来看，在两个对称布置的小齿轮中，只需要一个小齿轮即可，而另一个小齿轮是虚约束。在计算机构的自由度时，只考虑一个小齿轮。

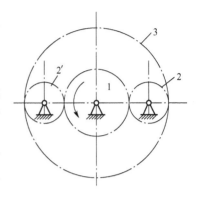

图 12.21 对称机构

1—中心轮；2、$2'$—齿轮；
3—内齿轮

特别提示

在工程实际中，虽然虚约束不影响机构的运动，但它却可以增加机构的刚性，改善机构的受力情况，所以虚约束的应用十分广泛。

如果几何条件不能满足，虚约束将成为实约束，从而对机构的运动起限制作用，造成安装困难和卡死现象，所以此类机构对制造精度有很高的要求。

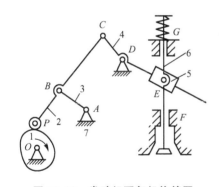

图 12.22 发动机配气机构简图

例 12-3 图 12.22 所示为汽车发动机配气机构传动简图，计算该机构的自由度，该机构由凸轮 1 驱动，该机构有没有确定的运动规律？

解：该机构存在虚约束 1 个，局部自由度 1 个，活动构件数有 6 个，$n=6$，转动副有 6 个，移动副有 2 个，低副个数共有 8 个，$P_L=8$，高副 1 个，$P_H=1$。

运用自由度计算式

$$F = 3n - 2P_L - P_H = 3 \times 6 - 2 \times 8 - 1 = 1$$

该机构自由度为 1，原动件也为 1，$F=W>0$，该机构有确定的运动规律。

12.4 铰链四杆机构与曲柄滑块机构

12.4.1 铰链四杆机构的基本形式

全部由转动副组成的平面四杆机构称为铰链四杆机构，如图 12.23 所示。

铰链四杆机构中,各构件的名称为:固定不动的杆4称为机架;直接与机架连接的构件1和构件3称为连架杆;将两连架杆连接起来的构件2称为连杆;在铰链四杆机构中通常把能做整周转动的连架杆称为曲柄;只能在小于360°范围内做往复摆动的连架杆称为摇杆。其中,一个连架杆是曲柄、另一个连架杆是摇杆的铰链四杆机构称为曲柄摇杆机构;两连架杆均是摇杆的铰链四杆机构称为双摇杆机构。

1. 曲柄摇杆机构

在图12.23中,当构件1可以做整周转动时,构件3只能在小于360°的范围内摆动,把这种机构称为曲柄摇杆机构。曲柄1和摇杆3均与机架4相连,又叫连架杆。

图12.24所示为曲柄摇杆机构应用在汽车前窗刮水器上的情况。

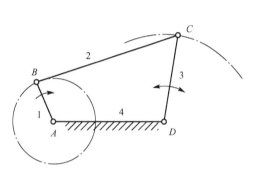

图12.23 铰链四杆机构(二)

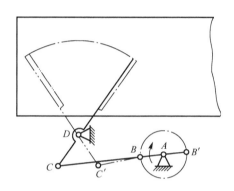

图12.24 汽车前窗刮水器

2. 双摇杆机构

铰链四杆机构中当两个连架杆都不能作整周转动时,这种机构称为双摇杆机构。

汽车转向机构(图12.25)、公共汽车开关门(图12.26)均采用的是双摇杆机构。

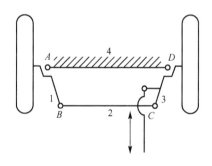

图12.25 汽车转向机构

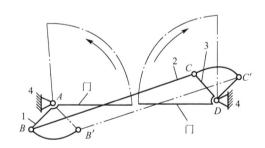

图12.26 公共汽车开关门机构

12.4.2 曲柄滑块机构

曲柄滑块机构也是平面机构最基本的形式,由曲柄1、连杆2、滑块3和机架4组成。曲柄1绕固定铰链A做整周等速转动,滑块3受连杆2的作用沿导路4做直线移动,连杆 2 绕滑块的转动销轴 C 和铰链 B 做平面运动,如图 12.27 所示。

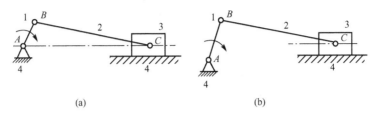

图 12.27 曲柄滑块机构
1—曲柄;2—连杆;3—滑块;4—机架

当滑块 3 的导路中心线通过曲柄 1 的转动中心时,称为对心曲柄滑块机构,如图 12.27(a)所示。当滑块 3 的移动导路中心线不通过转动曲柄 1 的转动中心时,称为偏置曲柄滑块机构,如图 12.27(b)所示。

曲柄滑块机构在机械中有着非常广泛的应用,如汽车发动机的活塞连杆机构,如图 12.28 所示。

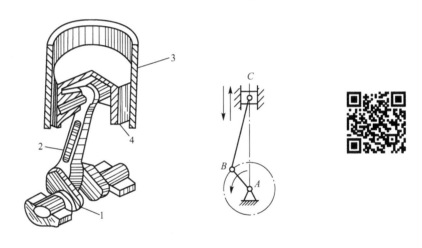

图 12.28 汽车发动机的活塞连杆机构
1—曲轴;2—连杆;3—缸体;4—活塞

12.5 常用间歇运动机构

12.5.1 不完全齿轮机构

1. 结构组成

不完全齿轮机构常用的结构是在主动轮 1 上加工出一个或几个轮齿,其余部分为外凸锁止弧,从动轮 2 上与主动轮轮齿相啮合的齿槽和内凹锁止弧相间布置,如图 12.29 所示。

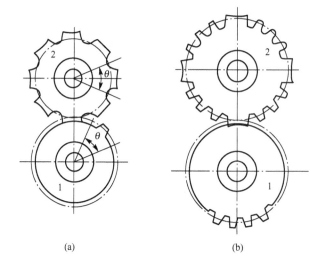

图 12.29 不完全齿轮机构

2. 工作原理

不完全齿轮机构的工作原理是当主动轮 1 的有轮齿部分作用于从动轮 2 的齿槽时,驱使从动轮转动;当主动轮 1 的无轮齿外凸弧部分与从动轮 2 的内凹弧啮合时,从动轮的惯性转动被止住,使从动轮 2 立即停止,从而实现主动轮 1 连续转动,从动轮 2 获得间歇性的周期运动。

从图 12.29(a)可以看出,当主动轮 1 连续旋转一周时,从动轮 2 转过 1/8 圆周;从图 12.29(b)看出,当主动轮 1 连续旋转一周时,从动轮 2 转过 1/4 圆周。

3. 特点与应用

1) 特点

不完全齿轮机构结构简单,其从动轮的运动角度变化范围大,易实现一个周期多次运动、停留时间不等的间歇运动。但从动轮加工复杂、主动齿轮轮齿与从动齿轮传动时冲击力大。

2) 应用

不完全齿轮机构一般只限于低速、轻载的场合,如汽车仪表计数机构及某些进给机构中。

12.5.2 凸轮机构

凸轮机构是由凸轮、从动件和机架组成的高副机构。

图 12.30 所示为内燃机配气机构。凸轮的外轮廓形状是根据气阀杆 2 的运动规律设计的,凸轮 1 转动时,因其向径变化的凸轮轮廓与气阀杆上端连接的弹簧座平底接触,从而使气阀杆产生往复运动,实现控制气阀打开和关闭的动作。

1. 盘形凸轮

凸轮是一个向径变化的盘形零件,凸轮一般绕固定轴匀速转动,凸轮和从动件在一个平面内运动。盘形凸轮是凸轮机构中最基本的类型,如图 12.31 所示。

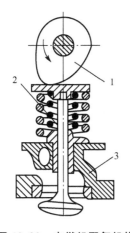

图 12.30 内燃机配气机构
1—凸轮;2—气阀杆;3—缸体

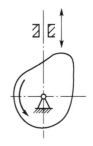

图 12.31 盘形凸轮

2. 从动件

凸轮机构按从动件与凸轮的接触形式分为尖顶从动件、滚子从动件和平底从动件,如图 12.32 所示。

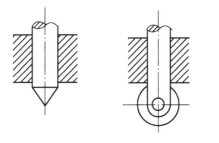

图 12.32 从动件

3. 盘形凸轮的参数

盘形凸轮的参数如图 12.33 所示。

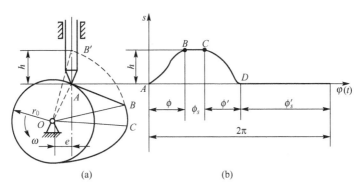

图 12.33 盘形凸轮的参数

1)基圆

基圆即以凸轮转动中心为圆心,以凸轮轮廓的最小向径为半径所绘制的圆。基圆半径用 r_0 表示。

2)推程

从动件由最低处上升到最高处的过程叫推程。推程中,从动件所走过的距离(从动件的最大位移)用 h 表示。

3)推程运动角

与推程相对应的凸轮转角叫推程运动角,用 ϕ 表示。

4)远休止角

从动件停留在最高处所对应的凸轮转角叫远休止角,用 ϕ_s 表示。

5)回程

从动件由最高处下降到最低处的过程叫回程。

6)回程运动角

与回程对应的凸轮转角叫回程运动角,用 ϕ' 表示。

7)近休止角

从动件停留在最低处所对应的凸轮转角叫近休止角,用 ϕ'_s 表示。

8)偏心距

从动件中心线与凸轮回转中心的偏置距离叫偏心距,用 e 表示。

4. **盘形凸轮轮廓的作图法**

当凸轮机构从动件的运动规律及凸轮基圆半径确定后,就可以用作图法绘制凸轮轮廓曲线,该方法适用于低速或对从动件运动规律要求不很严格的一般凸轮传动机构。

1)直动尖顶对心盘形凸轮轮廓绘制方法

直动尖顶对心盘形凸轮轮廓曲线的作图步骤如下。

(1) 按比例绘制从动件位移曲线图,横轴表示凸轮转角 ϕ,纵轴表示从动件位移 s(单位 mm),如图 12.34(a)所示。

(2) 以 r_0 为半径绘制基圆,并将推程阶段分成 3 等份、回程阶段分成 6 等份(每份表示凸轮转过角度为 30°)并从凸轮转动中心向外发散画出若干条射线。

(3) 根据从动件位移曲线图,分别用划规截取 $1-1'$(凸轮由 0°转动 30°时,从动件匀速移动的距离)、$2-2'$(凸轮又转过 30°时,从动件匀速移动的距离)、…、$10-10'$;把从位移图上截取来的各段长度,用划规的一个脚点放在基圆等分点上,另一脚点画弧交于射线上做交点,光滑连接 $1'、2'…9'、10'$ 各点,从而完成凸轮轮廓的设计。图 12.34(b)所示为直接连接各点所得凸轮轮廓。

特别提示

凸轮轮廓工作图必须是光滑的曲线,如果连成像图 12.34(b)的折线,凸轮运动时从动件的运动将不稳定,造成对机器的冲击,是绝对不能允许的。

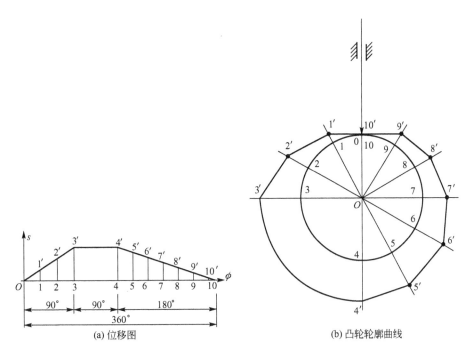

(a) 位移图 (b) 凸轮轮廓曲线

图 12.34　对心盘形凸轮轮廓绘制

2)偏置直动尖顶盘形凸轮轮廓绘制方法

已知偏心距为 e，基圆半径为 r_0，凸轮以角速度 ω 顺时针方向转动，从动件位移图如图 12.35(b)所示，作图过程如下。

(1) 确定凸轮的转动中心 O，以 O 为圆心，r_0 为半径画出凸轮的基圆，再以偏心距 e 为半径，以凸轮的转动中心 O 为圆心画偏距圆，根据偏心距 e 画出从动件的位置(从动件中心线与偏距圆相切，从动件的尖端和基圆的交点设为 0 点，即从动件推程的起始位置点)。

(2) 以 OO 为起始边按 $-\omega$ 方向在偏距圆上画出 180°(推程角)的角，将该角所对的偏距圆弧分为 4 等份，在基圆上得到 1、2、3、4 各点，再依次画出 30°(远休止角)交基圆弧于 5 点，再继续画 90°(回程角)交基圆弧于 9 点，再将该角度所对的偏距圆弧 4 等分，在基圆上得到 6、7、8、9 各点，最后剩下的 60°角(近休止角)交基圆弧于 10 点，10 点与 0 点重合。

(3) 过基圆上各分点作偏距圆切线的射线，再从从动件位移图，分别截取 $1-1'$，$2-2'$，…，$7-7'$，$8-8'$ 的长度，以基圆上的点 1、2…8、9 切线的延长线上分别加上 $1-1'$，$2-2'$…$7-7'$，$8-8'$ 的长度。

(4) 光滑连接 0、$1'$、$2'$…$8'$、$9'$、10 各点。从而完成该凸轮轮廓线的画图，如图 12.35(a)所示。

3)偏置直动滚子从动件盘形凸轮轮廓绘制方法

若将尖顶从动件换成滚子从动件(其他参数都不变)，滚子半径为 r_T，则该凸轮轮廓曲线制作过程，如图 12.36 所示。

(1) 将滚子中心看作从动件的尖顶，按尖顶从动件盘形凸轮轮廓曲线的绘制方法，画出的凸轮轮廓曲线，称为理论轮廓曲线。

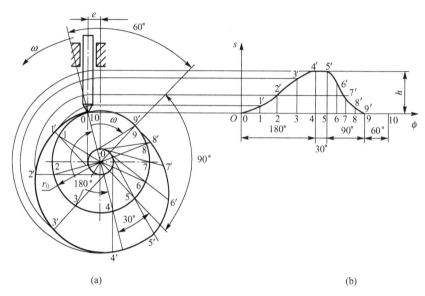

图 12.35　偏置直动尖顶移动盘形凸轮轮廓

（2）以理论轮廓曲线上的一系列点为圆心，用已知的滚子半径画出一系列的圆，然后在滚子圆的内侧，画出和所有滚子圆都相切的连续光滑封闭曲线，即为偏置直动滚子从动件盘形凸轮轮廓曲线，如图 12.36(a)所示。

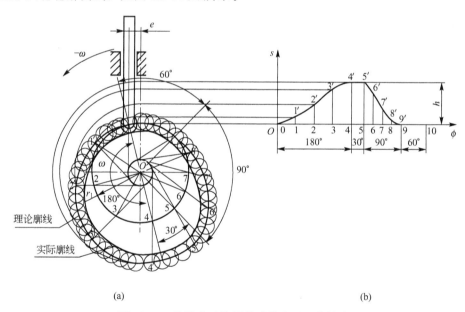

图 12.36　偏置直动滚子从动件盘形凸轮轮廓

5．凸轮及滚子的材料

凸轮和滚子的失效形式为磨损和疲劳点蚀。要求凸轮和滚子的工作表面硬度高、耐磨损、有足够的表面接触强度；对于工作中经常受到冲击振动的凸轮机构，还要求凸轮芯部有较好的韧性。

凸轮材料一般采用优质碳素钢 45 或 40Cr，并进行调质或表面淬火，硬度为 40～45HRC；对于承受冲击载荷大的凸轮，要用低碳合金钢 20Cr、20CrMnTi 进行表面渗碳淬火，硬度为 56～62HRC；尺寸较大或轻载凸轮可采用耐磨铸铁；家用电器、办公设备、仪表等受力小的凸轮也可采用塑料。

滚子材料可采用 20Cr 经渗碳淬火，表面硬度为 56～62HRC，也可将深沟球轴承当作滚子使用。

本 章 小 结

（1）运动副是两构件直接接触并能产生一定相对运动的连接。

（2）运动副分为低副和高副两种。两构件以面接触的运动副称为低副；两构件以点或线接触的运动副称为高副。

（3）平面机构自由度计算 $F = 3n - 2P_L - P_H$。

（4）铰链四杆机构的曲柄摇杆机构和双摇杆机构在汽车机械应用较多，汽车前后窗刮水器采用了曲柄摇杆机构；汽车转向装置和开关门采用的是双摇杆机构。

（5）曲柄滑块机构由曲柄、连杆、滑块和机架组成。汽车发动机的活塞连杆机构采用的是曲柄滑块机构。

复 习 思 考 题

12-1 填空题

1. 两构件通过面接触构成的运动副称为_____。

2. 在铰链四杆机构中，能做整周连续旋转的构件称为_____，只能来回摇摆某一角度的构件称为_____。

12-2 简答题

1. 什么是低副？
2. 什么是高副？
3. 机构具有确定运动的条件是什么？
4. 机构采用局部自由度起什么作用？
5. 机构采用虚约束起什么作用？
6. 曲柄滑块机构由哪几部分组成？

12-3 选择题

1. 运动副中，面接触的运动副是（　　），点、线接触的运动副是（　　）。
   A. 低副　　　　　　　　　　　　B. 中副
   C. 滚动副　　　　　　　　　　　D. 高副

2. 运动链的自由度不等于主动件数目时，机构（　　）确定的运动。
   A. 具有　　　　　　　　　　　　B. 不具有

C. 不确定

3. 铰链四杆机构中，不与机架相连的构件称为（　　）。
   A. 曲柄　　　　　　　　　B. 连杆
   C. 连架杆　　　　　　　　D. 摇杆

4. 当机构中主动件数目（　　）机构自由度数目时，该机构具有确定的运动。
   A. 小于　　　　　　　　　B. 等于
   C. 大于　　　　　　　　　D. 大于或等于

5. 若两构件组成低副，则其接触形式为（　　）。
   A. 面接触　　　　　　　　B. 点或线接触
   C. 点或面接触　　　　　　D. 线或面接触

6. 内燃机中的曲柄滑块机构工作时以（　　）为主动件。
   A. 曲柄　　　　　　　　　B. 连杆
   C. 滑块　　　　　　　　　D. 导杆

12-4　画图题

已知铰链四杆机构各杆长分别为：$a=300$mm，$b=550$mm，$c=200$mm，$d=700$mm。按比例画出该铰链四杆机构图，保留作图线。

12-5　画图题

试用作图法绘制对心直动尖顶从动件盘形凸轮轮廓曲线，已知：凸轮的基圆半径$r_0=30$mm，凸轮以等角速度ω逆时针回转。从动件的运动规律见表12-1。

表12-1　从动件的运动规律

序号	凸轮运动角 $\phi/(°)$	推杆的运动规律
1	0～150	等速上升 $h=20$mm
2	150～210	推杆在最高位置保持不动
3	210～300	从动件从最高处降到最低处
4	300～360	从动件在最低位置保持不动

课后答案

第13章

液压传动在汽车机械上的应用

　　液压传动的基本原理是在密封的容器内，利用有压力的油液作为工作介质来实现能量转换和传递动力。液压传动在汽车和汽车维修机械中得到非常广泛的应用，如汽车制动系统、润滑系统、各种维修起升设备等。本章简要介绍液压传动的特点、常用液压泵和液压缸、液压传动原理图、液压控制阀和液压辅件等。

13.1 液压传动概述

1. 液压传动的特点

1）液压传动的优点

（1）体积小、质量轻、惯性力小，当突然停车或过载时不会发生大的冲击。

（2）能在给定范围内平稳地自动调节速度，并可实现无级调速。

（3）换向容易，在不改变电动机旋转方向的情况下，可以较方便地实现工作机构旋转和直线往复运动的转换。

（4）液压泵和液压马达之间用油管连接，在空间布置上不受严格限制。

（5）由于采用油液为工作介质，组件相对运动表面间能自行润滑，磨损小，使用寿命长。

（6）操纵控制简便，自动化程度高。

（7）容易实现过载保护。

2）液压传动的缺点

（1）使用液压传动对维护的要求高，工作油要始终保持清洁。

（2）对液压组件的制造精度要求高，工艺复杂，成本较高。

（3）因油液有泄漏，污染环境，传动效率低。

2. 液压传动的结构组成

液压系统主要由动力组件、执行组件、控制组件、辅助组件和工作介质 5 部分组成。常用液压千斤顶的结构组成如图 13.1 所示。

(a) 手动液压千斤顶

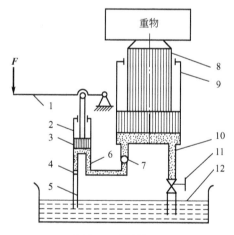

(b) 液压千斤顶的结构和工作原理图

图 13.1 液压千斤顶实物图及结构和工作原理图

1—杠杆手柄；2—小油缸；3—小活塞；4、7—单向阀；5—吸油管；6、10—高压油管；
8—大活塞；9—大油缸（起升油缸）；11—截止阀；12—油箱

液压千斤顶由杠杆手柄 1、小油缸 2、小活塞 3、单向阀 4、7、吸油管 5、高压油管 6、10、大活塞 8、大油缸(起升油缸)9、截止阀 11、油箱 12 等组成。大油缸 9 和大活塞

8组成举升液压缸;杠杆手柄1、小油缸2、小活塞3、单向阀4和7组成手动液压泵。

液压传动的工作原理是提起手柄使小活塞向上移动,小活塞下端油腔容积增大,形成局部真空,这时单向阀4打开,通过吸油管从油箱中吸油;压下手柄,小活塞下移,小活塞下腔压力升高,单向阀4关闭,单向阀7打开,下腔的油液经高压油管6输入大油缸的下腔,迫使大活塞向上移动,顶起重物,再次提起手柄吸油时,单向阀7自动关闭,使油液不能倒流,从而保证了重物不会自行下落。

不断重复上抬和下压扳动手柄,就能不断地把油液压入油缸,使重物逐渐地升起。

打开截止阀,举升液压缸下腔的油液通过高压油管10、截止阀流回油箱,重物就向下移动。

3. 压力

液压系统工作时系统的油液压力(压强)在管路连接的通路上处处相等,即小油缸和大油缸的压力相同,如图13.2所示。

液压系统工作时系统的油液压力用 p 表示,计算表达式为

$$p=\frac{F}{A_1}=\frac{G}{A_2} \quad \text{或} \quad p=\frac{4F}{\pi d^2}=\frac{4G}{\pi D^2} \tag{13-1}$$

式中 F——作用在小活塞上的力(N);
G——作用在大活塞上的重力(N);
A_1、A_2——小、大活塞的面积(mm^2);
p——工作油液的压力(MPa)。

4. 液压传动系统的图形符号

为了使液压系统图便于绘制且方便分析和看图,在液压传动系统图中,规定用各种职能符号表示不同的组件,这种职能符号脱离了组件的具体结构,只表示零件的职能,容易理解,如图13.3所示。

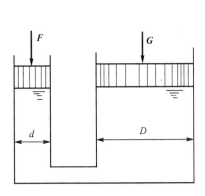

图13.2 油压力

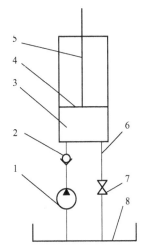

图13.3 液压千斤顶的工作原理图
1—液压泵;2—单向阀;3—缸体;4—活塞;
5—活塞杆;6—管路;7—放油阀;8—油箱

图 13.3 所示为采用国家规定的图形职能符号表示的液压系统原理图,图形职能符号的表示方法可查《机械设计手册》。

13.2 液 压 泵

液压泵作为动力组件,起着向液压系统提供动力源的作用,是系统不可缺少的核心组件。液压泵将原动机(电动机或内燃机)输出的机械能转换为工作液体的压力能,向系统提供一定的流量和压力,是一种能量转换装置。图 13.4 所示为电动液压泵。

13.2.1 液压泵的特点、工作原理、参数

依靠密封容积变化的原理来进行工作的液压泵称为容积式液压泵。

1. 液压泵的特点

(1) 具有若干个密封且又可以周期性变化的空间。液压泵的输出流量与此空间的容积变化量和单位时间内的变化次数成正比,与其他因素无关。这是容积式液压泵的一个重要特性。

(2) 油箱内液体的绝对压力必须恒等于或大于大气压力。这是容积式液压泵能够吸入油液的外部条件,为保证液压泵正常吸油,油箱必须与大气相通,或采用密闭的充压油箱。

(3) 具有相应的配流机构。将吸油腔和排油腔隔开,保证液压泵有规律地、连续地吸、排油液。

液压泵的结构原理不同,其配油机构也不相同。如图 13.1 中的单向阀 4、7 就是配油机构。

2. 工作原理

单柱塞液压泵具有一切容积式液压泵的通用原理。图 13.5 所示为一单柱塞液压泵的工作原理。

图 13.4 电动液压泵

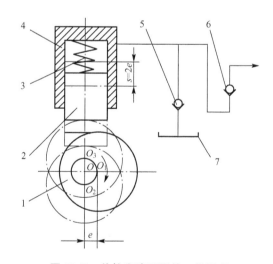

图 13.5 单柱塞液压泵的工作原理
1—偏心轮;2—柱塞;3—弹簧;
4—缸体;5、6—单向阀;7—油箱

图 13.5 中柱塞 2 装在缸体 4 中形成一个密封容积,柱塞在弹簧 3 的作用下始终压紧在偏心轮 1 上,原动机驱动偏心轮 1 旋转使柱塞 2 做往复运动,使密封容积的大小发生周期性的交替变化。当容积由小变大时就形成部分真空,使油箱中油液在大气压作用下,经吸油管顶开单向阀 5 进入油腔而实现吸油;反之,当油腔由大变小时,油腔中吸满的油液将顶开单向阀 6 流入系统而实现压油。这样液压泵就将原动机输入的机械能转换成液体的压力能,原动机驱动偏心轮不断旋转,液压泵就不断地吸油和压油。

3. 主要性能参数

1) 液压泵的压力

(1) 工作压力。液压泵工作时输出油液的实际压力,其大小取决于外界负载,外界负载增大,泵的工作压力也随之升高。

(2) 额定压力。液压泵在使用中允许达到的最高工作压力。当泵的工作压力超过额定压力时,泵就会过载。

2) 液压泵的排量和流量

(1) 排量。不考虑泵泄漏情况时每转所排出的油液体积,用 q 表示。

(2) 流量。泵在单位时间内排出油液的体积,用 V 表示。

液压泵排量和流量的关系式为

$$q = Vn \tag{13-2}$$

式中　q——流体的理论流量(m^3/min);

　　　V——排量(m^3/r);

　　　n——转速(r/min)。

(3) 液压泵的效率。液压泵的实际输出流量总是小于其理论流量,主要原因是液压泵内部高压腔的泄漏,随着液压泵工作压力的增大而降低,并且随液压泵的结构类型不同而不同,液压泵的效率恒小于 1。

3) 液压泵的功率

液压泵输出的是液体压力能,表现形式为输出流量 q 和压力 p,液压泵的输出功率 P 为

$$P = pq \tag{13-3}$$

13.2.2　液压泵的种类

液压泵按其在单位时间内所能输出油液的体积是否可调节而分为定量泵和变量泵两类;按结构形式可分为齿轮泵、叶片泵和柱塞泵三大类,重点介绍下前两种。

1. 齿轮泵

齿轮泵分为外啮合齿轮泵和内啮合齿轮泵。外啮合齿轮泵的结构如图 13.6 所示。

1) 外啮合齿轮泵的结构组成

齿轮泵的结构由齿轮、主动轴、从动轴、轴承、键、泵体、前泵盖、后泵盖、螺栓组、密封环与定位销等组成。

齿轮泵是分离三片式结构,三片是指前泵盖、泵体、后泵盖。泵体内装有一对齿数

相同、模数相同、宽度和泵体宽度接近的齿轮,两齿轮分别用键做周向固定,再由轴承把主动轴和从动轴支撑在泵盖上。

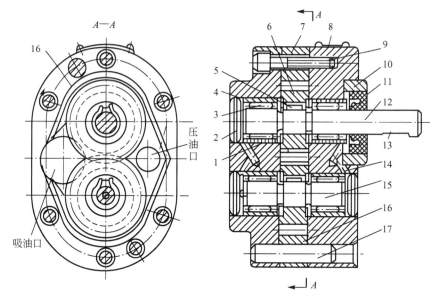

图 13.6 外啮合齿轮泵的结构

1—轴承外环;2—堵头;3—滚子;4—后泵盖;5—键;6—齿轮;7—泵体;
8—前泵盖;9—螺钉;10—压环;11—密封环;12—主动轴;13—键;
14—泄油孔;15—从动轴;16—泻油槽;17—定位销

配对的齿轮与前、后盖和泵体形成一密封腔,并由齿轮的齿顶和啮合线把密封腔划分为两部分,即吸油腔和压油腔。

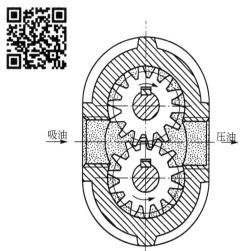

图 13.7 齿轮泵的工作原理图

2)外啮合齿轮泵的工作原理

齿轮泵的工作原理如图 13.7 所示。

当电动机带动主动齿轮按图示箭头方向旋转时,齿轮泵左侧(吸油腔)齿轮脱开啮合,齿轮的轮齿退出齿槽,使密封容积增大,形成局部真空,油箱中的油液在外界大气压的作用下,经吸油管路、吸油腔进入齿槽。随着齿轮的旋转,吸入齿槽的油液被带到另一侧,进入压油腔。这时轮齿进入啮合,使密封容积逐渐减小,油液被挤出,这就是齿轮泵的压油过程。

当齿轮泵的主动齿轮由电动机带动不断旋转时,轮齿脱开啮合的一侧,由于密封容积变大而不断从油箱中吸油,轮齿进入啮合的一侧,由于密封容积减小而不断地排油,这就是齿轮泵的工作原理。

3)齿轮泵的特点

齿轮泵的优点是结构简单,尺寸小,制造方便,价格低廉,自吸能力强,对油液污染不敏感；缺点是流量和压力脉动大，噪声大，排量不可调，只能做成定量泵。

4）齿轮泵的应用

齿轮泵主要应用于汽车维修机械和制动系统中。

2. 叶片泵

叶片泵分单作用叶片泵和双作用叶片泵两种。

1）单作用叶片泵

(1) 结构组成。单作用叶片泵由转子、定子、泵体、叶片、传动轴、配油盘和端盖等零件组成，定子具有圆柱形内表面，定子和转子不同心，存在偏心距 e，如图 13.8 所示。

(2) 工作原理。叶片装在转子槽中，并可在槽内滑动，当转子回转时，由于离心力的作用，叶片紧靠在定子内壁，这样在定子、转子、叶片和两侧配油盘间就形成了若干个密封的工作区间，当转子按顺时针的方向回转时，在图 13.8 的下半部，叶片逐渐伸出，叶片间的工作空间逐渐增大，从吸油口吸油；在图 13.8 的上半部，叶片被定子内壁逐渐压进槽内，工作空间逐渐减小，将油液从压油口压出。在吸油腔和压油腔间有一段封油区，把吸油腔和压油腔隔开，叶片泵转子每转一周，每个工作空间完成一次吸油和压油，故称单作用叶片泵。

2）双作用叶片泵

(1) 结构组成。如图 13.9 所示，双作用叶片泵也是由定子、转子、叶片和配油盘（图中未画出）等组成的。转子和定子中心重合，定子内表面近似为椭圆形型腔，该椭圆形型腔由两段长半径圆弧、两段短半径圆弧和四段过渡曲线组成。

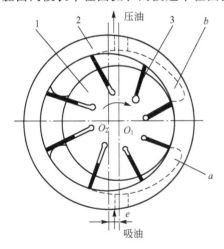

图 13.8 单作用叶片泵工作原理

1—转子；2—定子；3—叶片

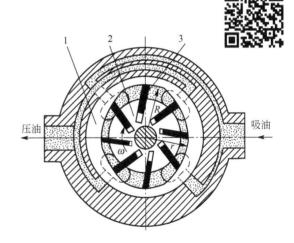

图 13.9 双作用叶片泵的工作原理

1—定子；2—转子；3—叶片

(2) 工作原理。当转子转动时，叶片在离心力作用下向外移动而压向定子内表面，转子的外表面和两侧配油盘间就形成若干个密封空间，当转子顺时针方向旋转时，处在小圆弧段上的密封空间经过渡曲线而运动到大圆弧的过程中，密封空间的容积增大，吸入油液；再从大圆弧段经过渡曲线运动到小圆弧的过程中，叶片被定子内壁逐渐压向转子槽内，密封空间容积变小，实现压油。转子每转一周，每个工作空间要完成两次吸油和压油，称为双作用叶片泵。这种叶片泵由于有两个吸油腔和两个压油腔，并且各自的中心夹角是对称的，作用在转子上的油液压力相互平衡，因此双作用叶片泵又称为卸荷式叶片泵，为了使径向力完全平衡，密封空间数（即叶片数）应当是双数。

叶片泵的优点是工作压力较高，流量脉动小，工作平稳，噪声较小，寿命较长；缺点主要是结构复杂，制造成本高，对油液的污染敏感。

13.3 液压缸

13.3.1 液压缸的功用

液压缸是将液压泵输出的压力能转换为机械能的执行组件，用来输出直线运动。液压缸进一步和杠杆、齿轮齿条、凸轮等配合就可以实现多种运动，如图13.10所示。

13.3.2 液压缸的分类

液压缸按其结构形式，分为活塞式、柱塞式和伸缩式液压缸，实现往复运动。

1. 活塞式液压缸

活塞式液压缸分为单杆式和双杆式两种。图13.11所示为单杆活塞式液压缸的结构图和职能符号。

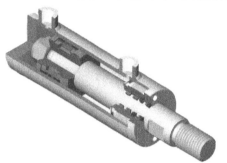

图 13.10 液压缸

单杆活塞式液压缸的结构和双杆活塞式液压缸的结构基本相同，双杆活塞式液压缸的活塞两侧均装有活塞杆，当两活塞杆直径相同时，液压缸两腔的有效面积相等，当供油压力和流量不变时，液压缸在两个方向上的运动速度和推力都相等。

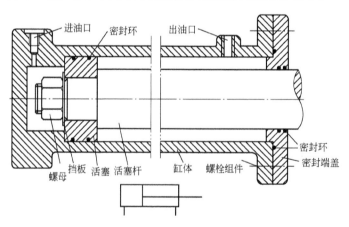

图 13.11 单杆活塞式液压缸的结构图和职能符号

2. 柱塞式液压缸

柱塞式液压缸是一种单作用液压缸，柱塞与工作部件连接，缸筒固定在机体上，为了保证柱塞的刚度和得到较大的输出力,柱塞一般较粗,质量较大,在水平安装时易产生单边磨损,故柱塞式液压缸适宜垂直安装,如图 13.12 所示。

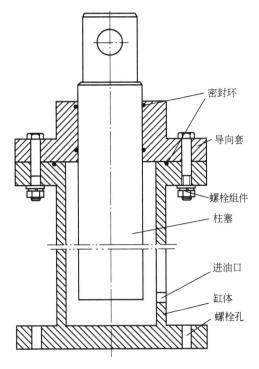

图 13.12 柱塞式液压缸

当柱塞式液压缸必须水平安装时,为减轻自重,可把柱塞做成空心的。

柱塞式液压缸的主要特点是柱塞运动时由缸盖上的导向套来导向,柱塞与缸筒内壁不接触,因此缸筒内表面不需要精加工,适用于工作行程长的场合。

3. 伸缩式液压缸

伸缩式液压缸又称多级油缸,是由两个和多个活塞缸套装而成的,如图 13.13 所示。

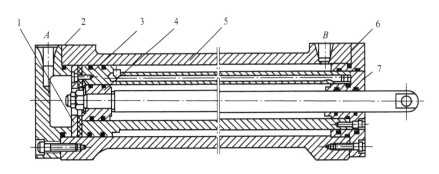

图 13.13 伸缩式液压缸的结构图
1—压板;2、6—端盖;3—套筒活塞;4—活塞;5—缸体;7—套筒活塞端盖

前一级活塞缸的活塞是后一级活塞缸的缸筒,当各级活塞依次伸出时可获得很长的工作行程。伸出的顺序从大到小,相应的推力也是从大到小,而伸出速度由慢变快;空载缩回的顺序一般是从小到大。缩回时液压缸的总长度较短,结构紧凑。伸缩缸适用于安装空间有限而行程要求很长的场合,如起重机伸缩臂。

13.4 液压控制阀

液压控制阀用来控制液压系统中油液的压力、流量和流动方向,以满足液压执行组件对力、速度和方向的要求。

液压阀由阀体、阀芯及驱动阀芯动作的组件组成。阀体上有外接油管的进、出油口,驱动装置有手动、弹簧、机械、电磁或气压驱动机构。图 13.14 所示为液压控制阀。

液压控制阀按功能分为方向控制阀、压力控制阀和流量控制阀等。

在实际应用中各种阀可以互相组合,成为满足多种控制要求的复合阀。

图 13.14 液压控制阀

13.4.1 方向控制阀

方向控制阀用来控制液压系统中油液流动的通、断或流动方向,用以实现对执行组件的起动、停止或运动方向的控制。方向控制阀按功能分为单向阀和换向阀。

1. 单向阀

单向阀的作用是只允许油液单方向流动,不允许反向倒流,如图 13.15 所示。

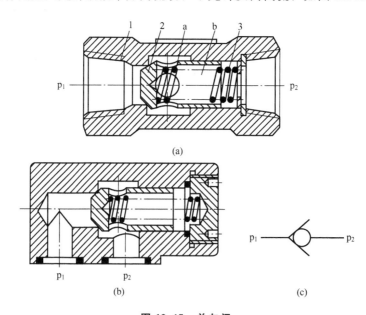

图 13.15 单向阀
1—阀体;2—阀芯;3—弹簧;p_1—进油口;p_2—回油口

单向阀按进出油液流向的不同分为直通式(管式阀)[图 13.15(a)]和直角式(板式阀)[图 13.15(b)]。

直通式单向阀的工作原理是当压力油从进油口 p_1 进入时,油液克服弹簧力使阀芯右移,阀口打开,油液经阀口、阀芯上的径向孔 a 和轴向孔 b,从出油口 p_2 流出。当油液从 p_2 流入时,在弹簧和压力油的作用下,阀芯锥面压紧在阀座上,阀口关闭,使油液不能通过。

单向阀要求正向液流通过时压力损失小;反向截止时密封性好。

单向阀中的弹簧仅起到使阀芯复位的作用,刚度较小,故开启压力很小(0.04~0.1MPa)。

2. 换向阀

1)换向阀的功能

换向阀通过改变阀芯在阀体内的相对工作位置,使阀体上各油口连通或断开,从而控制执行组件的起动、停止或改变运动方向。

2)换向阀的工作原理

换向阀的工作原理如图 13.16 所示。

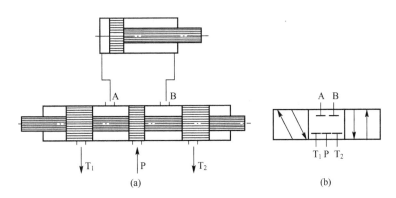

图 13.16 换向阀的工作原理

在图示位置,液压缸两腔不通压力油,处于停止状态。若使换向阀的阀芯右移,阀体上的进油口 P 和 A、B 和出油口 T_2 连通,压力油经 P→A 进入液压缸的左腔,活塞右移,右腔油液经 B→T_2 回到油箱;反之,若使阀芯左移,则 P→B,A→T_1 连通,活塞应左移。

13.4.2 压力控制阀

在液压系统中,用来控制油液压力高低或利用压力信号控制其他组件产生动作的阀通称为压力控制阀。压力控制阀有溢流阀、减压阀、顺序阀等,下面重点介绍前两类。

1. 溢流阀

溢流阀也称为安全阀,主要作用是通过阀口的溢流,使被控回路的压力维持恒定,从而实现稳压、调压或限压的作用,如图 13.17 所示。

1）直动式溢流阀的结构

图 13.17(b) 所示为直动式溢流阀的结构，图 13.17(c) 所示为直动式溢流阀的职能符号。

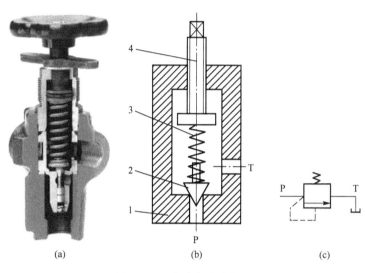

图 13.17　直动式溢流阀
1—阀体；2—圆锥式阀芯；3—弹簧；4—调压螺杆

2）工作原理

当由进油口 P 进入的油液压力不高时，锥阀芯被弹簧紧压在阀座孔上，阀口关闭；当进油口油液压力升高到能克服弹簧阻力时，便推开锥阀芯使阀口打开，油液就由进油口 P 进入，从回油口 T 流回油箱（称为溢流），进油压力也就不再继续升高。调整时拧动调压螺杆改变弹簧的预压缩量，便可调整溢流阀的溢流压力，利用液压力和弹簧力相平衡来进行压力控制。

在溢流时，溢流量随阀口的开大而增加，但溢流阀进口处的压力基本保持为定值，因此可认为溢流阀在溢流时具有稳压功能。

溢流阀广泛应用在液压系统中，在作为溢流稳压的定量泵液压系统中，溢流阀通常接在油泵出口处，如图 13.18 所示。

泵的油液经节流阀 3 进入液压缸 4，而多余的油液从溢流阀 2 溢回油箱 7，而在溢流阀开启溢流

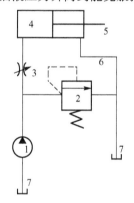

图 13.18　溢流阀用于溢流稳压
1—油泵；2—溢流阀；3—节流阀；4—液压缸；5—活塞杆；6—油管；7—油箱

的同时稳定了泵的供油压力。

2．减压阀

减压阀是一种利用油液通过缝隙产生压力降的原理，使出口压力低于进口压力的压力控制阀。其作用是用来降低液压系统中某一支路的油液压力，使同一系统能有两个或两个以上不同压力的输出。

减压阀在夹紧回路、润滑回路和控制回路中应用较多。减压阀分为直动式和先导式。图 13.19 所示为先导式减压阀的结构。

先导式减压阀能使出口压力降低并保持恒定，故称为定值减压阀。先导式减压阀应用广泛。

图 13.19 中压力油由进油口 A 流入，经主阀阀口(减压口长度 x)减压后，从出油口 B 流出。同时，出口油液经阀芯中间小孔流到主阀芯的左腔和右腔，并作用在先导阀的下端锥面上。当出口压力未达到先导阀的调定值时，先导阀阀口关闭，主阀芯左右两端的压力相等，主阀芯被压缩弹簧推到最左端，阀口全开，不起减压作用。当出口压力升高并超过先导阀的调定压力时，先导阀阀口打开，主阀弹簧腔的油液便由泄油口 Y 回油箱。由于主阀芯的轴向孔 e 为内径很小的阻尼孔，油液在孔内流动使主阀芯两端产生压力差，主阀芯在此压力差作用下克服弹簧力右移，主阀口减小，引起出口压力降低。当出口压力等于先导阀调定压力时，先导阀阀芯和主阀阀芯同时处于受力平衡状态，出口压力保持恒定不变。通过调节调压弹簧的预压缩量，即可改变减压阀的出口压力。

图 13.20 所示为直动式和先导式两种减压阀的图形职能符号。

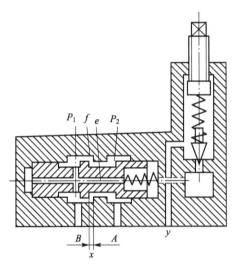

图 13.19 先导式减压阀的结构

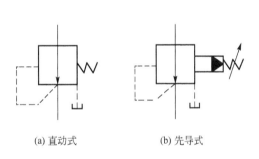

(a) 直动式　　(b) 先导式

图 13.20 减压阀的图形职能符号

13.4.3 流量控制阀

流量控制阀是一种可以在较大范围内调节液体流量的组件，用来改变进入液压缸的流量，从而调节液压缸的运动速度。

1. 结构组成

流量控制阀主要由阀体 1、阀芯 2、调节螺杆手柄 3 等组成，如图 13.21(a)所示，职能符号如图 13.21(b)所示。

2. 工作原理

流量控制阀的工作原理是依靠改变阀口通流面积来调节通过阀口的流量，从而改变执行组件的运动速度。

图 13.21(a)中油液从进油口 P_1 进入，经阀芯下端的三角形节流口，从出油口 P_2 流出。调节流量时旋转阀芯上方的调节螺杆手柄，可使阀芯上下移动，使流量得以调节。

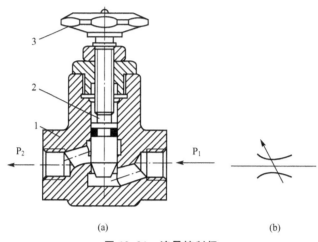

图 13.21 流量控制阀
1—阀体；2—阀芯；3—调节螺杆手柄

液压传动系统对流量控制阀的主要要求：要有较大的流量调节范围；流量调节要均匀；当阀前、阀后压力差发生变化时，通过阀的流量变化要小，以保证负载运动的稳定；油温变化对通过阀的流量影响要小；液流通过全开阀时的压力损失要小；当阀口关闭时，阀的泄漏量要小。

13.5 液压辅件与基本回路

液压系统中的辅助装置，如油箱、滤油器、油管、管接头、密封件等，对系统的动态性能、工作稳定性、工作寿命、噪声和温升等都有直接影响，必须予以重视。

13.5.1 油箱

1. 功用

油箱的功用主要是储存油液，此外还起着散发油液中热量(在周围环境温度较低的情况下则是保持油液中热量)、释出混在油液中的气体、沉淀油液中的污物等作用。

2. 结构

液压系统中的油箱有整体式和分离式两种。油箱的结构如图 13.22 所示。

由图可见，油箱内部用隔板 7、9 将吸油管 1 与回油管 4 隔开，顶部、侧部和底部分别装有滤油网 2、油位计 6 和排、放污油的放油阀 8，安装液压泵及其驱动电动机的安装板 5 则固定在油箱顶面上。

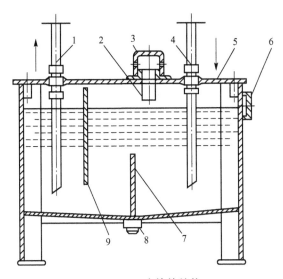

图 13.22 油箱的结构

1—吸油管；2—滤油网；3—盖；4—回油管；5—安装板；
6—油位计；7、9—隔板；8—放油阀

13.5.2 滤油器

1. 滤油器的功用

滤油器的功用是清除油液中的灰尘、磨屑、氧化变质油液等杂物，防止油路堵塞和组件磨损，以确保系统正常工作。

2. 类型

滤油器按其滤芯材料的过滤机制，分为表面型滤油器、深度型滤油器和吸附型滤油器 3 种。

3. 选用和安装

1) 选用

滤油器按其过滤精度(滤去杂质的颗粒大小)的不同，分为粗过滤器(滤去大于 $100\mu m$ 的杂质)、普通过滤器(滤去 $10\sim100\mu m$ 的杂质)、精密过滤器(滤去 $5\sim10\mu m$ 的杂质)和特精过滤器(滤去 $1\sim5\mu m$ 的杂质)。

选用滤油器时，过滤精度应满足预定要求，能在较长时间内保持足够的通流能力；滤芯应具有足够的强度，不会因液压的作用而损坏；滤芯的抗腐蚀性能应好，能在规定的温度下持久地工作；清洗更换滤芯应简便。

滤油器应根据液压系统的技术要求，按过滤精度、通流能力、工作压力、油液黏度、工作温度等条件选定型号。

2) 安装

滤油器安装位置：安装在泵的吸油口处；安装在泵的出口油路上；安装在系统的回油路上；安装在系统分支油路上。液压系统中除了整个系统所需的滤油器外，还常常在一些重要组件的前面单独安装一个专用的精滤油器来确保它们的正常工作。图13.23所示为滤油器常见的安装位置和职能符号。

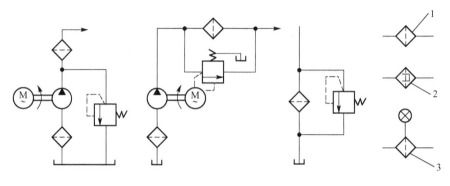

(a)、(b) 精滤器安装于节流阀之前　　(c) 精滤器安装于回油管路上　　(d) 职能符号

图13.23　滤油器常见的安装位置和职能符号

13.5.3　密封装置

1. 密封装置的作用

密封是解决液压系统泄漏问题最重要、最有效的手段。液压系统如果密封不严，就会出现泄漏，外漏的油液将会污染工作环境，还可能使空气进入吸油腔，影响液压泵的工作性能和液压执行组件运动的平稳性。泄漏严重时，系统容积效率过低，甚至工作压力达不到要求值；若密封过紧，虽可防止泄漏，但会造成密封部分的剧烈磨损，缩短密封件的使用寿命，增大液压组件内的运动摩擦阻力，降低系统的机械效率。

2. 密封装置的类型和特点

密封装置按其工作原理可分为非接触式密封和接触式密封。非接触式密封主要指间隙密封，接触式密封指密封件密封。

1) 间隙密封

间隙密封的优点是摩擦力小；缺点是磨损后不能自动补偿。间隙密封主要用于直径较小的圆柱面之间，如液压泵内的柱塞与缸体之间、滑阀的阀芯与阀体之间的密封。

2) 密封件密封

(1) O形密封圈。如图13.24所示的O形密封圈具有良好的密封性能，内外侧和端面都能起密封作用，结构紧凑，运动件的摩擦阻力小，制造容易，装拆方便，成本低，高、低压均可以用，所以在液压系统中得到广泛的应用。

(2) 唇形密封圈。图13.25所示唇形密封圈的特点是能随着液压系统中工作压力的变化自动调整密封性能，压力越高，则唇边被压得越紧，密封性越好，当压力降低时唇边压紧程度也随之降低，从而减少了摩擦阻力和功率消耗。

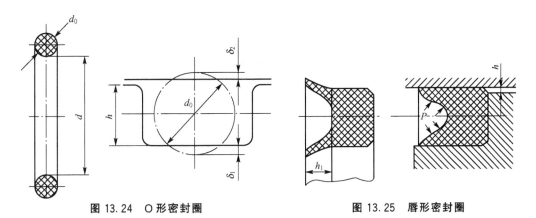

图 13.24　O形密封圈　　　　　　图 13.25　唇形密封圈

13.5.4　油管与管接头

液压系统中使用的油管种类很多，有钢管、铜管、尼龙管、塑料管、橡胶管等，须按照液压系统的工作压力、安装位置和工作环境正确选用。

管接头是油管与油管、油管与液压件之间的可拆式连接件，必须满足连接牢固、装拆方便、密封可靠、外形尺寸小、通流能力大、压降小、工艺性能好等各项条件。图 13.26 为各种油管和管接头的结构。

液压系统中的泄漏问题大部分都出现在管接头上，为此对管材的选用、接头形式的确定(包括接头垫圈、密封、箍套、防漏涂料的选用等)及管道的安装(包括正确的运输、储存、清洗、组装等)都要审慎从事，以免影响整个液压系统的使用质量。

图 13.26　油管和管接头结构

13.5.5　液压基本回路

液压基本回路是指由部分液压组件和管路组成的，用来完成特定功能的典型油路结构。任何一个液压传动系统，不管其功能多么复杂，都可以看作是由若干个基本回路组成的。

1. 方向控制回路

图 13.27 所示为二位四通换向阀控制回路。

当换向阀的磁铁 YA 通电时，换向阀的阀芯左移，右位接通系统（图示位置），液压泵输出的高压油液经换向阀 P→B 油口进入液压缸的右腔推动活塞左移，左腔油液经 A→T 油口流回油箱；当磁铁断电时，换向阀的阀芯右移，左位接通系统，液压泵输出的高压油液经 P→A 油口进入液压缸左腔推动活塞右移，右腔油液经 B→T 油口流回油箱。

2. 调压回路

调压回路的作用是使系统的工作压力不超过预先调好的数值。为保证系统能正常工作，液压泵的流量要大于液压缸所需流量，多余的油液则从溢流阀流回油箱，液压缸的出口压力便稳定在溢流阀调定的压力，也就满足了系统的工作压力，如图13.28所示。

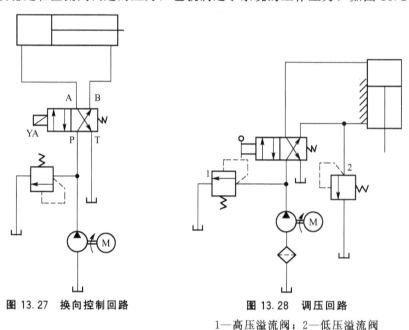

图 13.27　换向控制回路　　　　图 13.28　调压回路

1—高压溢流阀；2—低压溢流阀

当活塞下行工作时，负载大，工作压力由高压溢流阀 1 调定；而活塞上行回程时，负载小，回程压力由低压溢流阀 2 调定。活塞上行到顶点时，泵的全部流量经低压溢流阀 2 流回油箱，减少了功率损耗，减少了油路发热。

3. 卸荷回路

当执行组件需短暂停留时（如自卸翻斗车和汽车液压起重机的暂停油路），液压泵输出的油液直接流回油箱，这种油路称为卸荷回路，如图13.29所示。

卸荷回路可减少油路发热，避免经常起闭电动机。

图 13.29(a)所示为三位四通电磁式换向阀卸荷回路，液压泵输出的油液经换向阀中间通路直接流回油箱，实现工作机构短暂的停留和液压泵卸荷。

图 13.29(b)所示为二位二通手动换向阀卸荷回路，当扳动手柄使二位二通阀处于左位时，液压泵输出的油液直接流回油箱，实现执行机构暂停和液压泵卸荷。

第13章 液压传动在汽车机械上的应用

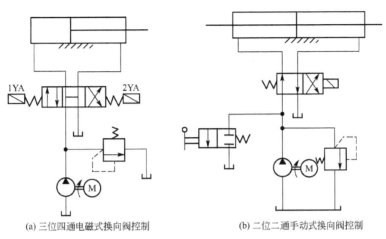

(a) 三位四通电磁式换向阀控制　　(b) 二位二通手动式换向阀控制

图 13.29　换向阀控制的卸荷回路

13.5.6　汽车维修常用的液压机械

汽车维修常用的液压传动机械很多，有拔轮胎机、立式千斤顶、卧式千斤顶（图 13.30）。

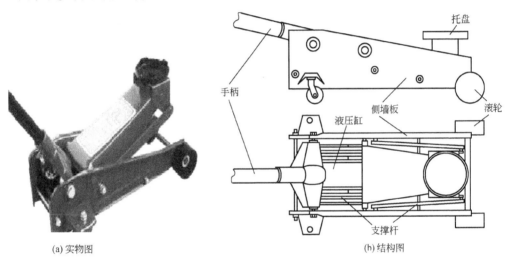

(a) 实物图　　(b) 结构图

图 13.30　卧式千斤顶

简易起吊器如图 13.31 所示。

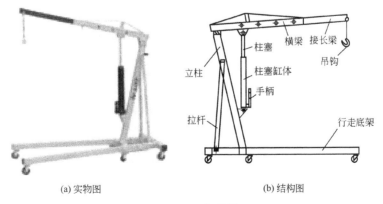

(a) 实物图　　(b) 结构图

图 13.31　起吊器

两柱式或四柱式起升机如图 13.32 所示。拆补汽车轮胎机如图 13.33 所示。

(a) 实物图

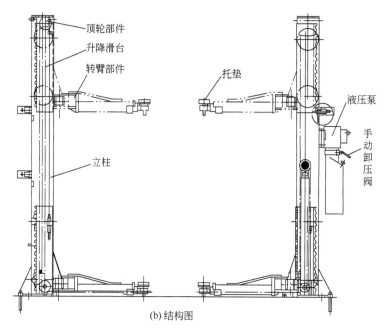

(b) 结构图

图 13.32　两柱式或四柱式起升机

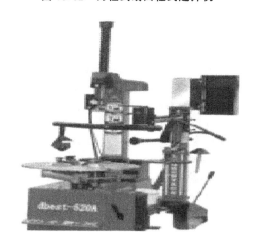

图 13.33　拆补汽车轮胎机

本 章 小 结

（1）液压泵按结构形式分为齿轮式、叶片式和柱塞式三大类。
（2）液压缸的功用是将液压泵输出的压力能转换为机械能的执行组件，用来输出直线运动。
（3）液压缸分为活塞缸、柱塞缸和伸缩式液压缸。
（4）液压控制阀分为方向控制阀、压力控制阀和流量控制阀等。
（5）液压基本回路有方向控制回路、调压回路和卸荷回路等。
（6）汽车维修常用的液压机械有拔轮胎机、立式千斤顶、卧式千斤顶、两柱式和四柱式起升机等。

复习思考题

13-1 简答题

1. 什么是流量？
2. 单向阀和换向阀的作用是什么？
3. 活塞式液压缸的结构组成有哪些？
4. 方向控制回路和调压回路的作用有哪些？
5. 液压系统中什么时候采用卸荷回路？
6. 液压传动由哪几部分组成？
7. 液压传动的优点有哪些？
8. 举出维修中见到的液压机械种类。

13-2 填空题

1. 液压传动是以_____为工作介质进行能量传递和控制的一种传动形式。
2. 液压传动优点是体积小、_____、结构紧凑可在很大范围内进行无级调速。
3. 液压系统中的辅助装置有油箱、滤油器、油管、_____、密封件等。
4. 液压控制阀有方向控制阀 、_____、流量控制阀 3 种。

课后答案

参 考 文 献

［1］刘跃南. 机械基础［M］. 北京：高等教育出版社，2005.
［2］常永坤. 金属材料与热处理［M］. 济南：山东科学技术出版社，2006.
［3］霍振生. 汽车机械基础［M］. 北京：机械工业出版社，2010.
［4］金旭星. 汽车机械基础［M］. 北京：人民邮电出版社，2009.
［5］房世荣. 工程材料与金属工艺学［M］. 北京：机械工业出版社，2007.
［6］吕天玉. 公差配合与技术测量［M］. 大连：大连理工大学出版社，2008.
［7］王晓霞. 机械制造技术［M］. 北京：科学出版社，2007.
［8］宋杰. 机械工程材料［M］. 大连：大连理工大学出版社，2008.
［9］牛荣华. 机械加工方法与设备［M］. 北京：人民邮电出版社，2009.